ДЕЛОВОЙ БЕСТСЕЛЛЕР

Al Ries, Chairman Ries & Ries
and
Jack Trout, President
Trout & Partners Ltd

Positioning:

The Battle for Your Mind.

20th anniversary edition

McGraw-Hill

Эл Райс Джек Траут

ПОЗИЦИОНИРОВАНИЕ

БИТВА ЗА УЗНАВАЕМОСТЬ

ЮБИЛЕЙНОЕ ИЗДАНИЕ

ПИТЕР®
Санкт-Петербург
Москва · Харьков · Минск
2002

Эл Райс, Джек Траут

Позиционирование:
битва за узнаваемость

Серия «Деловой бестселлер»

Перевел с английского С. Жильцов

Под общей редакцией Ю. Н. Каптуревского

Главный редактор	*В. Усманов*
Заведующий редакцией	*Л. Волкова*
Выпускающий редактор	*В. Земских*
Научный редактор	*К. Голубев*
Художественный редактор	*В. Шимкевич*
Верстка	*Е. Маслова*
Корректоры	*М. Одинокова, Е. Пряникова, Н. Тюрина*

ББК 65.010.63 УДК 339.138

Э. Райс, Дж. Траут

Р18 Позиционирование: битва за узнаваемость / Пер. с англ. под ред. Ю. Н. Каптуревского. — СПб: Питер, 2001. — 256 с.: ил. — (Серия «Деловой бестселлер»).

ISBN 5-318-00282-X

Перед вами поистине легендарная книга, которая двадцать лет назад буквально потрясла весь деловой мир, навсегда изменив правила рекламного бизнеса. Сегодня «Позиционирование» Эла Райса и Джека Траута стало классикой, приобрело статус «Библии» для специалистов по маркетингу, рекламе, руководителей, знающих, что ключ к успеху в конкурентной борьбе — не самый лучший товар, а самая лучшая идея, которая закрепит этот товар в сознании потребителей. Юбилейное издание дополнено комментариями авторов, в которых анализируются и феноменальные успехи, и грандиозные маркетинговые провалы, произошедшие за два последних десятилетия. Яркий и остроумный стиль изложения делает книгу не только полезным, но и очень увлекательным чтением и для матерых профессионалов, и для начинающих маркетологов и рекламистов.

ISBN 5-318-00282-X
ISBN 0-07-135916-8 (англ.)

ООО «Питер Принт», 196105, Санкт-Петербург, Благодатная ул., д. 67.
Лицензия ИД № 05784 от 07.09.01.
Налоговая льгота – общероссийский классификатор продукции ОК 005-93, том 2; 95 3000 – книги и брошюры.
Подписано в печать 02.04.02. Формат 60×90/16. Усл. п. л. 16. Доп. тираж 5000 экз.
Заказ № 2771.
Отпечатано с готовых диапозитивов в АООТ «Типография „Правда“».
191119, С.-Петербург, Социалистическая ул., 14.

**Посвящается
второму лучшему
рекламному агентству мира**

Кто бы им ни был

Позиционирование пользуется огромным успехом во всем мире; это один из самых модных терминов, которыми пользуются специалисты по маркетингу и рекламе.

Но одним из следствий этого успеха стало то, что Дж. Траут и Э. Райс ушли из рекламного бизнеса и посвятили себя маркетинговой стратегии.

Но клиенты не желают, чтобы их рекламные агентства были «стратегическими». Они нуждаются в «креативности». А позиционированием клиенты займутся самостоятельно.

Быть посему. Мы стали маркетинговыми стратегами и никогда не оглядывались назад в прошлое.

Содержание

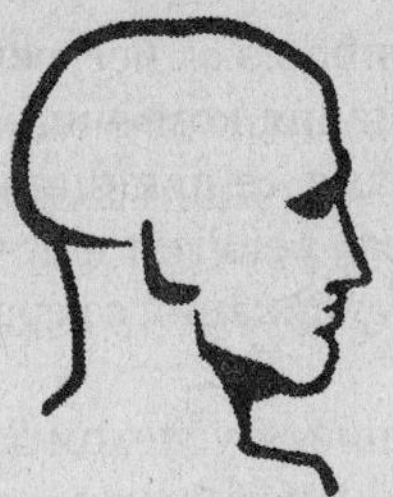

Введение

«Мы не умеем осуществлять коммуникации».

Сколько раз вы слышали эту избитую фразу? «Неумение вести коммуникации» — единственная, самая распространенная, самая универсальная причина, которой объясняются все возникающие проблемы.

Проблемы в бизнесе, проблемы во власти, проблемы с рабочей силой, проблемы в браке.

Мы как будто втайне надеемся, что если бы люди смогли сообщить друг другу о всех своих чувствах, объяснить свои поступки, — разом исчезли бы и все проблемы. Почему-то многие уверены, что если конфликтующие стороны сядут за стол и обсудят возникшие проблемы, они найдут устраивающее всех решение.

Маловероятно.

Сегодня проблемой стали сами коммуникации. Мы (США) стали первым в мире сверхкоммуникативным обществом. Год за годом мы отправляем по различным адресам все увеличивающиеся объемы информации, а получаем все меньшие.

Новый подход к коммуникациям

Наша книга посвящена новому подходу к коммуникациям, известному как «позиционирование». И большинство примеров будет связано с осуществлением самой сложной формы коммуникаций.

Мы имеем в виду рекламу. Форму коммуникации, заслуживающую с точки зрения потребителя наименьшего почтения. По большей части реклама нежеланна и нелюбима. В некоторых случаях — невыносима.

Для многих интеллектуалов реклама — это продажа своей души корпоративной Америке. Она недостойна серьезного изучения.

Несмотря на свою репутацию, а может быть, именно из-за нее, реклама является превосходным полигоном для испытания коммуникативных теорий. Если теория оправдывается в рекламе, ее принципы, скорее всего, окажутся справедливыми и в политике, религии и других, предполагающих использование массовых коммуникаций сферах деятельности.

Так что примеры для этой книги могли быть с равным успехом заимствованы из политической жизни, из истории войн, из бизнеса или даже из «науки» об «охоте» за представителями противоположного пола. Или из любой другой сферы человеческой деятельности, в которой основным условием достижения цели оказывается влияние на сознание других людей. Что бы вы ни продвигали: автомобили, напитки, компьютеры, кандидата в парламент или себя лично.

Концепция позиционирования изменила рекламу. Концепция настолько проста, что некоторые даже не осознают, насколько действенной она является.

Адольф Гитлер практиковал позиционирование. Практикует его и корпорация *Procter & Gamble*, равно как и все популярные политики.

Определение позиционирования

Позиционирование начинается с товара. Это может быть продукт, услуга, компания, социальный институт или даже человек. Возможно, вы сами.

Но позиционирование не есть то, что производитель делает со своим товаром. Позиционирование — это операция на сознании потенциальных покупателей. То есть вы позиционируете продукт в умах своих клиентов.

Поэтому выражение «позиционирование товара» некорректно. Как будто вы что-то делаете с самим продуктом.

Не то чтобы в позиционировании не осуществлялись перемены. Они происходят. Но изменения в названии, цене или упаковке нельзя назвать трансформацией самого продукта.

По сути, это косметические доработки, призванные обеспечить выгодные позиции товара в сознании потенциальных покупателей.

Мы отвлеклись. «Наглая ложь» никогда не была частью позиционирования. Хотя, с другой стороны, мы получили много звонков от вашингтонских стратегов от политики с вопросами о наших концепциях позиционирования.

Позиционирование — это инструмент, используя который вы будете услышаны даже в нашем сверхкоммуникативном обществе.

Как начиналось позиционирование

Если попытаться одним словом охарактеризовать развитие рекламы в 1970-х гг. — им будет слово «позиционирование».

Позиционирование стало модным выражением в рекламных и маркетинговых кругах. Не только в Америке, но и во всем мире.

Принято считать, что концепция позиционирования «родилась» в 1972 г., когда в специализированном издании *«Advertising Age»* нами была опубликована серия статей под общим заголовком «Эра позиционирования» (*«The Positioning Era»*).*

С тех пор авторы прочитали более 500 лекций на темы позиционирования для специалистов по рекламе в 16 странах мира и раздали свыше 120 тыс. экземпляров нашего «маленького оранжевого буклета» со статьями из *«Advertising Age»*.

Позиционирование изменило правила современной рекламной игры.

«Наш кофе третий по продаваемости в Америке», — сообщают нам в радиорекламе кофе *«Sanka»*.

Третий по продаваемости? Куда подевались старые добрые рекламные словечки вроде «первый», «лучший», «превосходный»?

Что ж, те времена и те слова навсегда канули в Лету. Сегодня мы слышим преимущественно сравнительные, но никак не превосходные степени.

«*Avis* — компания № 2 по прокату автомобилей. Почему выбирают нас? Мы стараемся больше других».

«*Honeywell*, другая компьютерная компания».

«*Seven-Up*: не-кола».

На Мэдисон-авеню все это называют позиционирующими слоганами. А придумывающие их копирайтеры расходуют свое время и деньги из рекламных бюджетов клиентов на то, чтобы найти незанятые позиции в сознании потребителей или пробелы на рынке.

---

*С одной из статей, «Позиционирование прокладывает дорогу в хаосе рынка», вы можете познакомиться в книге: Классика маркетинга / Сост. Б. М. Энис, К. Т. Кокс, М. П. Моква. — СПб: Питер, 2001.

Новое определение позиционирования: «Ваше самодифференцирование в сознании клиента».

Но позиционирование возбудило интерес не только у обитателей Мэдисон-авеню. И на то есть основания.

Стратегией позиционирования может воспользоваться каждый, кто хочет выйти в лидеры в игре под названием «жизнь». Взгляните на это под таким углом: если вы не понимаете и не используете эти принципы, за вас это, несомненно, сделают конкуренты.

Благодаря личному интересу Ранса Крейна, редактора «*Advertising Age*», статьи о позиционировании вышли серией из трех частей в номерах за 24 апреля, 1 мая и 8 мая 1972 г. Они, как никакое другое событие, и принесли позиционированию славу и популярность. А также произвели на нас глубочайшее впечатление о возможностях паблисити.

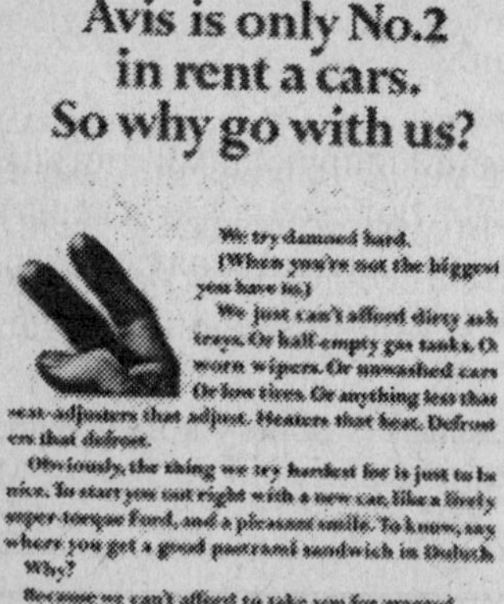

Оригинальное рекламное объявление *Avis* со своей знаменитейшей последней строчкой: «У нас короче очередь в кассу».

К сожалению, сегодня доминирует «неопределенность», а не «позиционирование».

Что такое позиционирование

ГЛАВА

Почему столь навязчивая, казалось бы, концепция, как позиционирование, приобрела такую популярность в известной своим творческим подходом сфере?

По правде говоря, последнее десятилетие мы охарактеризовали бы как «возврат к реальности». Белые рыцари и пушистые создания уступили дорогу таким концепциям позиционирования, которую приняли производители пива «*Lite*»: «Все, что вы когда-либо хотели от пива. И по чуть меньшей цене».

Поэтично? Да. Ловко? Да. А также прямое, однозначное объяснение основной идеи позиционирования.

Чтобы сегодня добиться успеха, придется спуститься с небес на землю. Вернуться к тому, что действительно волнует людей.

Создавать что-то, еще не существующее в сознании покупателя, не «изменяя» креативности, становится все сложнее и сложнее. Если вообще возможно.

Основной принцип позиционирования состоит не в том, чтобы создавать нечто новое и отличное от других, а в манипулировании тем, что уже живет в умах потребителей, использовать уже имеющиеся связи.

Сегодня рынок уже не реагирует на весьма действенные в прошлом стратегии. Просто стало слишком много товаров, компаний и вообще маркетинговой шумихи.

Вопрос, который задается чаще всего: зачем? Так ли уж необходим нам новый подход к рекламе и маркетингу?

Мы не имеем ни малейшего представления о том, что значит «слишком много». В современном среднем американском супермаркете представлено около 40 000 товарных единиц.

Сверхкоммуникативное общество

Ответ состоит в том, что мы превратились в сверхкоммуникативное общество. Потребление рекламы на душу населения в Америке составляет около $200 в год.

Если вы расходуете на рекламу миллион долларов в год, то в течение этих 365 дней вы бомбардируете среднего потребителя своими сообщениями менее чем на полцента. Человека, который и без того «поглощает» рекламу других компаний на $200.

Говорить в таких условиях о воздействии рекламы — значит серьезно переоценивать эффективность своего сообщения. Столь эгоцентричный взгляд не имеет ничего общего с рыночной реальностью.

Единственный шанс быть замеченным в коммуникативных джунглях — использование избирательного сообщения, концентрация на малых группах, сегментирование. Одним словом, «позиционирование».

Защищаясь от колоссального объема сообщений, человеческое сознание отсеивает основной объем предлагаемой ему информации и принимает только то, что соответствует уже имеющимся знаниям и опыту.

Попытки повлиять на умы при помощи рекламы обходятся в миллионы долларов. Но после того как человек принял решение, изменить его практически невозможно. И уж точно не таким слабым средством, как реклама. «Не путайте меня своими фактами, я уже все для себя решил». По такому принципу живет большинство людей.

Сумма в $200 основана на широком понимании рекламы. Если брать только расходы на масс-медиа, то в 1972 г. эта величина составила $110 на человека. Сегодня — $880. Поистине мы живем в сверхкоммуникативном обществе и пока не замечаем признаков изменения ситуации.

Невозможность изменения человеческого сознания стала одним из наиболее важных догматов позиционирования. Но именно этот принцип чаще всего нарушают маркетологи. Мы не погрешим против истины, если скажем, что, пытаясь повлиять на умы своих покупателей, компании ежедневно выбрасывают на ветер миллионы долларов.

Средний человек готов терпеть, когда ему сообщают нечто неизвестное для него. (Поэтому «новости» являются эффективным методом рекламы.) Но он не терпит, когда ему говорят, что он неправ. Изменение сознания — это путь к рекламной катастрофе.

Сверхпростое сознание

Единственная защита человека в нашем сверхкоммуникативном обществе — сверхпростое сознание.

Никто пока еще не предложил способа обойти закон природы, дающей нам в сутки только 24 часа; аналогично отсутствует возможность вместить в человеческое сознание больший объем информации, чем это «запрограммировано».

Сознание обычного человека похоже на насыщенную губку, способную впитать новые сведения только за счет уже имеющейся информации. А мы продолжаем «вливать» в него все новые сведения и расстраиваемся, что наши сообщения остаются без ответа.

Реклама, конечно, — лишь верхушка коммуникативного айсберга. Мы передаем информацию самыми разными, самыми сложными и изощренными способами. Причем в растущих в геометрической прогрессии объемах.

Средство передачи информации оказывает значительное влияние на сообщение, выступая в качестве своеобразного фильтра. Поэтому в сознание получателя поступает ничтожная доля исходной информации.

Более того, то, что мы получаем, зависит и от природы нашего сверхкоммуникативного общества. «Блистательные обобщения» — вот наш образ жизни. Не говоря уже о том, что это еще и образ деятельности.

С технической точки зрения имеется возможность увеличить объем коммуникаций как минимум в десятки раз. Уже идут разговоры о прямом спутниковом телевидении. В каждом доме зрители будут выбирать каналов эдак из 50.

И это только начало. Корпорация *Texas Instruments* уже сообщила о создании «цилиндрического магнитного домена», запоминающего устройства, способного хранить в одной микросхеме 92 000 бит информации. В шесть раз больше, чем любое из современных полупроводниковых устройств памяти.

Ужасно. Кто бы придумал «магнитный домен» для человеческого сознания? Разве хоть кто-то пытается помочь нам справиться с громадным наплывом информации, естественной реакцией на который порой становится перекрытие клапанов? Что из всего свободно доступного хочется использовать все меньше и меньше? Сами коммуникации превратились в коммуникативную проблему.

Сверхпростое сообщение

В нашем сверхкоммуникативном обществе наилучшим способом донесения желаемой информации до получателей являются сверхпростые сообщения.

В коммуникациях, как и в архитектуре, меньше означает больше. Для того чтобы сообщение проникло в глубь человеческого сознания, необходимо его «заострить». Отбросить все неясности, упростить, а потом, если вы хотите, чтобы его впечатление надолго осталось в памяти потребителей, еще раз упростить.

Те, кто зарабатывает коммуникациями себе на жизнь, прекрасно осознают необходимость сверхупрощения.

Предположим, вы встречаетесь с политиком, которого вы должны сделать победителем выборов. За первые пять минут общения вы узнаете о своем политическом продукте больше, чем средний избиратель за следующие пять лет.

Поскольку в сознание избирателей проникнут лишь весьма ограниченные сведения, ваша задача, вообще говоря, состоит не в «коммуникациях» в обычном их понимании.

Ваша задача состоит в отборе. Придется выбрать материалы, которые имеют наибольшие шансы быть услышанными аудиторией.

Вашим врагом, не позволяющим сообщениям упасть на нужную почву, является объем коммуникаций. Только осознав природу проблемы, вы найдете решение.

Если вы стремитесь донести преимущества политического кандидата, продукта или даже себя самого, приготовьтесь вывернуть все наизнанку.

DIRECTV

Спутниковое телевидение, разумеется, прочно вошло в нашу жизнь, и большинству потребителей действительно приходится выбирать один из 50 телеканалов. А разговоры идут о 500 каналах. Впрочем, в отношении этого прогноза мы не слишком уверены. Кому они нужны, если средний потребитель давно выбрал для себя 5 или 6?

500 телеканалов? Да к тому времени, когда вы найдете что-то интересное, передача наверняка закончится.

Ищите решение своей проблемы не внутри товара и даже не внутри самого себя.

Ищите его в сознании того, к кому вы обращаетесь.

Другими словами, поскольку до сознания получателя доберется лишь малая толика исходного сообщения, отбросьте в сторону все, что касается его отправки, и сконцентрируйтесь на получении. Фокус — на восприятие клиента. А не на реалиях продукта.

«В политике, — говорил Джон Линдсей, — восприятие и есть реальность». То же самое и в рекламе, и в бизнесе, и в жизни.

Но как быть с истиной? Как быть с фактической стороной ситуации?

Что есть истина? Что такое объективная реальность? Каждый человек интуитивно верит в то, что он обладает ключами к универсальной истине. Когда мы говорим об истине, мы говорим о чем? О взгляде на потребителя изнутри или о взгляде на потребителя снаружи?

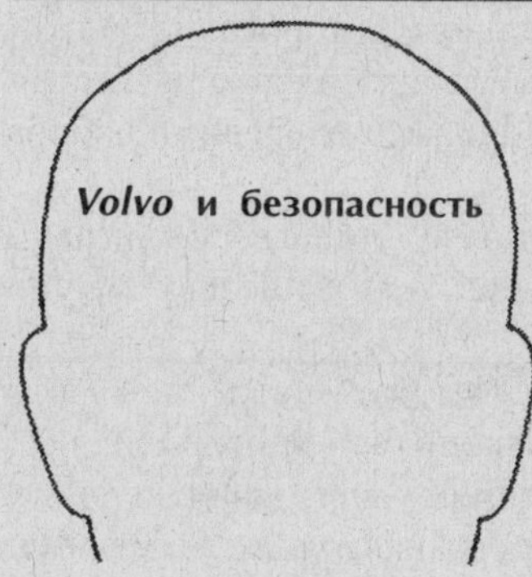

Концепция позиционирования при помощи сверхпростого сообщения получила дальнейшее развитие в форме нашей теории «владения одним понятием». *Volvo* владеет «безопасностью». У *BMW* — это «автомобиль для водителя», у *FedEx* — «доставка за одну ночь», у зубной пасты «*Crest*» — «кариес».
Как только вы завладеваете понятием в сознании людей, вы либо используете его, либо теряете.

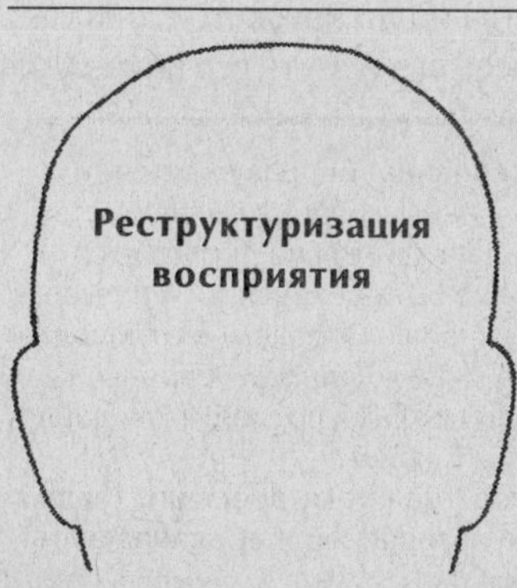

Истина несущественна. Что имеет значение, так это присущее сознанию восприятие. Суть позиционирующего мышления в том и состоит, чтобы принять восприятие как реальность, а затем реструктурировать его, чтобы создать желанную позицию. Этот процесс мы назвали «изнаночным мышлением».
Для понимания ментальных процессов не обойтись без знания психологии. Реклама — это «психология на практике».

Это имеет значение. Говоря словами из другой эпохи, «покупатель всегда прав». Следовательно, продавец или отправитель коммуникаций всегда не прав.

Возможно, в этом утверждении есть толика цинизма. Но другого выбора у вас нет. Если, конечно, вы хотите, чтобы ваше сообщение было принято сознанием другого человека.

Кроме того, разве мы утверждаем, что такое «изнаночное» мышление сколько-нибудь уступает в точности обычному?

Обращая процесс вспять, ориентируясь на получателя, а не на товар, вы упрощаете процесс отбора. Вы также познаете принципы и концепции, способствующие многократному увеличению эффективности ваших коммуникаций.

ГЛАВА 2

Атака на сознание

Как нация, американцы всем сердцем возлюбили концепцию коммуникаций. (В некоторых «прогрессивных» школах даже общение с учениками называют «коммуникациями».) При этом мы не всегда осознаем тот вред, который наносит своим членам наше сверхкоммуникативное общество.

В коммуникациях чем меньше, тем лучше. Наша неординарная страсть к коммуникациям в решении всей массы общественных и деловых проблем заполонила все доступные каналы настолько, что до получателей фактически доходит лишь ничтожная доля сообщений. Причем отнюдь не самая главная.

Пробка на коммуникативных дорогах

Возьмем, к примеру, рекламу. В Америке живет всего 6% населения Земли, которое «потребляет» 57% всей мировой рекламы. (А вы говорите, что мы используем больше всего энергии. На самом деле на долю США приходится «всего лишь» 33%.)

Но реклама — лишь небольшой «приток» коммуникативной «реки».

Вспомним о книге. В год в Америке издается 30 000 книг. На следующий год — еще 30 000. Не впечатляет? Тогда представьте: чтобы осилить издания одного-единственного года потребуется 17 лет непрерывного чтения.

Кому это под силу?

А газеты? Ежегодно для печати американских газет требуется 10 млн т бумаги. Это значит, что на каждого американца приходится около 43 кг газетной бумаги в год. (Примерно столько же, сколько говядины.)

Вопрос в том, способен ли средний человек «переварить» поступающую информацию? В воскресном издании крупной газеты, например, «*The New York Times*», содержится около 500 тыс. слов. Чтобы прочесть их все до единого, при средней скорости чтения 300 слов в минуту понадобится 28 часов. Одного воскресенья не хватит, придется растянуть «удовольствие» на всю неделю.

Какая часть этой информации остается в памяти читателя?

Или телевидение. Ему исполнилось 30 лет. Мощное всепроникающее информационное средство не заменило собой ни радио, ни газеты, ни журналы. Каждое из трех «старших» медиа находится в лучшей, чем когда бы то ни было, форме.

Телевидение — добавочное медиа. А объем «добавленных» им коммуникаций поистине чудовищен.

Более 97% американских домохозяйств имеют хотя бы один телевизор (33% — два и более).

В 96% имеющих телевизоры домохозяйств принимаются четыре и более станции (у 33% — десять и более).

Обычная американская семья смотрит телевизор 7 часов 22 минуты в сутки (более 51 часа в неделю).

Как и любая движущаяся картинка, изображение на экране телевизора состоит из неподвижных кадров, меняющихся 30 раз в секунду. Таким образом, ежедневно члены средней американской семьи просматривают около 795 тыс. телевизионных кадров.

Нас заваливают информацией не только с телеэкранов, не только погребают под кучей бумаг. Возьмем вездесущие копировальные аппараты, «ксероксы». В настоящее время в обороте у американских компаний находится более 324 млрд бумажных документов. Каждый год

Маркетинг

Одним из наиболее заметных событий последних 20 лет стало распространение по миру маркетингового мышления. Во многих развитых странах объемы рекламы вплотную подбираются к американскому уровню. Сегодня на долю США приходится менее одной трети мировой рекламы.

Сегодня издается свыше 1000 книг в день. Ежегодные поступления в Библиотеку Конгресса превышают 300 тыс. новых томов.

эта стопка пополняется 72 млрд новых бумаг (только печать всех этих бланков обходится в сумму, превышающую $4 млрд).

В длинных коридорах Пентагона копировальные машины выдают для нужд Министерства обороны 350 тыс. страниц в день, что равнозначно 1000 толстых романов.

«Вторая мировая война закончится, — говорил фельдмаршал Б. Монтгомери, — когда у воюющих сторон иссякнут запасы бумаги».

Упаковка. На коробке с двумястами граммами кукурузных хлопьев «*Total*» напечатано 1268 слов. Плюс предложение бесплатного буклета о здоровом питании (еще 3200 слов).

Атака на человеческое сознание принимает самые разные формы. Конгресс США принимает около 500 законов в год (что очень много), но правительственные ведомства (за то же время) — свыше 10 000 новых правил и нормативов.

В кодексе федеральных законов США — более 8000 страниц. И каждый год к ним добавляются 5000 новых.

На уровне штатов ежегодно принимается к рассмотрению свыше 250 тыс. биллей. Из них 25 000 проходят через законодательные органы и исчезают в их лабиринтах.

Незнание закона не освобождает от ответственности. Невежество законодателей, очевидно, свободно от нее. Наши народные представители продолжают принимать тысячи законов. Изучить их просто невозможно. Даже если вы камикадзе от юриспруденции, вы никогда не запомните, чем отличаются аналогичные законы разных штатов.

Кто читает, смотрит или слушает весь этот поток коммуникаций?

На мозговых магистралях образуются пробки. Движки перегреты. Вместе с ними накаляется и обстановка.

Интернет

Телевидение

Радио

Журналы

Газеты

Книги

Каждое новое медиа не вытесняет ни одно из существовавших ранее. Наоборот, оно способствует их развитию и изменениям. Радио было средством развлечения. Сегодня это источник новостей, музыки и возможность общения. В одном только Хьюстоне — 185 радиостанций, а в США — 12 458. А признаки того, что в обозримом будущем коммуникативная атака на сознание может захлебнуться, отсутствуют. Средний воскресный номер «*The New York Times*» содержит около 500 тыс. слов.

Браун, Коннэли и *Chevrolet*

Что вы знаете о губернаторе штата Калифорния Джерри Брауне?

Большинству американцев известно, что (1) он молод; (2) хорошо выглядит; (3) назначал свидание Линде Ронштадт; (4) постоянно критикует федеральное правительство.

Не слишком-то большой остаточный эффект бурной кампании в прессе по широчайшему освещению деяний главы штата Калифорния. Человека, который за год опубликовал четыре книги о себе любимом.

Скольких из 50 губернаторов штата, не считая вашего собственного, вы знаете по имени?

На предварительных выборах 1980 г. Джон Коннэлли из Техаса израсходовал $11 млн и получил голос единственного выборщика. Тогда как никому не известные Джон Андерсон и Джорд Буш — сотни.

В чем проблема Дж. Коннэлли? В его репутации махинатора и пройдохи. «Негативное восприятие было настолько сильным, — рассказывал один из стратегов его предвыборной кампании, — что нам не удалось его изменить.»

В лучшем случае осуществлять коммуникации в сверхкоммуникативном обществе чрезвычайно сложно. Бывает так, что лучше вообще отказаться от них. По крайней мере до тех пор, пока вы не будете готовы к долгосрочному позиционированию, ведь второй возможности для того, чтобы произвести первое впечатление, у вас не будет.

Говорят ли вам что-нибудь имена «*Camaro*», «*Caprice*», «*Chevette*», «*Concours*», «*Corvette*», «*Impala*», «*Malibu*», «*Monte Carlo*», «*Monza*» и «*Vega*»?

Модели автомобилей, не так ли? Вас не удивит, если мы скажем, что все это — названия моделей *Chevrolet* (подразделение корпорации *General Motors*)?

«*Chevrolet*» — самая рекламируемая торговая марка в мире. В 1980 г. корпорация *General Motors* израсходовала на ее продвижение в США свыше $130 млн. Это $356 тыс. в день, $15 000 в час.

Быстрая компьютеризация американских компаний никак не повлияла на бумажные «реки». В американских компаниях средний сотрудник офиса потребляет за год около 113 кг бумаги. «Безбумажный офис» — очень и очень далекая перспектива.

А что вы знаете о моделях *Chevrolet*? Об их двигателях, трансмиссиях, колесах? Какие там сиденья, обивка салона, рулевое колесо?

Скажите честно: со многими ли моделями *Chevrolet* вы знакомы? Знаете ли вы, чем они отличаются?

«Бейсбол, хот-доги, яблочный пирог и *Chevrolet*». Единственный ответ на проблемы сверхкоммуникативного общества — ответ *Chevrolet*. Чтобы прорваться через пробки на ментальных магистралях покупателей, необходимо использовать сверхпростой подход.

Не показались ли вам наши предложения шокирующими и безнравственными? (К счастью, их нельзя назвать ни незаконными, ни неэффективными.) Чтобы пробиться через заторы на коммуникативных дорогах, приходится применять методы Мэдисон-авеню.

В Америке почти половина всех работ относится к разряду информационных. Практически никто не защищен от последствий членства в нашем сверхкоммуникативном обществе.

И практически любой может научиться применять уроки Мэдисон-авеню в собственной жизни. Как дома, так и на работе.

Медиа-взрыв

Еще одна причина неэффективности наших сообщений — огромное количество каналов передачи информации, изобретенных нами на свою голову.

Телевидение. Обычное, кабельное и платное.

Радио. На средних и ультракоротких волнах.

Наружная реклама, такая как постеры и рекламные щиты.

За 20 лет большинство людей узнали о Джерри Брауне только одно. Теперь он является мэром калифорнийского города Окленд.

«Camaro»
«Cavalier»
«Corvette»
«Impala»
«Lumina»
«Malibu»
«Metro»
«Monte Carlo»
«Prizm»

Эти девять моделей *Chevrolet* 2000 г. известны сегодня не более чем 10 моделей 1972 г. Результатом неразберихи стал откат *Chevrolet* на второе место в американском автопроме (после *Ford*).

Газеты. Утренние, вечерние, ежедневные, еженедельные и воскресные.

Журналы. Массовые, классовые, для энтузиастов, для бизнесменов, для специалистов.

И, конечно, автобусы, грузовики, трамваи, метро и такси. Вообще все, что движется, несет на себе «информацию о нашем спонсоре».

Даже человеческое тело используется как ходячая реклама для «*Adidas*», «*Gucci*», «Пуччи» и Глории Вандербильт.

Вернемся к рекламе. Сразу после Второй мировой войны потребление рекламы на душу населения в США составляло приблизительно $25 в год. Сегодня «предложение» возросло в восемь раз. (Отчасти из-за инфляции, но в основном из-за увеличения объема рекламы.)

А что, объем хранящихся в вышей памяти сведений о товарах, которые вы обычно приобретаете в магазинах, увеличился в той же пропорции? На вас обрушивается водопад рекламы, но человеческое сознание не в силах «переварить» больше того количества, к которому оно привыкло. Существует конечный предел разумного восприятия, и реклама на сумму $25 в год его превысила. Именно столько может вместить этот венчающий человеческую шею «контейнер» объемом в один литр.

Ежегодная «норма» в $200 на человека означает, что средний американский потребитель контактирует с вдвое большим количеством рекламы, чем средний канадец. В четыре раза большим, чем средний англичанин. И в пять раз большим, чем средний француз.

Никто не сомневается в финансовых возможностях рекламодателей. Они могут продолжать в том же темпе и дальше, но вот ментальные возможности потребителей по усвоению всего этого вызывают сомнения.

AMERICA Online

America Online

Никто не в силах точно предсказать будущее. К списку медиа-каналов добавился Интернет. Сеть постепенно превращается в величайшее из средств передачи информации, оказывая сильнейшее воздействие на жизнь людей.

Сегодня некоторые компании добились эксклюзивных прав размещения рекламы на дверях общественных туалетов.

Каждый день тысячи рекламных обращений борются за свою долю потребительского сознания. И, вне всяких сомнений, сознание является полем боя. 15 сантиметров серого вещества — вот где разворачиваются рекламные баталии. Ни шагу назад, ни пяди памяти врагу.

Реклама — жестокий бизнес, ошибки в котором обходятся очень дорого. Но за время рекламных войн были выработаны принципы взаимодействий с нашим сверхкоммуникативным обществом.

Растущее многообразие товаров

Еще одна причина низкой действенности рекламных сообщений — огромное число товаров, которые мы изобрели для удовлетворения своих физических и умственных потребностей.

Взять, к примеру, пищу. На прилавках среднего американского супермаркета выставлено порядка 10 000 различных продуктов питания или торговых марок. И вряд ли стоит рассчитывать на облегчение участи потребителя. Более того, бурный рост числа продуктов может пойти еще дальше. В Европе уже строят суперсупермаркеты (так называемые гипермаркеты), в которых можно будет продавать от 30 000 до 50 000 наименований товаров.

Можно ожидать, что снижение темпов роста отрасли расфасованных товаров не грозит. Эти черно-белые полоски на упаковках большинства продуктов питания — универсальный товарный код, состоящий из 10 цифр. (В номере социального страхования американца их 9, а система рассчитана на более чем 200 млн человек.)

Аналогичная ситуация наблюдается и в сфере промышленного производства. В реестре *The Thomas Register*, например, числится 80 000 компаний, в число которых входят 292 производителя центробежных

Одним из последствий быстрого роста объема рекламы является уменьшение ее эффективности и активное использование в качестве инструмента маркетинга связей с общественностью. Недавний опрос 1800 руководителей компаний о важности различных бизнес-функций, проведенный Американским фондом рекламы, показывает, что связи с общественностью имеют для компаний большее значение, чем реклама.

Разработка новых продуктов: 29%
Стратегическое планирование: 27%
Связи с общественностью (*PR*): 16%
Исследования и разработки: 14%
Финансовые стратегии: 14%
Реклама: 10%
Юридические вопросы: 3%

насосов, 326 производителей электронных регуляторов. И это только две взятые наугад товарные категории.

В Бюро патентов США зарегистрировано около 450 тыс. активных торговых марок, и ежегодно их ряды пополняют еще 25 000. (При этом еще сотни тысяч продуктов продаются вообще без марочных названий.)

За один типичный год 1500 компаний, зарегистрированных на Нью-йоркской фондовой бирже, выпускают свыше 5000 «существенно» новых товаров. Можно предположить, что число просто новинок значительно больше. Не говоря уже о товарах и услугах, предлагаемых остальными 4 млн американских корпораций.

Возьмем сигареты. Сегодня на рынке присутствует более 175 марок. (Торговый автомат, который мог бы вместить в себя их все, должен быть 30 футов в длину.)

Возьмем медицинские препараты. На рынке США представлены около 100 тыс. отпускаемых по рецептам лекарств. И хотя многие из них имеют узкое предназначение и применяются исключительно медиками-специалистами, среднему врачу приходится уподобиться Гераклу, чтобы быть в курсе всего многообразия фармацевтических средств.

Гераклу? Да нет, задача упомнить даже небольшую часть всех этих препаратов не под силу и титану. Ожидать большего от простого смертного — значит проявить полное неведение о возможностях самых блестящих умов.

И как же человек справляется с бурным ростом числа товаров и медиа? Без особых успехов. Исследования чувствительности человеческого мозга установили существование такого явления, как «сенсорная перегрузка».

Ученые открыли, что человек способен воспринять ограниченное количество ощущений. В определенный момент мозг приходит в со-

Прошло всего 20 лет, а как выросли супермаркеты! В среднем из них представлено около 40 000 различных продуктов или марок. Сравните со словарным запасом среднего человека, который равен всего-навсего восьми тысячам слов.

стояние полного ничегонепонимания (остолбенения) и отказывается нормально функционировать. (Этим открытием иногда пользуются дантисты. Пациенту надевают наушники и повышают громкость до тех пор, пока не перестает ощущаться боль).

Бурный рост рекламы

Странно, но по мере снижения эффективности рекламы используется она все активнее, что выражается не только в объемах, но и в числе рекламодателей.

Доктора, юристы, дантисты, бухгалтеры — все они пробуют свои силы на рекламном поприще. Начинают рекламировать себя даже такие общественные институты, как церковь и правительство. (В 1978 г. правительство США израсходовало на рекламу $128 452 200.)

Многие профессионалы по-прежнему утверждают, что реклама ниже их достоинства. Но для некоторых из них деньги важнее, чем собственная гордость. И в погоне за длинным долларом врачи, адвокаты, дантисты, оптики, аудиторы и архитекторы начинают заниматься самопродвижением.

Кроме того, они сталкиваются с жесткой конкуренцией. Десять лет назад в США практиковали 132 тыс. юристов. Сегодня их 432 тыс. За 10 лет на рынке начали «вертеть хвостами» 300 тыс. новых адвокатов.

То же самое происходит и в здравоохранении. Наше сверхкоммуникативное общество становится еще и сверхмедицинским. Согласно оценкам Конгресса, к концу десятилетия в США будет на 185 тыс. врачей больше, чем нам необходимо.

Как все эти доктора медицинских наук будут искать пациентов? С помощью рекламы, конечно.

Высококвалифицированные специалисты, утверждающие, что реклама подрывает основы их профессий, совершенно правы. Эффектив-

Продукт	1970-е гг.	1990-е гг.
Чипсы «*Frito Lay*»	10	78
Марки прохладительных напитков	20	87
Зубные нити	12	64
Компьютерные программы	0	250 000
Беговые кроссовки	5	285
Типы контактных линз	1	36
Марки бутилированной питьевой воды	16	50
Стили женского трикотажа	5	90

Вот оно, товарное многообразие в цифрах.

ная реклама требует сойти с пьедестала и приложить ухо к земле, чтобы настроиться на «волну» потенциальных клиентов.

Но в рекламе достоинство, как и гордость, умирает раньше, чем банкротство, а высокомерие предшествует упадку.

Благодаря ужесточению норм Управления по контролю за продуктами и лекарствами США, число отпускаемых по рецепту препаратов выросло не очень сильно. Настоящий «взрыв» произошел в категории безрецептурных лекарств. Сегодня в аптеках продается более 50 аналогов препарата «*Tylenol*».

Мы попали под «ливень» рекламы юридических услуг («Получили травму? Звоните 1-800-*LAWSUIT*») и аудиторских компаний (в частности, *Arthur Andersen*). В то же время государственные программы бесплатной и льготной медицинской помощи сокращаются.

А сегодня в общий поток, потрясая наполненными на Уолл-стрит «кошельками», вливаются бесконечные интернет-компании.

ГЛАВА 3. Пути проникновения в человеческое сознание

Парадокс нашего сверхкоммуникативного общества состоит в том, что ничто не имеет для его членов такого значения, как коммуникации. С помощью коммуникаций возможно все, без них — невозможно ничего. Как бы талантливы и амбициозны вы ни были.

То, что называют удачей, обычно является следствием успешных коммуникаций.

Сообщить необходимые сведения тем, кому они требуются, в нужный момент. Находить то, что сотрудники Национального управления по аэронавтике и исследованиям космического пространства США называют окном в космос.

Позиционирование — это организованная система по нахождению открытых в человеческое сознание окон, которое основывается на посылке, в соответствии с которой эффективные коммуникации осуществляются только в нужное время и при должных обстоятельствах.

Кратчайшая тропинка в сознание

Самый легкий способ проникнуть в сознание человека — быть первым. Справедливость этого утверждения демонстрируется с помощью ответов на несколько простых вопросов.

Как звали человека, который совершил первый одиночный перелет через Атлантику? Чарльз Линдберг, правильно?

А имя второго человека, в одиночку перелетевшего через Атлантический океан?

Непростой вопрос, да?

Как звали первого человека, высадившегося на Луне? Нейл Армстронг, разумеется.

Как звали второго?

Как называется самая высокая гора в мире? Эверест в Гималаях, не так ли?

Как называется вторая по высоте гора?

Как звали вашу первую девушку?

А вторую?

Первый человек, первая любовь, первая компания, занявшие «комнатки» в вашем сознании, — выселить их оттуда ой как сложно.

Kodak в фотографии, *IBM* в компьютерах, *Xerox* в копировании, *Hertz* в прокате автомобилей, *Coca* в колах, *General* в электрике.

Первое, что требуется сделать, — «произвести неизгладимое впечатление на сознание», а не придумать само впечатление. Сознание. Невинное сознание. Сознание, еще не впечатленное чьей-то чужой маркой.

Бизнес — не более чем порождение человека.

Биологи называют первый контакт между новорожденным и его матерью «зрительным отпечатком». Всего несколько секунд — и в памяти человеческого существа навсегда отпечатался образ его родителя.

Все утки нам кажутся одинаковыми, но даже утенок-однодневка всегда узнает в стае свою мать.

Впрочем, излишняя категоричность нам не присуща. Если только что вылупившийся из яйца утенок встретит перед собой кошку, собаку или человека, он будет считать это создание своей матерью. Как бы оно ни выглядело.

Что напоминает нам чувство влюбленности. Люди, конечно, более избирательны, чем утки, но не настолько, как вы считаете.

Что значит «использовать восприимчивость»? Двое должны встретиться в ситуации, когда они оба готовы к влюбленности. Когда окна обоих открыты. То есть когда ни один из них не пылает глубокими чувствами к какому-то другому человеку.

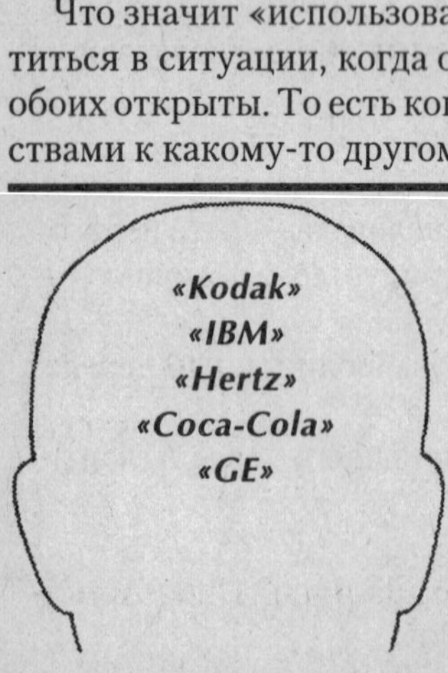

Что общего у этих марок? Им удалось запечатлеться в сознании потребителей первыми. Они сохраняют лидирующие позиции и сегодня. «Лучше быть первым, чем быть лучше» — пока в позиционировании эта идея остается основополагающей.

Брак как человеческий институт основывается на концепции, в соответствии с которой первый лучше, чем лучший. Так и в бизнесе.

Если вы хотите, чтобы вашу компанию полюбили, поймите, что вы должны проникнуть в человеческое сознание первым.

Лояльность в супермаркете достигается так же, как верность в браке. Вы появляетесь первым, а потом не даете повода к переключению.

Трудные пути

Но что делать, если вы не Чарльз, не Нейл, не «*Kleenex*» и не *Hertz*? Что, если некто побывал в сознании ваших потенциальных покупателей раньше?

Трудный путь в сознание человека — быть вторым. Но быть вторым — значит быть никем.

Какая книга, из всех когда-либо издававшихся, является наиболее популярной? (А также первой, изданной на мобильном носителе?) Библия, конечно.

А какая вторая по объемам продаж книга из всех когда-либо издававшихся? Никто не знает.

Нью-Йорк — крупнейший грузовой порт в США. А где находится второй? Поверите вы или нет, но в Хемптон Роудзе (штат Вирджиния).

Как звали второго в одиночку перелетевшего через Атлантику пилота? (Авторам бы очень хотелось узнать ответ на этот вопрос. Сэкономим вам деньги на марки: это была не Амелия Эрхарт. Она — «всего лишь» первая пересекшая Атлантический океан на самолете женщина. Между прочим, вам известно имя второй «воспарившей в облаках» дамы?)

Если вы (вы лично, политик или компания) не проникли в сознание клиента первым, вы непременно столкнетесь с проблемами в позиционировании.

Вторым одиночный перелет через Атлантический океан совершил Берт Хинклер. Но скажите честно, вы когда-нибудь слышали это имя? Он ушел из дома, и с тех пор его мать ничего о нем не слышала. Позвони домой Берт, матушка волнуется. (Кстати, второй женщиной-пилотом была Берилл Маркхем, еще одна относительно неизвестная личность.)

В спортивных состязаниях наибольшие шансы на победу обычно имеют самая быстрая лошадь, самая сильная команда, самый лучший атлет. «Соревнование — это не всегда гонка на скорость и борьба на силу, но именно так делаются ставки», — утверждал Дэмон Ранян.

Ментальное состязание проходит по иным правилам. В нем побеждают первый человек, первый товар, первый политик, «застолбившие» свои позиции в сознании людей.

Тот, кто делает первый шаг, имеет гигантское преимущество и в рекламе. «*Xerox*», «*Polaroid*», «*Bubble Yum*» — вот лишь несколько примеров.

Ни один рекламист не откажется от наилучшего в своей категории продукта. Но еще лучше быть первым.

Любовь может быть восхитительна и во второй раз, но никому нет дела до того, кто вторым в одиночку перелетел океан. Даже если как пилот он во всем превосходил первого.

Но в позиционировании разработаны стратегии и вторых, и третьих, и даже двести третьих номеров. (См. гл. 8, «Конкурентное репозиционирование».)

Еще раз задумайтесь, не можете ли вы оказаться первым хотя бы в чем-то?

Лучше быть крупной рыбой в маленьком пруду (а потом увеличить его размеры), чем океанской «мелкотой».

Реклама делает выбор

Участники рекламной отрасли не выбирают легких путей. Ситуация на американском рекламном рынке 1960-х гг. напоминала положение на фондовом рынке в 1920-х гг. Так называемые «предприимчивые шестидесятые».

Второму вполне по силам добиться успеха. Вот те, кто в свое время посягнул на лавры лидеров: «*Crest*» против «*Colgate*», *Fuji* против *Kodak*, *Avis* против *Hertz*, «*Pepsi*» против «*Coke*». Самые серьезные проблемы — у третьего и четвертого номеров.

Амелия Эрхарт — третья в общем списке пилотов-одиночек, но знаменитой она стала потому, что была «первой». То есть первой женщиной. «Если вы не можете быть первым в категории, тогда создайте себе новую категорию и станьте первым в ней» — вторая по значимости идея позиционирования.

Годы, когда покупалось все, что продавалось, — настоящий разгул маркетинга.

В то время в «пруд» ринулись все и каждый. Никто не задумывался о возможном провале. Обладая «магическим ключом» (деньги) и достаточным количеством блестящих специалистов, каждая компания была уверена в успехе своей маркетинговой программы.

«Обломки» до сих пор выносит на берег. «*Corfam*» от корпорации *Du Pont*, пиво «*Gablinger's*» и «*Convair 880*», зубная паста «*Vote*», чистящее средство «*Handy Andy*».

Такого мы больше не увидим, такого в рекламном бизнесе уже не будет.

Как заметил президент одной крупной компании потребительских товаров: «Попробуйте пересчитать по пальцам успешные марки национального масштаба, появившиеся за последние два года. Мизинец вам уже не потребуется».

Не то чтобы никто не пытался. Полки любого супермаркета ломятся от «наполовину успешных марок». Производители этих «и я тоже»-продуктов льстят себя надеждой, что им удастся развернуть замечательную рекламную кампанию, которая вознесет их отпрыска в «высший свет».

Они обвешиваются купонами, скидками, рекламными плакатами. Но получить прибыль трудно, и «замечательная» рекламная кампания, даже если до нее доходит дело, никогда не сможет вывести марку на путь истинный.

Не удивительно, что в разговорах о рекламе менеджеры компаний преисполнены скептицизмом. И вместо того чтобы искать новые способы применения рекламных сил, они изобретают схемы снижения издержек выпуска. Посмотрите, сколько развелось агентств недвижимости, служб размещения рекламы и агентств по бартерным сделкам.

Достаточно, чтобы рекламисты переквалифицировались в продавцов мороженого.

Хаос на рынке отражает тот факт, что эффективность воздействия рекламы снижается. Но традиционные рекламные методы не спешат сдавать позиции. «Какие-либо факторы снижения действенности рекламы отсутствуют, — утверждают приверженцы сохранения статус-кво, — лишь бы иметь качественный товар, разумный план и осмысленные сообщения».

Но есть одна, но очень-очень крупная «соринка». Сам рынок. Слишком велик сегодня уровень шума.

Составленные в полном соответствии с традициями рекламные сообщения не имеют никаких шансов на успех в сверхкоммуникативном обществе.

Чтобы понять, как мы дошли до жизни такой, полезно вспомнить историю коммуникаций.

Эпоха товаров

1950-е гг. оказались эпохой товаров — славные денечки, когда требовались только хороший «сыр» и деньги на обустройство мышеловки.

То было время, когда все внимание уделялось рекламе свойств продукта и потребительских выгод. Рекламисты были заняты поиском философского камня «уникального торгового предложения» (термин, предложенный Россером Ривзом).

Однако в конце пятидесятых годов технология начала показывать хищные зубы. Создавать действительно исключительное «УТП» становилось все сложнее и сложнее.

Эпоха продуктов закончилась со сходом на рынок лавины товаров-подражателей, созданных по принципу «и я тоже». Ваш «вкусный сыр» быстро предлагали еще двое таких же, как вы. Причем оба заявляли, что они — лучшие.

Конкуренция царила жесточайшая и далеко не всегда честная. Как говорил нам один из знакомых менеджеров: «Как будто вы не знаете. В прошлом году нам было нечего предложить, поэтому мы написали

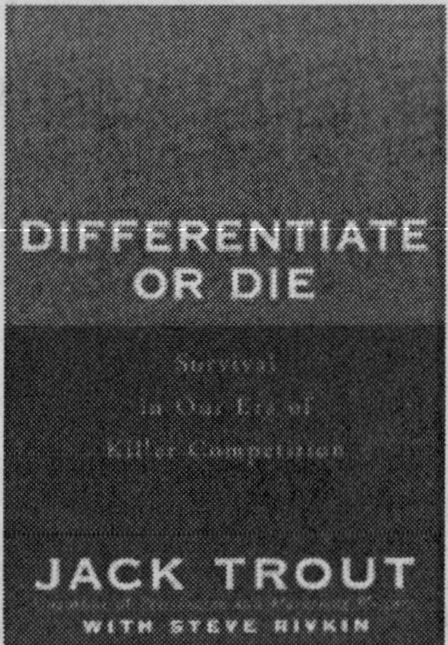

Существуют и другие способы создания уникального торгового предложения. См. нашу последнюю книгу «Дифференцируйся или умри» (*Differentiate or Die*).

на упаковке: “новое и улучшенное”. В этом году мы действительно создали новинку, а как ее преподнести?».

В наши дни Федеральная торговая комиссия не одобрит ни «новое», ни «улучшенное», пока компания не докажет, что это действительно так.

Эпоха имиджей

Затем наступила эпоха имиджей. Удачливые компании обнаружили, что для продажи товаров важны не столько его отличительные свойства, сколько репутация, или имидж.

Главным архитектором эры имиджа был Дэвид Огилви. В своей знаменитой речи он сказал: «Любая реклама есть долгосрочные инвестиции в имидж торговой марки». И Д. Огилви доказал истинность своих утверждений успешными программами по продвижению сорочек «*Hathaway*», автомобилей «*Rolls-Royce*», прохладительных напитков «*Schweppes*» и др.

В 1950-х гг. рекламисты искали уникальные особенности или выгоды товара, за которые им необходимо было «зацепиться». Затем, для того чтобы донести найденную идею до потребителей, проводилась массированная рекламная кампания.

В 1960-х гг. рекламисты обнаружили, что репутация, или имидж — все, свойства продукта — все остальное.

Но как продукты-подражатели привели к закату товарной эпохи, так «обезьянничающие» компании положили конец эре имиджей. Каждая компания не жалела сил на создание репутации, а в итоге уровень шума стал столь высок, что преуспели лишь относительно немногие.

А те, кому удалось опередить конкурентов, в большинстве своем были обязаны успехом эффектным технологическим открытиям, а не впечатляющей рекламе (*Xerox* и *Polaroid* — из их числа).

Эпоха позиционирования

Очевидно, что в рекламе начинается новая эпоха. Эпоха, в которой креативность уже не является основным условием успеха.

Радость и веселье шестидесятых и семидесятых уступили дорогу суровым реалиям 1980-х гг.

Чтобы преуспеть в нашем сверхкоммуникативном обществе, компания должна обеспечить себе прочные позиции в сознании покупателя.

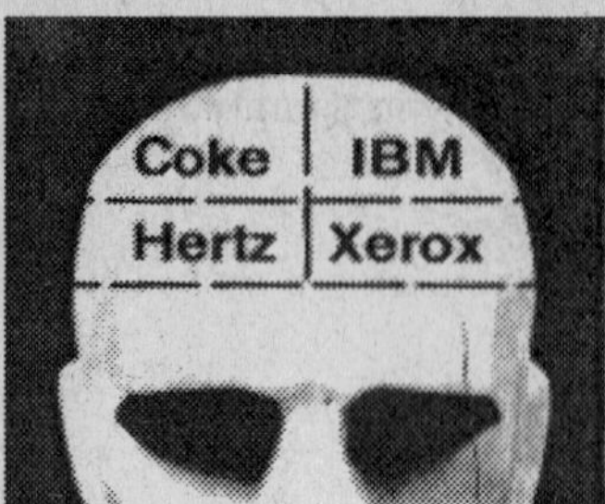

В 1970-х гг. рекламисты быстро адаптировались к тактике позиционирования (поиск еще не занятых другими марками позиций в сознании покупателей).

Рекламная отрасль одной из первых присоединилась к движению позиционирования. Это рекламное объявление вышло в Великобритании спустя месяц после статей в «*Advertising Age*». Без ссылки на авторов, естественно.

Позиции, учитывающие не только сильные и слабые стороны самой компании, но и ее конкурентов.

В рекламе начинается эра стратегий. В эпоху позиционирования недостаточно изобрести новинку или сделать открытие. Иногда этого даже не требуется. Главное — первым проникнуть в сознание потребителей.

Компьютер изобрели сотрудники не корпорации *IBM*, а компании *Sperry-Rand*. Но *IBM* первой заняла компьютерную позицию в сознании аудитории.

Что открыл Америго?

В двадцатом веке компания *Sperry-Rand* повторила достижение Христофора Колумба (XV в.).

Любой школьник знает, что человек, который открыл Америку, получил за это весьма скромное вознаграждение. Его ошибка была в том, что он искал золото, но держал рот на замке.

Чего не скажешь об Америго Веспуччи. «*IBM*» пятнадцатого столетия, Америго отстал от Колумба на пять лет. Но учел ошибки первопроходца.

Во-первых, он позиционировал Новый свет как континент, полностью независимый от Азии. Это произвело революцию в географической науке того времени.

Во-вторых, Америго подробно описал свои открытия и теории. Особенно выделяются пять написанных в ходе третьего путешествия писем. Одно из них (*Mundus Novus*, «Новый мир») в течение 25 лет было переведено на 40 различных языков.

Еще при жизни Америго получил кастильское гражданство и крупную государственную должность.

Поэтому европейцы восприняли в качестве первооткрывателя Америки Америго Веспуччи и назвали в его честь новый континент.

Бедняга Христофор Колумб умер в тюрьме.

Открытие рекламистов пива «*Michelob*»

Великие копирайтеры минувших дней, ставшие сотрудниками небесного рекламного агентства, умерли бы еще раз, если бы им довелось лицезреть некоторые современные кампании.

Возьмем для примера рекламу пива. Когда-то копирайтер пытался найти рекламную идею, тщательно изучая атрибуты товара. И находил такие особенности, как «настоящее светлое» пиво «*Piels*» и «пиво холодного брожения» «*Ballantine*».

А еще раньше копирайтер всего лишь подыскивал подходящие слова для описания качества и вкуса.

«Хмельной поцелуй».

«Родом из земли небесно-голубых вод».

«Настоящий вкус отличного светлого пива».

Сегодня поэзия в рекламе так же мертва, как поэзия в поэзии.

Одна из лучших рекламных кампаний последнего времени — реклама пива «*Michelob*». Выход марки на рынок сопровождался кампанией, равной по поэтичности знаку «Стоп». И не менее эффективной.

«Первый класс — это *Michelob*», — марка позиционировалась как дорогое американское пиво. Всего лишь за несколько лет «*Michelob*» стала одной из наиболее популярных в США марок пива. При высоких ценах.

Было ли «*Michelob*» первым производимым в Америке относительно дорогим пивом? Нет, конечно же, нет. Но «*Michelob*» первым заняло адекватную позицию в сознании любителей пива.

В авангарде — пивоварня *Miller Brewing*

Обратите внимание, как в знаменитом слогане «*Schlitz*» поэзия маскирует позиционирование.

«Настоящий вкус отличного светлого пива».

Неужели хоть один из завсегдатаев ближайшей пивной считает, что «*Schlitz*» светлее, чем «*Budweiser*» или «*Pabst*»? Нет, слоган «*Schlitz*»

«*Michelob*» было отнюдь не первым дорогим пивом, нашедшим тропинку в сознание потребителей. Первопроходцем было «*Heineken*». Поэтому производители «*Michelob*» воспользовались стратегией Амелии Эрхарт. «*Heineken*» было первым дорогим импортным пивом, а «*Michelob*» — первым отечественным. К сожалению, впоследствии рекламисты отказались от «Первого класса» ради «Ночь принадлежит "*Michelob*"». Плохо, очень плохо. «*Michelob*» имело прекрасные возможности остаться в числе двух или трех наиболее продаваемых марок американского пива.

значил для Билли Картеров этого мира не больше, чем тексты арий в итальянской опере.

Но сотрудники компании *Miller Brewing*, очевидно, задались вопросом о том, что произойдет, если они действительно позиционируют свое пиво как светлое.

И они представили пивному сообществу марку «*Lite*». Остальное вы знаете. Стремительный успех, породивший плеяду марок-подражателей. Включая по иронии судьбы и «*Schlitz Light*». (Интересно, как бы они его продвигали: «Настоящий вкус отличного светло-светлого пива»?)

Сегодня многие считают, что секрет успеха как людей, так и продуктов заключается в следующем: необходимо узнать, что делают конкуренты, и отбросить поэзию или креативность, превратившиеся в барьеры на пути сообщения в человеческое сознание. «Чистому» простому сообщению гораздо проще найти там уютное местечко.

К примеру, сейчас есть одно импортное пиво, стратегия позиционирования которого настолько очевидна, что копирайтеры-ветераны, пожалуй, и не восприняли бы ее за рекламу.

«Вы попробовали самое популярное в Америке пиво из Германии. Глотните любимого немцами пивка». Вот так эффективно было контрпозиционировано (по отношению к «*Lowenbrau*») пиво «*Beck's*».

Эта реклама способствует росту популярности марки «*Beck's*» и в США. Показатели продажи непрерывно увеличиваются. «*Lowenbrau*» же прекратила сопротивление и превратилось в чисто внутреннюю марку.

И если ветеранов смущает современная реклама пива, то что они подумают о слогане авиакомпании *Trans World Airlines* (*TWA*): «Мы летаем только на тех самолетах, что нравятся людям. 747 и *L*-1011». (Другими словами, от *DC 10* она отказалась.)

Позиционирование — еще не все. Пиво «*Lite*» являет собой образчик великого позиционирования, но с юридической точки зрения — это грандиозная ошибка. Компания *Miller* не могла использовать слово «*light*», так как это общее название ряда сортов пива. Поэтому, чтобы отличить марку от десятков других названий светлого пива, «*Lite*» пришлось поменять на «*Miller Lite*». Урок «*Lite*»: никогда не называйте свой продукт именем товарной категории. Впоследствии *Miller* «загубила» удачную марку другими «светлыми» сортами, такими как «*Genuine Draft Light*» и «*Miller Lite Ice*». Лидерство сегодня принадлежит пиву «*Bud Light*» от компании *Budweiser*.

Отдаленно напоминает концепцию и исполнение из классической рекламы авиакомпании: «Летайте в чистом небе *United*».

Странные вещи происходят в американской рекламе. Она явно становится недружелюбной. И более эффективной.

Слоган «Любимое немецкое пиво Америки» помог *«Beck's»* остаться ведущей маркой импортного ячменного напитка в США. К сожалению, «*Beck's*», пиво из Германии, имеет английское название, а счастливое «*Heineken*», голландское пиво, — истинно немецкое. Название марки так же важно, как и ее позиционирование (возможно, более значимо).

ГЛАВА 4

О структуре человеческого сознания

Чтобы лучше понять, куда именно должно попасть ваше сообщение, давайте поближе рассмотрим конечную цель всех коммуникаций: человеческое сознание.

Как в компьютерной памяти, в человеческом сознании имеется слот, или позиция, для каждого отобранного для сохранения бита информации. Принципы работы разума во многом напоминает компьютерные.

Но есть одно важное отличие. Компьютер в отличие от сознания не имеет права отказаться от вводимых в него данных. По сути, все происходит с точностью до наоборот.

Сознание выступает в роли механизма защиты от чрезмерных объемов современных коммуникаций и отклоняет всю информацию, которую оно не в силах «обсчитать». Оно принимает только ту новую информацию, что соответствует текущему состоянию сознания. А все остальное отбрасывается.

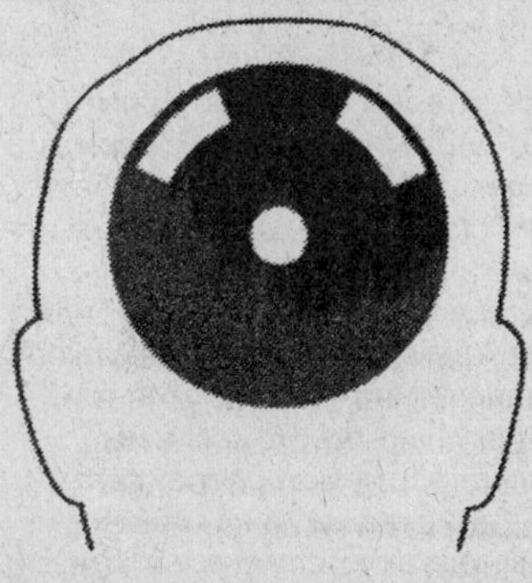

Чем больше мы изучали человеческое сознание, тем сильнее оно напоминало нам компьютерную память. Чтобы ввести в сознание новую марку, придется «стереть» из заданной категории или репозиционировать прежнюю. В точности, как компьютер.

Видим только то, что желаем

Возьмите две абстрактные картины. Напишите на одной имя «Шварц», на другой — «Пикассо». Затем поинтересуйтесь чьим-нибудь мнением. Человек видит то, что он желает увидеть.

Попросите двух людей с противоположными взглядами, скажем, демократа и республиканца, прочесть статью на неоднозначную тему. Потом спросите каждого, изменила ли полученная информация его мнение.

Вот увидите — демократ найдет в статье факты в поддержку своей позиции, а республиканец в той же статье обнаружит что-то, что будет соответствовать его воззрениям. Мнение изменяется очень незначительно. Человек видит то, что хочет увидеть.

Налейте калифорнийское вино «*Gallo*» в пустую бутылку из-под 50-летнего «Бургундского». Затем на глазах у друга осторожно наполните из нее бокал и поинтересуйтесь его мнением.

Человек ощущает тот вкус, что он ожидает испытать.

Слепые тесты шампанского неоднократно указывали на превосходство калифорнийских сортов над французскими. С открытыми этикетками подобный исход был бы невозможен.

Человек ощущает тот вкус, который он желает ощутить.

В том случае, когда это правило не выполняется, рекламе просто не остается места. В случае рационального поведения среднего потребителя, в отсутствие каких-либо эмоций реклама не нужна. По крайней мере не в том виде, в каком она используется сегодня.

Одна из главных целей любой рекламы — усилить ожидания, заставить человека захотеть. Создать иллюзию того, что товар или услуга выполнит ожидаемые вами чудеса. И — voilà! — чудо свершается.

«Человек ощущает тот вкус, который он желает испытать». Через пятнадцать лет после того, как мы сформулировали этот закон, корпорация *Coca-Cola* представила рынку новый напиток «*New Coke*», оказавшийся одним из величайших в истории маркетинга. Тщетность попыток «улучшить» вкус «первоклассного напитка» подтвердили собственные исследования компании. В слепых тестах потребители отдавали предпочтение «*New Coke*» в три раза чаще, чем оригинальному напитку. Но когда им показывали, что именно они дегустируют, респонденты почему-то выбирали марку, ныне носящую название «*Coca-Cola Classic*», причем в четырех случаях из пяти.

Но стоит создать противоположное ожидание, и товар попадет в беду. Первоначальная реклама пива «*Gablinger's*» формировала у потенциальных потребителей ощущение того, что низкокалорийный продукт не может быть действительно вкусным.

И, разумеется, реклама сработала! Люди пробовали пиво и быстро убеждались, что оно и вправду имеет не лучший вкус. Человек ощущает то, что хочет испытать.

Ограниченное вместилище

Человеческое сознание не только отвергает информацию, не соответствующую имеющимся знаниям или опыту, но и не содержит последних в достаточном количестве.

В нашем сверхкоммуникативном обществе разум оказывается неадекватным хранилищем информации.

По мнению гарвардского психолога Джорджа Миллера, мозг среднего человека не в состоянии удерживать более семи информационных «отрезков» одновременно. Вот почему все списки, которые нужно запомнить, обычно состоят из семи пунктов. Семизначные телефонные номера, семь чудес света, семикарточный покер, «Белоснежка и семь гномов».

Попросите любого знакомого назвать все марки из какой-либо товарной категории. Вряд ли он назовет больше семи. И это для категории, в которой человек сильно заинтересован. В категориях с низкой заинтересованностью средний потребитель вспоминает не более одной-двух марок.

Попытайтесь перечислить все Десять заповедей. Если это для вас слишком сложно, как насчет семи признаков рака? Или четырех всадников Апокалипсиса?

В проведенном одной из газет опросе 80 из 100 американцев не смогли назвать ни одного члена правительства США. Один из респондентов, 24-летний музыкант, сказал: «Не думаю, что смогу вспомнить имя вице-президента».

«Магическое число семь» («*The Magical Number Seven*») — название статьи Дж. Миллера, опубликованной в журнале «*The Psychological Review*» (март 1956 г.). Автор рассматривает в ней особенности различных «семерок», включая семь музыкальных нот и семь дней недели.

Сегодня нам приходится запоминать коды включения и отключения сигнализации, номер социального страхования, номер телефакса, номер телефонной карточки, *PIN*-код, адрес электронной почты. Цифры вытесняют слова.

Если наша голова слишком мала, чтобы вместить даже такие вещи, как, черт возьми, нам упомнить все эти размножающиеся как кролики торговые марки?

Тридцать лет назад шесть ведущих производителей сигарет все вместе предлагали американцам 71 марку. Сегодня их 176.

«Моделирование» поразило каждую отрасль, начиная с автомобилей и пива и заканчивая линзами. В настоящее время Детройт выпускает 300 различных моделей автомобилей. Серия «*Maverick*», серия «*Monarch*», серия «*Montego*», серия «*Monza*». Ну-ка, это «*Chevrolet Monza*» или «*Mercury Monza*»? Народ в смятении.

Чтобы справиться со сложностью, люди научились упрощать все и вся.

Когда нас спрашивают об интеллектуальном развитии наших детей, мы не вспоминаем о таких показателях, как словарный запас, скорость чтения, математические способности и т. д. «Он в седьмом классе», — отвечаем мы.

Нередко люди запоминают концепции позиционирования лучше, чем названия товаров. Даже страдающий умственным расстройством человек узнает свою «старшую дочь», хотя он может не помнить ее имени.

Такое упорядочивание людей, объектов и марок является не просто удобным, но абсолютно необходимым методом упорядочивания, позволяющим нам устоять на ногах во всех жизненных перипетиях.

Товарная лестница

Чтобы как-то справиться с бурным ростом числа продуктов и марок, человеческому сознанию приходится ранжировать их. Наглядно его работу можно представить в виде множества лестниц, каждая из кото-

---

Сегодня существуют свыше 10 млн Web-сайтов, 250 тыс. программных продуктов и более 4 млн разных книг. Каждый год книжная полка пополняется 77 000 новых названий. (Ну хотя бы это старое.)

Марка «*Saturn*», единственная в США представленная всего одной моделью, пользовалась необычайной популярностью. За несколько лет дилер «*Saturn*» продавал больше автомобилей, чем любой из конкурентов. И что они сделали? Вы угадали. Была выпущена модель серии «*L*», «Новое большое дело от *Saturn*».

рых соответствует определенной товарной категории. Ступенька лестницы — одна марка.

Некоторые «лестницы» состоят из нескольких «ступенек» (семь — уже много), другие — из одной-двух или не имеют их вообще.

Фирма, желающая расширить свой бизнес, должна либо вытеснить вышестоящую марку (что практически неосуществимо), или каким-либо образом связать свою марку с позицией другой компании.

Большинство фирм выбирают маркетинговые и рекламные кампании, как будто конкурента с его позицией не существует. Они рекламируют свои товары, как будто находятся в Космосе, и еще расстраиваются, если их сообщения не доходят до получателей.

Продвигаться вверх по товарной лестнице, особенно если марки, занявшие ее верхние ступени, имеют надежную точку опоры и в отсутствие рычагов позиционирования, чрезвычайно сложно.

Рекламодатель, намеревающийся создать новую товарную категорию, должен принести свою лестницу. Что тоже затруднительно, особенно если новая категория никак не позиционируется относительно уже существующей. В человеческом сознании не остается места для нового и непохожего, если оно не связано с чем-то привычным.

Вот почему, когда вы имеете действительно новый продукт, потенциальный его покупатель должен услышать информацию о том, чем он не является, а не что он представляет собой на самом деле.

Первый автомобиль, например, называли «безлошадным экипажем», что помогло людям позиционировать новую концепцию относительно существующих видов транспорта.

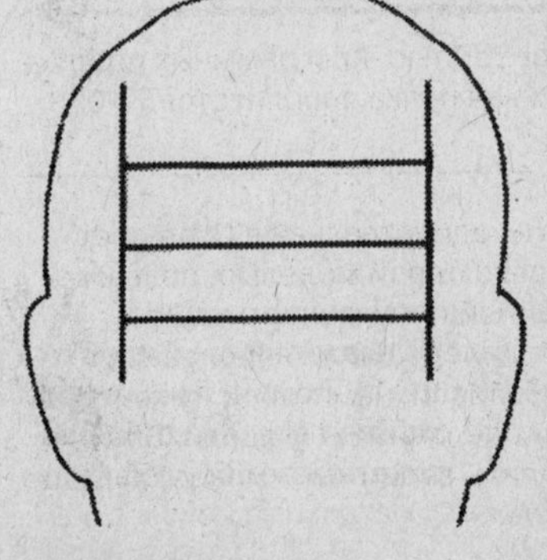

Для каждой товарной категории в сознании человека имеется воображаемая лестница, на верхней ступеньке которой находится марка-лидер. Марка № 2 занимает вторую ступеньку, марка № 3 — третью. Число ступеней может изменяться. В большинстве случаев их три. Наибольшее возможное число — семь (Правило семи).

Одна из товарных лестниц не имеет ни одной ступени — гробы. Люди просто не желают запоминать производителей гробов, хотя и здесь есть свой лидер (*Batesville*).

Пари «без последствий», «неэтилированный» бензин», «бескамерные» покрышки — все это отличные примеры того, как новые концепции позиционируются в «связке» с привычными.

Позиция «против»

На современных рынках позиции ваших конкурентов важны не менее чем ваши собственные. А в некоторых случаях они более значимы. Здесь будет уместно вспомнить об одном из первых успехов эпохи позиционирования — рекламной кампании корпорации *Avis*.

Она войдет в историю маркетинга как классический пример создания «противоположной» позиции. В случае с *Avis* это была позиция против лидера.

«*Avis* — компания № 2 по прокату автомобилей. Почему выбирают нас? Мы стараемся больше других».

13 лет подряд *Avis* несла убытки. Когда она признала себя № 2 рынка, появились первые заработки.

В первый год доходы *Avis* составили $1,2 млн, во второй — уже $2,6 млн, на третий — $5 млн. А потом фирма была продана другой компании, *ITT*.

Столь замечательных результатов *Avis* добилась потому, что признала позицию своего основного конкурента *Hertz* и отказалась от лобовой атаки.

Чтобы понять причины успеха *Avis*, давайте заглянем в сознание потенциального клиента и представим себе лестницу услуг «прокат автомобилей».

На каждой ее ступени разместилась определенная марка. Самая высокая принадлежит *Hertz*. Ниже устроилась *Avis*. На третьей — *National*.

Hertz
Avis
National

Так выглядит лестница услуг прокатных агентств в сознании потенциального клиента. Причем она остается неизменной, вне зависимости от того, арендуется ли автомобиль в *Avis* или в *National*. Клиенты обращаются в *Avis* не потому, что эта компания стоит на верхней ступени лестницы прокатных агентств, а потому, что она не является лидером. «Почему выбирают нас? Мы стараемся больше других».

С другой стороны, *Hertz* зарабатывает на свой хлеб с маслом, напоминая нам о том, кто стоит на верхней ступени. «В прокате автомобилей есть *Hertz*, остальные неизвестны».

Многие специалисты по маркетингу неправильно оценили воздействие девиза *Avis*. Они предположили, что успех пришел к компании потому, что она старалась больше других.

Отнюдь нет. *Avis* добилась успеха, потому что определила свои позиции относительно *Hertz*. (Если бы достаточно было старания, Гарольда Стассена уже давно избрали бы Президентом США.)

Вот вам пример того, как далеко зашел рекламный бизнес в принятии сравнительной рекламы. Изначально журнал «*Time*» отклонил строку «Мы стараемся больше других» (мол, слишком явный намек на *Hertz*). Его примеру последовали и другие издатели.

Ответственный сотрудник рекламного агентства запаниковал и согласился изменить текст на «Мы чертовски стараемся». (Наверное, он считал, что бранное слово лучше, чем сравнения.)

Только после того, как компания пригрозила вообще отказаться от рекламы, редакторы «*Time*» передумали и согласились на первоначальную версию. (Сотрудник агентства оказался на улице.)

Позиция «против» кого- или чего-либо представляет собой классический позиционирующий маневр. Если компания не является первой во всех отношениях, тогда она должна первой занять позицию № 2. Тоже непростая задача.

Но осуществимая. То, что *Avis* делает в прокате автомобилей, *Burger King* с успехом реализует в ресторанах быстрого обслуживания, а корпорация *Honeywell* — в компьютерной отрасли.

Позиция «не-кола»

Другая классическая стратегия позиционирования состоит в том, чтобы пробраться на лестницу, занятую кем-то другим (прохладительный

Вскоре после публикации книги о позиционировании Федеральная торговая комиссия пригласила авторов в Вашингтон, чтобы узнать наше мнение о готовящемся запрещающем применение «натянутых сравнений» законе. В соответствии с ним фраза «Мы стараемся больше других» рассматривалась как нелигитимная. Вы обязаны уточнить, больше *кого именно* вы стараетесь. Мы ответили, что поэзия слогана *Avis* в том и заключается, что потребители самостоятельно добавляют «*чем Hertz*». Лучший заголовок для рекламы — незаконченный. Лучшие слоганы всегда оставляют аудитории возможность подобрать слово или фразу, чтобы завершить идею. Именно это делает рекламу «интересной».

Компания *Honeywell* ушла из компьютерного бизнеса, а ступеньку № 2 заняла *Hewlett-Packard*. (Но об этом никому не известно, и это — ошибка *H-P*.)

напиток «*Seven-Up*»). Великолепие этой идеи можно оценить, лишь представив себе, расстояние, разделяющее две принадлежащие «*Coca-Cola*» и «*Pepsi*» ступеньки товарной лестницы и всех остальных. Два из трех потребляемых в США прохладительных напитков относятся к категории колы.

Позиция «не-кола», соотносящая продукт с теми, кто сумел прочно закрепиться в сознании покупателей, представляет «*7-Up*» как альтернативу коле. (Три ступени в лестнице колы (!) напитков можно представить так: первая — «*Coke*». Вторая — «*Pepsi*». А третья — «*7-Up*».)

Благодаря креативной стратегии позиционирования объем продаж «*7-Up*» резко вырос. С момента торжественного провозглашения его «не-колой» (1968 г.) годовой объем чистой выручки увеличился с $87,7 млн до более чем $190 млн. Сегодня «*7-Up*» является третьим по объему продаж прохладительным напитком в мире.

В доказательство универсальности концепций позиционирования компания *McCormick Communications* взяла и превратила малоизвестную радиостанцию *WLKW*, транслировавшую лирическую музыку (г. Провиденс, штат Род-Айленд), в лидера рынка. Позиция? «*WLKW*, радио без рок-музыки».

Для того чтобы найти уникальную позицию, необходимо «сбросить оковы» традиционной логики, в соответствии с которой концепция «скрывается» внутри креативщика или внутри продукта.

Нет. Вы должны заглянуть в «дебри» сознания покупателя.

Разве можно было найти идею «не-колы» внутри банки «*7-Up*»? Она существовала в голове потребителя прохладительных напитков.

«*Seven-Up*» вела войну на два фронта. С одной стороны, против «*Coca-Cola*» и «*Pepsi*», с другой — против «*Sprite*». Идея «не-колы» была великолепна, однако в конечном итоге победу одержал «*Sprite*», являющийся сегодня ведущей маркой лимонных напитков. У «*7-Up*» было допущено много ошибок, включая непоследовательную рекламу, линейное расширение ассортимента (был такой «*7-Up Gold*») и неспособность сделать с кампанией «не-кола» очевидную вещь. Рекламистам удалось донести до потребителей идею о том, чем не является «*7-Up*». Оставалось решить, что такое этот напиток на самом деле.

Ловушка трех «П»

Основное условие эффективного позиционирования — последовательность, умение год за годом сохранять выбранные однажды позиции.

Очень часто после того, как компания делает удачный позиционирующий ход, она попадает в так называемую ловушку трех «П».

«Позабыли, почему преуспели».

Вскоре после того, как *Avis* была продана *ITT*, руководство компании решило, что их уже не устраивает позиция № 2. Поэтому появилась реклама «*Avis* будет № 1».

Прекрасный образец рекламы собственных желаний. Неправильных как с психологической, так и со стратегической точки зрения.

Avis не суждено стать № 1, если только она не найдет у *Hertz* какую-нибудь слабость и не воспользуется ею.

Кроме того, прежняя рекламная идея не только связывала № 2 *Avis* с № 1 *Hertz* на товарной лестнице в сознании людей, но и эксплуатировала естественную симпатию потребителей к побежденной стороне.

Новая реклама не представляла собой ничего, кроме напыщенности и хвастовства.

Будьте честны. За последние 20 лет *Avis* провела множество различных рекламных кампаний. «Волшебник прокатного города». «Не нужно бежать через весь аэропорт».

Но как звучит та единственная мысль, которая приходит нам в голову, когда кто-то упоминает об *Avis*?

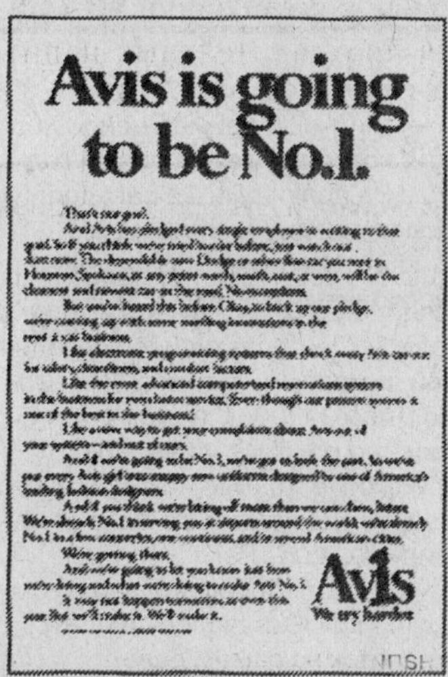

Встретившись с подобной рекламой, потребитель думает: «Никогда вы не станете первыми».

Конечно, «*Avis* – компания № 2 и т. д.». Но в последние годы компания упорно игнорирует единственную запомнившуюся потребителям концепцию. Однажды *National Rent-A-Car* обойдет *Avis* по объему продаж, и менеджмент последней осознает всю ценность концепции «номера два». Но будет слишком поздно.

Если вы хотите добиться успеха, не игнорируйте позиции конкурентов. И не сходите со своей. Говоря бессмертными словами Джоан Дидьон, «пусть будет, как будет».

В ловушку трех «П» попал и «*7-Up*». В роли «не-колы» напиток успешно позиционировался как альтернатива «*Coke*» и «*Pepsi*». Но сегодня его реклама утверждает: «Америка переходит на *“7-Up”*».

Отнюдь нет. «*Seven-Up*» тоже рекламирует мечты своих менеджеров. С концептуальной точки зрения это ничем не отличается от кампании «*Avis* будет № 1».

Что в равной степени неэффективно.

«Америка переходит на “7-Up”»
Данная реклама — типичный пример непоследовательности, которой уже не первый год отличается «*7-Up*». На долю напитка сегодня приходится не более половины от продаж лидера рынка «*Sprite*». (Америка определенно отказывается переходить на «*7-Up*».)

ГЛАВА 5

Отсюда туда не добраться

Вы слышали притчу о путешественнике, который спросил у фермера, как ему проехать к одному из американских городков?

Местный житель ответил: «Езжайте прямо по дороге, пару миль, а на развилке поверните налево. Хотя нет, так не доедете».

«Езжайте назад на полмили, пока не упретесь в знак “Стоп”, потом поверните направо, — продолжал фермер. — Нет, так тоже не доедете». После долгой паузы фермер посмотрел на теряющегося в догадках путешественника и выдал: «Знаешь что, сынок, отсюда туда не добраться!».

Такова судьба многих наших простых современников, политиков и товаров. Они оказываются в ситуации, когда «отсюда им туда не добраться».

Америка не переходит на «*7-Up*». *Avis* не суждено выйти на первое место. Как бы менеджерам компании этого ни хотелось. Как бы они себя ни рекламировали.

Дух «я могу» живет, но не побеждает

Провал во Вьетнаме был во многом обусловлен типичным американским «Я могу». Нет ничего невозможного, надо только постараться. Но какие бы усилия мы ни прикладывали, сколько бы солдат ни погубили и ни вбухали денег, проблему нельзя было разрешить с помощью внешней силы.

Добраться отсюда туда мы не могли.

В Америке по-прежнему царит атмосфера «каждый может», изменить которую пока не способны сотни подобных вьетнамскому примеров. Хотя многие вещи невозможны, как ни старайся.

Возьмем 55-летнего вице-президента компании — ему не суждено возглавить организацию, так как через несколько лет, когда нынешнему президенту стукнет 65 и он покинет свой пост, совет директоров назначит нового, 48-летнего преемника.

Просто 55-летний кандидат не попадает в фазу смены президентов. Чтобы иметь шансы на продвижение, он должен быть как минимум на десять лет моложе человека, пост которого он хотел бы занять.

Аналогичная ситуация нередко встречается и в битве за сознание, когда товару тоже не удается попасть в нужную фазу.

Если корпорация занимает позицию «отсюда туда не добраться», она, обладая великим продуктом, лучшим торговым персоналом, проведя замечательную рекламную кампании, все равно обречена на жалкое поражение. Сколько бы миллионов долларов она ни была готова израсходовать ради достижения своей цели.

Один из примеров — фиаско корпорации *RCA* в компьютерном бизнесе.

Предсказание катастрофы

В 1969 г. в журнале «*Industrial Marketing*» была опубликована наша статья, в которой в качестве одного из примеров приводилась история компании *RCA*. Статья называлась «Позиционирование — игра, в которую люди играют на современном "и я тоже"-рынке» («*Positioning Is a Game People Play in Today's Me-Too Marketplace*»). В ней вещи назывались своими именами и делались прогнозы, основанные на наших знаниях правил игры в позиционирование. (Тогда под словом «позиционирование» впервые подразумевалась работа с позицией в сознании потребителей, оккупированном большим и сильным конкурентом.)

Одно из предсказаний сбылось с поразительной точностью. Говоря о компьютерной отрасли, мы писали: «В лобовой атаке на позиции *IBM* шансов на победу не имеет ни один ее конкурент».

Реальный мир, конечно же, пошел в «полный рост» на заранее укрепленные позиции. Но если и можно успешно конкурировать с ли-

---

Забудьте о 48-летних. Возраст директоров современных высокотехнологичных компаний 20–30 лет.

дером рынка (в статье предлагалось несколько способов), то, согласно правилам позиционирования, только не встречными курсами.

Тогда, в 1969 г., мало кто выразил удивление. Кто мы такие, чтобы утверждать, что такая могущественная, многомиллиардная компания, как *RCA*, не сможет при желании добиться процветания в компьютерном мире?

К началу 1970 г. *RCA* шла на всех парах. На страницах бизнес-прессы появились невероятные истории.

«*RCA* дает залп по № 1», — гласил заголовок статьи в «*Business Week*» от 19 сентября 1970 г.

«*RCA* идет врукопашную на *IBM*», — заголовок в разделе новостей журнала «*Fortune*» за октябрь 1970 г.

«Компьютер *RCA* бьет прямо по *IBM*», — заметка в «*Advertising Age*» от 26 октября 1970 г.

А чтобы ни у кого не оставалось сомнений в намерениях компании, председатель ее совета директоров и президент Роберт Сарнофф сделал прогноз, что к концу 1970 г. *RCA* будет «фирмой № 2» в компьютерной отрасли. Указывая на то, что его компания уже инвестировала «в создание сильной позиции в компьютерном бизнесе гораздо боль-

---

Первая в маркетинговой истории статья о позиционировании была опубликована в журнале «*Industrial Marketing*» за июль 1969 г. Но и сегодня нам задают вопрос: «В чем отличия позиционирования товаров производственного назначения по сравнению с потребительскими товарами?». Когда мы говорим, что позиционирование началось с промышленных товаров, нам не верят. Почему? Потому что это не соответствует традиционным представлениям о том, что все рекламные идеи исходят из потребительской сферы. Урок: не пытайтесь победить восприятие с помощью фактов. Восприятие всегда победит.

RCA* против *IBM

Вот пример фронтальной атаки: это рекламное объявление *RCA* публиковала в «*The Wall Street Journal*» и других деловых изданиях. Многие годы некоторые люди считали, что позиционирующая реклама — это такая реклама, где в заголовке упоминается название конкурента. Вовсе не обязательно. Позиционирование не имеет с упоминанием или не упоминанием конкурента ничего общего. Оно касается «учета» сильных и слабых сторон противника перед тем, как начинать маркетинговую компанию.

ше средств, чем в любой из предыдущих проектов», включая разработки цветного телевизора, г-н Сарнофф отметил, что цель организации — развитие мощной прибыльной позиции в первой половине семидесятых.

Дух «я могу» умирает

Не прошло и года, как крыша рухнула. «Катастрофа, обошедшаяся *RCA* в $250 млн», — провозглашал заголовок в «*Business Week*» от 25 сентября 1971 г.

Это куча денег. Кто-то подсчитал, что если взять эту сумму банкнотами в $1 и разложить по тротуару возле «Рокфеллер-центра», то стопка как раз дойдет до окна кабинета Боба Сарноффа на 53 этаже «*RCA*-билдинг».

То были тяжелые времена для производителей компьютеров. В мае 1970 г. после многих лет безуспешных попыток организовать компьютерный бизнес признала себя побежденной *General Electric*, которая продала всю эту кашу компании *Honeywell*.

После того как *GE* и *RCA* отказались от компьютерного направления, мы выступили с новой статьей в номере «*Industrial Marketing*» за ноябрь 1971 г., которая «разогрела» интерес к концепции позиционирования; к нам поступило много запросов на перепечатку материала и дополнительную информацию.

Глава корпорации *GE* Джек Уэлч сделал все, только не выбил эту чепуху «я могу». Либо ты первый, либо второй, либо никакой.

Когда «загнулся» и второй крупный производитель компьютерной техники, как же нам хотелось закричать: «Мы ведь предупреждали!» Поэтому в ноябре 1971 г. в «*Industrial Marketing*» появилась еще одна статья с названием «Возвращаясь к позиционированию: почему *GE* и *RCA* не послушались?» («*Positioning Revisited: Why Didn't GE and RCA Listen?*»).

Как рекламироваться и продвигать себя, если на рынке присутствует такая компания, как *IBM*? В тех двух статьях были кое-какие предложения.

Как бороться с *IBM*?

Компьютерный бизнес часто сравнивают с «Белоснежкой и семью гномами». Белоснежка создала себе позицию, не имеющую себе равных в истории маркетинга.

IBM принадлежит 60% компьютерного рынка, притом что доля самого большого из «гномов» не превышает и 10%.

Что можно противопоставить компании с такой позицией, как у *IBM*?

Ну, прежде всего вы должны признать ее. Затем не следует делать того, что пытались сделать очень и очень многие. Действовать как *IBM*.

Ни одна из компаний не имеет ни единого шанса на успех в лобовой атаке на позиции *IBM*. И пока что история не убедила нас в обратном.

Малые компьютерные фирмы наверняка согласны с нами. Но крупные компании, похоже, думают, что могут потягаться и с «голубым ги-

Burroughs
Control Data
GE
Honeywell
NCR
RCA
Univac

Эти семь компаний пытались конкурировать с *IBM* в сфере больших ЭВМ и потерпели неудачу. Какой удалось добиться лучших результатов? Ни одной из них. Победителем и в конечном итоге вторым по величине производителем компьютеров в мире стала *Digital Equipment Corp. DEC* воспользовалась принципом Амелии Эрхарт и создала миникомпьютер, новую категорию, в которой место лидера было вакантным.

В последние годы мы, работая над проблемой замены концепции «мэйнфреймов» на нечто более современное, часто бывали в *IBM* и пришли к выводу о необходимости занятия позиции «интегрированных компьютерных систем». Кто как не *IBM* способен создать отличную систему?

гантом». Что ж, как сказал один несчастный руководитель, «во всем мире просто не хватит денег». Отсюда туда не добраться.

Есть такая поговорка: «клин клином вышибают».

Наилучшая стратегия для конкурентов *IBM* — использование преимуществ тех позиций, которые они уже занимают в сознании покупателей, и увязка их с новой позицией в компьютерной сфере. Например, как должна была позиционировать свои компьютеры *RCA*?

В нашей статье 1969 г. содержалась подсказка: «*RCA* является лидером в области связи. Если она позиционирует свою компьютерную линию в одной связке с коммуникационным бизнесом, ей, возможно, удастся использовать преимущества собственной позиции. Уступив значительную часть продаж, она создаст мощный береговой плацдарм».

Вспомним компанию *NCR*, имеющую прочные позиции в секторе кассовых аппаратов.

NCR добилась большого прогресса в компьютерном бизнесе, сконцентрировав свои усилия на системах ввода данных для розничной торговли. Компьютерных кассовых аппаратах, если хотите.

Однако, если ситуация безнадежна, усилия по поиску приемлемой позиции, скорее всего, пропадут втуне. Поэтому следует сконцентрироваться на других аспектах бизнеса компании. Как говорил Чарли Браун: «Нет такой проблемы, от которой следовало бы спасаться бегством».

Поистине, полный провал зачастую лучше посредственного успеха.

Компания-середнячок, может, имеет «право» прийти к выводу, что для решения проблемы ей необходимо стараться больше других. Компания с проигрышной позицией никогда не получит особой выгоды, как бы она ни старалась.

Компьютеры для коммуникаций

Многим компаниям шанс «выйти в люди» выпадает лишь один раз в жизни. Пойдет компания направо — добьется неслыханного успеха; пойдет налево — зачахнет и погибнет. *RCA* выбрала «налево» и в итоге оказалась второстепенной маркой под крылом у *General Electric*. По иронии судьбы, рынок коммуникаций стал одним из самых быстрорастущих для компьютеров всех типов. В настоящее время *IBM*, *Sun Microsystems* и другие компьютерные компании используют свои маркетинговые ресурсы в борьбе за лидерство в Интернете, самой крупной коммуникационной системе.

NCR стала жертвой пения сирен и ринулась навстречу *IBM*. Компания чуть не погибла и вернулась к своим кассовым аппаратам.

Причина не в том, что она будет делать, а в том, когда. Для того чтобы дополнительные усилия оказали существенное воздействие, прилагать их необходимо как можно раньше, чтобы занять лидирующие позиции по товару.

Если оно есть, возможно все. Если его нет, путь будет тернист. (Как сказал бы эскимос, в одной упряжке только вожак наслаждается видом в обе стороны.)

История о Смите и Джонсе из *General Electric*

В качестве наглядной иллюстрации принципа этой главы приведем один пример. Два джентльмена положили глаз на высшую должность в компании *General Electric*. Фамилия одного была Смит. Второго звали Джонс.

Смит олицетворял собой типичного работающего по принципу «я могу» руководителя. Так что когда ему поручили разрабатывать компьютерное направление, он с готовностью взялся за дело.

Джонс, напротив, был реалистом. Он понимал, что *GE* вошла в компьютерный бизнес слишком поздно и ей не суждено занять доминирующие позиции. На этой стадии игры догнать *IBM* можно было только слишком большой ценой. Если вообще возможно.

После того как Смит потерпел неудачу в компьютерах, у Джонса появился шанс проявить себя. Он рекомендовал, чтобы *General Electric* вышла из компьютерного бизнеса, что корпорация в конечном счете и сделала, продав это направление *Honeywell*.

Это одна из причин, которые привели Реджинальда Джонса на место исполнительного директора *General Electric*. А карьера Стэнфорда Смита продолжилась в фирме *International Paper*.

Чтобы не растекаться мыслью по древу, отметим лишь, что иерархия компьютерного бизнеса прослеживается практически в любой другой отрасли. Везде обязательно есть сильный лидер и масса середнячков. *IBM* в компьютерах, *Xerox* — в производстве копировальных аппаратов, *General Motors* — в автомобилях.

Мы не сказали, что Стэнфорд Смит был главой отдела рекламы и продвижения товаров производственного назначения *General Electric*, где начинали карьеру Эл Райс и Джек Траут. Стэн Смит был нашим очень близким другом. Он был, пожалуй, самым выдающимся из всех известных руководителей по маркетингу. Если компьютерное направление не смог спасти и С. Смит, значит, его не мог спасти никто. Это-то и произвело на нас обоих глубочайшее впечатление. Часто попадаешь в ситуации, когда «отсюда туда не добраться».

Если мы поймем принципы позиционирования на примере компьютерной отрасли, наши знания могут быть применены в любой ситуации.

Инструмент, позволивший справиться с компьютерами, может быть использован и для автомобилей, и для напитков.

И наоборот.

ГЛАВА 6

Позиционирование лидера

Некоторые компании (*Avis*, *Seven-Up*) сумели найти жизнеспособную позицию по соседству с лидерами рынка.

Однако большинство фирм не желают вечно оставаться на вторых ролях, какой бы популярностью они ни пользовались. Они хотят быть лидерами, как *Hertz* и *Coca-Cola*.

Как стать лидером? Вообще-то просто. Помните Чарльза Линдберга и Нейла Армстронга?

Тогда будьте первым из первых.

Фактор первенства

Практика показывает, что первая закрепившаяся в сознании потребителей марка получает в среднем в два раза бóльшую долю рынка (в долгосрочном периоде), чем марка № 2, и в четыре раза большую, чем марка № 3. Причем каким-либо изменениям это отношение обычно не поддается.

Посмотрите на напряженную маркетинговую битву между компаниями *Pepsi-Cola* и *Coca-Cola*. Несмотря на удачные маркетинговые маневры *Pepsi*, возглавляет гонку производителей прохладительных напитков кто? Разумеется, *Coca-Cola*. На каждые шесть проданных бутылок «*Coke*» компании *Pepsi* удается продать лишь четыре.

И так везде. Лидирующая марка в любой категории продается значительно лучше, чем марка № 2. *Hertz* продается лучше, чем *Avis*, *General Motors* — лучше, чем *Ford*, *Goodyear* — лучше, чем *Firestone*, *McDonald's* — лучше, чем *Burger King*, *General Electric* — лучше, чем *Westinghouse*.

Многие эксперты недооценивают фактор первенства. Успех *Kodak*, *IBM* и *Coca-Cola* они обычно связывают с «маркетинговой проницательностью».

Ошибки лидеров

Однако когда лаврами первенства увенчан кто-то другой, когда доминирующая на одном из рынков компания пытается выйти на новый, ее товару обычно не удается занять призовое место.

По сравнению с *Dr. Pepper* компания *Coca-Cola* — гигант. И все же когда она выпустила конкурирующий продукт, напиток под названием «*Mr. Pibb*», даже сила атланта не смогла поколебать продажи конкурирующего «*Dr. Pepper*». «Мистер» остается вторым после «Доктора». На каждые шесть бутылок «*Dr. Pepper*» удается продать лишь четыре бутылки «*Mr. Pibb*».

IBM гораздо крупнее *Xerox*, имеет огромнейшие технологические, кадровые и финансовые ресурсы. А что произошло, когда *IBM* представила собственную линию копировальных аппаратов?

Ничего особенного. Доля рынка *Xerox* все так же в 10 раз превосходит долю копиров *IBM*.

Можно предположить, что когда колосс из Рочестера занялся моментальной фотографией, компания *Kodak* намеревалась разгромить *Polaroid*. Куда там! Бизнес *Polaroid* только расширился, тогда как *Kodak* удалось завоевать лишь крохотную долю рынка. Ценой значительного сокращения продаж традиционных фотоаппаратов.

Практически все материальные преимущества достаются лидеру. В отсутствие действительно серьезных причин изменить выбор при повторной покупке потребители отдают предпочтение «знакомому»

Campbell's
Carnation
Coca-Cola
Colgate
Crisco
Del Monte
Eveready
Gillette
Gold Medal
Goodyear
Hammermill
Hershey's
Ivory
Kellogg's
Kodak
Life Savers
Lipton
Manhattan
Nabisco
Palmolive
Prince Albert
Sherwin-Williams
Singer
Swift
Wrigley's

В 1923 г. эти торговые марки были лидерами в своих товарных категориях. К концу столетия, 77 лет спустя, только три из них утратили свои позиции («*Eveready*», «*Manhattan*» и «*Palmolive*»). Вот что значит быть первым. Первенство — вот наиболее эффективная маркетинговая стратегия.

производителю. Да и магазины значительно охотнее закупают продукцию лидеров.

Чем крупнее и успешнее компания, тем больше у нее возможностей привлечь лучших выпускников высших учебных заведений. Фактически они привлекают больше лучших работников.

Куда ни посмотри, лидирующая марка обладает преимуществами.

Что, к примеру, подают в самолетах? Одну марку колы, одну марку имбирного пива, одну марку пива обычного и т. д.

Когда вы отправитесь в полет, обратите внимание: это будут «*Coke*», «*Canada Dry*» и «*Budweiser*». Ведущие марки колы, имбирного и обычного пива.

Неустойчивое равновесие

Но в некоторых категориях две ведущие марки идут ноздря в ноздрю.

Верно и то, что такие товарные категории всегда нестабильны. Можно ожидать, что рано или поздно одна из марок возьмет верх и добьется стабильного соотношения 5 к 3 или 2 к 1.

У *Hertz* дела идут по-прежнему хорошо; *GM* идет неровной походкой; у *Firestone* лопнуло колесо; *Westinghouse* уже не существует. Да, жизнь становится тяжелее.

Coca-Cola не оставляет свои попытки. В настоящее время она старается противопоставить конкурирующему энергетическому напитку «*Gatorade*» свой «*PowerAde*». Кто победит в этой схватке? «*Gatorade*», конечно.

Что делает лидера лидером? Разумеется, последователи. Лидеры не должны стремиться к уничтожению конкурентов. Они нуждаются в соперниках, которые участвуют в создании и развитии товарной категории. Компания *Polaroid* допустила серьезную ошибку, когда подала на *Kodak* в суд и заставила конкурента отказаться от попыток закрепиться в моментальной фотографии. Проиграли оба соперника.

Потребители, как цыплята. Они чувствуют себя гораздо уютнее, когда имеет место неофициальная иерархия, когда каждый знает, какое зернышко ему клюнуть и когда.

Hertz и *Avis*.

Гарвардский университет и Йельский.

McDonald's и *Burger King*.

Когда две марки оказываются близко друг к другу, одна из них берет верх и потом еще долго доминирует на рынке.

Например, в период 1925–1930 гг. *Ford* и *Chevrolet* ни в чем не уступали друг другу. В 1931 г. компания *Chevrolet* выбилась в лидеры и с тех пор (учитывая депрессию и войны) уступала лидерство лишь четыре раза.

В равнозначной ситуации, в которой ни одна из сторон не имеет явного превосходства, как никогда нужны дополнительные усилия. Победа по объему продаж в одном-единственном году обычно означает лидерство на десятилетия вперед.

На взлете реактивному самолету необходимо 110% номинальной мощности двигателей. Однако на высоте 10 000 метров пилот убирает тягу до 70%, а скорость 900 км/ч не снижается.

Стратегии сохранения лидерства

Вопрос: где спит весящая под 400 кг горилла? Ответ: везде, где захочет.

Лидер имеет право делать все, что ему заблагорассудится. В краткосрочной перспективе он практически неуязвим. Для сохранения скорости движения достаточно инерции. (Старое борцовское выражение: находясь сверху, нельзя лечь на лопатки.)

Корпорации *General Motors*, *Procter & Gamble* и всех прочих лидеров никогда не волнует этот или следующий год. Их интересует перспек-

Лидерство — лучший «дифференциатор». Это гарантия успеха торговой марки.

Эта мысль позже навела нас на «закон качества». В любой категории в конечном итоге образуются две доминирующие марки. *«Chevrolet»* и *«Ford»*, *«Coke»* и *«Pepsi»*, *«Budweiser»* и *«Miller»*, *«Duracell»* и *«Energizer»*, *«Sotheby's»* и *«Christie's»*. Бог и Дьявол.

Накрыть все игровое поле

Иногда это сложно. К сожалению, лидеры нередко настолько уверуют в собственную рекламу, что начинают мнить себя непогрешимыми. Так что, когда конкурент выпускает новый продукт или новую функцию, его изобретение не воспринимается всерьез.

Настоящие лидеры обязаны поступать с точностью до наоборот. Как в казино, накрыть фишками все игровое поле. Это значит, что лидер должен подавить самолюбие и принимать любые, только подающие признаки жизни инновации. На практике лидер слишком часто просыпается слишком поздно.

В свое время приобретение прав на первую модель роторно-поршневого автомобильного двигателя Ванкеля обошлось корпорации *General Motors* в $50 млн. Деньги на ветер? Не совсем. *GM* наверняка рассматривает затраты в $50 млн на покупку лицензии как дешевую страховку для своего 66-миллиардного бизнеса. (Именно так, объем продаж *General Motors* в 1979 г. составил $66 311 200 000.)

Предположим, роторно-поршневой двигатель стал бы автомобильным двигателем будущего. И первыми права на него приобрели бы *Ford* или *Chrysler*. В каком положении находилась бы *General Motors* сейчас?

В таком же, в каком находятся *Kodak* и *3M* со своими офисными копирами. Когда эти два лидера электрофотографических копировальных аппаратов имели возможность купить права на ксерографическую печать Карлсона, они отказались.

«Никто не заплатит пять центов за копию на обычной бумаге, когда можно получить электрографическую всего за полцента». Логично.

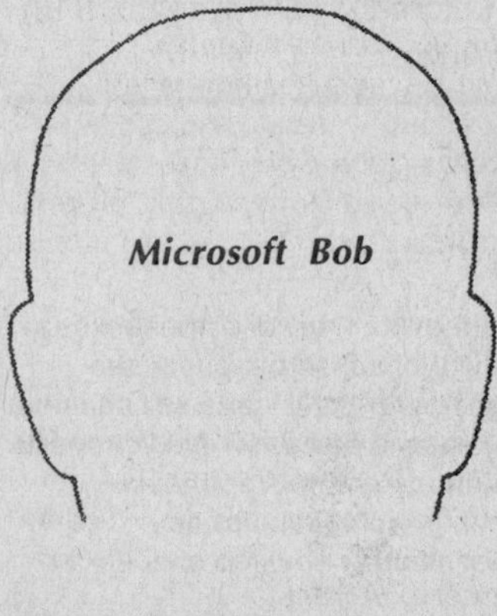

Лидеры должны попытаться использовать каждую открывающуюся возможность. Да, корпорация *Microsoft* со своим предназначенным для нетребовательного пользователя программным продуктом «*Bob*» потерпела фиаско. Но кто из ее конкурентов пытался сделать что-то подобное и преуспел? Опыт подсказывает нам, что большинство лидеров страдают закупоркой предпринимательских сосудов. Они предают чрезмерное значение мнению прессы о неудаче нового продукта. А масс-медиа как раз симпатизируют тем, кто признает свои ошибки. Посмотрите, какой похвалы удостоилась *Coca-Cola*, честно признавшая «*New Coke*» своей ошибкой.

Но цель прикрытия состоит в том, чтобы обезопасить себя от неожиданностей.

И неожиданности не заставили себя ждать. Патент на ксерографирование приобрела фирма *Haloid*, которая впоследствии (сначала под именем *Haloid Xerox*, а потом просто *Xerox*) превратилась в 5-миллиардного гиганта. Переросла *3M* и лишь на шаг отстает от *Kodak*. Журнал «*Fortune*» называет ее модель «*Xerox* 914», возможно, самым прибыльным из всех когда-либо производимых в США товаром.

И что сделала *Xerox* на бис?

Почти ничего. За впечатляющим успехом модели 914 последовали неудача за неудачей. Самая известная из них — в компьютерах.

«Истина» в товаре

«Лишь после того, как мы неоднократно убедились в своем успехе в области копировальной техники, — говорил глава *Xerox* на заре игр в диверсификацию, — мы с большой долей уверенности заявляем, что на силу этой организации можно положиться снова и снова».

Пример классической ошибки лидера. Иллюзия, что сила товара есть производная организационной мощи.

Все обстоит с точностью до наоборот. Источником силы организации является товар. Его позиции в сознании покупателей.

У напитка «*Coca-Cola*» есть эта сила. *The Coca-Cola Company* является всего лишь отражением его мощи.

Если компания помимо напитков займется чем-то еще, ей будет весьма непросто добиться такого же могущества. Либо становись первым, создавая сильную альтернативную позицию, либо репозиционируй лидера.

Поэтому «*Mr. Pibb*» и является слабым подобием «*Dr. Pepper*» и никакая сила компании *Coca-Cola* здесь не поможет.

Сегодня *Xerox*, конечно, намного превосходит *Kodak*, поскольку последняя безрассудно бросилась в фармацевтику. Позже мы развили эту нашу мысль, назвав ее силой фокусировки. За 20-летний период *Xerox* потеряла на компьютерах несколько миллиардов долларов. Еще один наглядный пример опасности утраты фокуса.

Так и *Xerox*. Сила компании в позиции, которую она занимает в сознании потребителей. «Ксерокс» — это копировальный аппарат. Данная аналогия существует потому, что *Xerox* первой проникла в сознание, а потом развила свою позицию с помощью массированной маркетинговой программы.

Но в компьютерах, конторских множительных машинах, текстовых процессорах и других продуктах *Xerox* начинает с полного нуля. Несомненно, компания пыталась повторить свой «копировальный» успех в целом ряде других товарных категорий. Но, по-видимому, позабыла об одном существенном элементе программы модели 914. Та первой вышла в плавание в океан под названием «копировальная техника».

Быстрота реакции

Когда конкурент выводит на рынок радикально новую концепцию, реакция полных уверенности в себе американских менеджеров всегда предсказуема.

«Подождем и посмотрим».

Хотя важнейший для осуществления прикрытия ресурс — это время. Необходимо заблокировать действия конкурента и прибрать к рукам новый продукт, пока он еще не укрепился в сознании людей.

Когда в противовес препарату «*Tylenol*» появился более дешевый «*Datril*», компания *Johnson & Johnson* немедленно перекрыла врагу кислород, снизив цену на свой продукт. Еще до того, как *Bristol-Myers* начала рекламировать цену на свое лекарство.

Поэтому *Johnson & Johnson* успешно отразила атаку со стороны «*Datril*» и чуть не разорила своего соперника. Последнему оставалось только принимать собственное средство от головной боли.

Мы работали с *Xerox* почти два года, пытаясь заставить их сконцентрироваться на «выводящей» части офисной техники (копиры, принтеры и прочее), а не на «вводящей» (компьютеры). В частности, мы убеждали их стать первой компанией, которая выпустит настольный лазерный принтер. Увы, они предоставили эту честь *Hewlett-Packard*.

Еще один классический маневр предприняла *Gillette* против одноразовых бритв *BIC*, выпустив «*Good News*» с двумя лезвиями.

Прикрытие в маркетинговой гонке ничем не отличается от перекрытия ветра в гонке парусников. Никогда не позволяйте оппоненту выйти из-за вашего паруса на открытую воду. Будущее предсказать нельзя. Никогда не знаешь, с какой стороны подует ветер.

Если лидер закрывает собой действия конкурентов, он всегда остается впереди. Куда бы ни дул ветер.

Мультимарочное прикрытие

«*Tylenol*», скорее, исключение. Большинству лидеров следует прикрывать действия конкурентов с помощью новых торговых марок.

Классической «мультимарочной» стратегией издавна пользуется *Procter & Gamble*. Впрочем, термин «мультимарочная» не совсем корректен. Скорее, это стратегия единой позиции.

Каждая марка получает уникальное позиционирование и занимает определенное место в сознании покупателя. Проходит время, появляются и исчезают товары, позиция же остается неизменной. Лучше выпустить новый продукт, отражающий изменения технологии или вкусов.

Иначе говоря, *Procter & Gamble* признает, что изменить созданную однажды позицию крайне трудно. Если позиция завоевана, зачем же оставлять ее? В долгосрочной перспективе дешевле и эффективнее разработать под нее новый продукт. Даже если при этом придется проститься со старым, всем известным.

«*Ivory*» — это мыло, которое было мылом раньше и остается им и по сей день. Когда появились стиральные порошки, наверняка был соблазн выпустить «*Ivory*»-порошок. Но это означало бы изменение позиции марки в сознании покупателей.

Gillette
Trac II
Atra
Good News!
Sensor
Mach 3

Мультимаркам в целом в сравнении с отдельными марками принадлежит бóльшая доля рынка. (На долю торговых марок «*Gillette*» приходится 60% рынка.)

LEXUS

Одним из лучших примеров мультимарочной стратегии является торговая марка «*Lexus*» компании *Toyota*. Она не стала называть продукт «Супер-Тойота» или «Тойота-ультра». Нет, дорогой модели просто подобрали новое имя.

Марка «*Tide*» – куда лучшее решение. Теперь и в новой категории стиральных порошков появилось имя, на которое можно равняться. А сам «*Tide*» пользовался невиданным успехом.

А когда *Procter & Gamble* выпустила первое средство для мытья посуды, она не стала называть его «Тайд для посуды». Она назвала его «*Cascade*».

Каждая известная марка *Procter & Gamble* наделена собственной, неповторимой индивидуальностью: «*Joy*», «*Crest*», «*Head & Shoulders*», «*Sure*», «*Bounty*», «*Pampers*», «*Comet*», «*Charmin*» и «*Duncan Hines*». И вовсе не «Плюс», «Ультра», «Супер» или что-нибудь в этом роде.

Так что мультимарочная стратегия на самом деле является стратегией единой позиции. Позиция, которая не изменяется.

«*Ivory*» известно как мыло уже 99 лет.

Прикрытие расширенным названием

Если лидер и оставляет трон, то только гонимый ветром перемен.

В 1920-х гг. *New York Central Rail Road* была не только ведущей железнодорожной компанией, но и самой «синей» из всех «голубых фишек». После нескольких слияний и объединений *Penn Central* (так она называется сегодня) представляет собой безжизненные остатки при отсутствии самых слабых следов былой славы.

American Airlines, с другой стороны, парит высоко в небесах.

New York Central, конечно, должна была прикрыться, создав авиационное подразделение еще в «дебюте» игры.

Все хорошее когда-нибудь кончается. В течение многих лет корпорация *Procter & Gamble* была нашей любимицей. Она создавала новую марку в каждой новой категории. Но не сегодня. В компании возобладало традиционное линейно-расширительное мышление (свыше 50 разновидностей зубной пасты «*Crest*»). Стоит ли удивляться, что не так давно «*Crest*» уступила лидерство «*Colgate*».

«Что? Вы хотите, чтобы мы открыли авиакомпанию в ущерб железнодорожному бизнесу? Только через мой труп.»

Убедить руководство компании в целесообразности прикрытия весьма непросто, ведь новый товар или услуга рассматривается обычно как конкурент, а не как возможность.

Иногда построить соединяющий разные эпохи мост помогает изменение названия. Расширяя название, вы побуждаете компанию к ментальному переходу.

«Sales Management», издание с 50-летней историей, неожиданно переименовалось в *«Sales Management and Marketing»* (в связи с ростом популярности последнего). В какой-то момент времени можно будет отбросить и второй ботинок и сменить название еще раз. На *«Marketing Management»*.

Была *Haloid*, потом *Haloid Xerox*, потом просто *Xerox*.

Вы, конечно, знаете, как *Kodak Company* обрела свое название. Сначала была *Eastman*, потом *Eastman Kodak*, потом просто *Kodak*, верно?

Однако от второго ботинка они пока не отказались. Официально организация по-прежнему называется *Eastman Kodak Company*.

Direct Mail Association несколько лет назад сменила название на *Direct Mail-Marketing Association*. Потому что почтовая рассылка — лишь один из инструментов прямого маркетинга.

Стоит ли сомневаться, что рано или поздно она превратится в *Direct Marketing Association*?

Возможно, название *New York Central Transportation Company* не спасло бы железнодорожную компанию. Существует масса свидетельств тому, что многие потребители воспринимают названия буквально. («Восточные авиалинии», например.)

Уже отказались: *Eastman* отпущена в свободное плавание как химическая компания.

Нам следовало добавить одно важное замечание. Да, *New York Central* должна была заняться авиаперевозками, но под другим названием. В такой ситуации, как и во многих других, наиболее целесообразной является мультимарочная стратегия.

Крупными специалистами в расширении названии зарекомендовали себя органы государственной власти. Министерство жилищного строительства и городского развития, например. (Раньше оно называлось «Управление жилья и финансирования жилищного строительства».) Расширив название и сферу ответственности, организация добилась увеличения штатов и, естественно, бюджета.

Довольно странно, что одно из правительственных учреждений — Федеральная торговая комиссия — так и не воспользовалось имеющимися возможностями. Ведь ее можно было бы переименовать в «Управление по защите прав потребителей». Такое название к тому же соответствовало бы одной из самых актуальных общественных проблем.

Дополнительную выгоду несет лидерам расширение сфер применения выпускаемой продукции.

Компании *Arm & Hummer*, например, удалось убедить потребителей, что ее соду можно использовать для мытья посуды и освежения воздуха в холодильниках.

Florida Citrus Commission продвигает апельсиновый сок (самый популярный в США фруктовый напиток) как продукт для ленча, обеда и всех прочих приемов пищи. «Теперь не только за завтраком», — утверждается в рекламе.

«*Business Week*», ведущий деловой журнал, сумел, и не без успеха, преподнести себя как носителя рекламы потребительских товаров (40% всех платных объявления издания).

Преимущества лидерства

Что бы там ни говорила известная реклама *Cadillac* («Трудно быть лидером»), у лидерства есть свои преимущества.

Лидер, компания с наибольшей долей рынка, получает и самую высокую маржу прибыли. Посмотрим на результаты четырех американских автопроизводителей в самом обычном 1978 г.

General Motors принадлежит 49% рынка, ее чистая прибыль составляет 6,1% выручки от реализации.

Ford принадлежит 34% рынка, чистая прибыль — 4,4%.

Chrysler принадлежит 15% рынка, чистая прибыль составляет 1,0%.

Управление по зашите прав потребителей

Великолепная идея, настолько очевидная, что ее преимущества прекрасно понимает даже 10-летний ребенок. Почему государство, которое и со своими-то прямыми обязанностями справляется неважно, должно определять оптимальное число учеников в классах начальной школы?

American Motors принадлежит 2% рынка, чистая прибыль — 0,4%.

Чистая прибыль *General Motors* на 50% превышает выручку *American Motors*.

Бедные беднеют, богатые богатеют.

Более того, возникающий благодаря подавляющему преимуществу на рынке момент движения, возможно, будет «нести» вперед компанию многие годы.

Отметим также, что не размеры делают компанию сильной. Эту почетную функцию выполняет ментальная позиция, благодаря которой компания обладает своей долей рынка, становясь могучей, как *General Motors*. Или слабой, как *Chrysler*.

К примеру, по объему продаж *Chrysler* в два раза превосходит *Procter & Gamble*. Однако *P&G* является лидером в большинстве своих категорий. А *Chrysler* — третьим «колесом».

Как следствие, *Procter & Gamble* является чрезвычайно прибыльной компанией, в то время как *Chrysler* изо всех сил удерживается в «колее».

Конечной целью программы позиционирования должно быть лидерство в определенной товарной категории. Как только первенство завоевано, компания может наслаждаться его плодами долгие годы.

Взобраться на вершину тяжело. Оставаться на ней намного проще.

Как изменился автомобильный мир! Доля *GM* сократилась до 29%, доля *Ford* — до 25%, *Chrysler* уже *DaimlerChrysler* и имеет 17%, а *American Motors* «приказала долго жить».

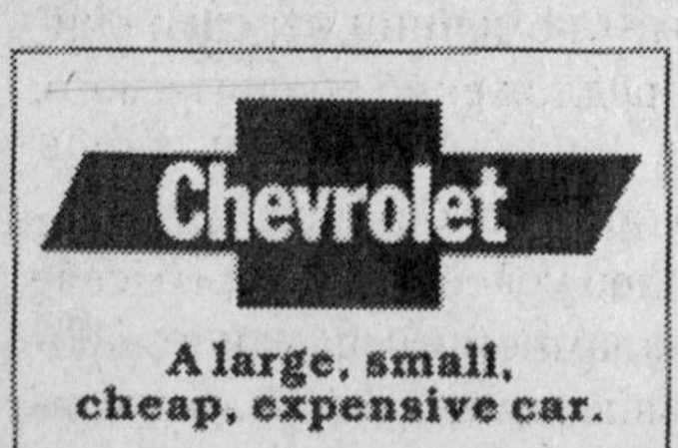

Большой, маленький, дорогой, недорогой автомобиль

То, что верно в теории, не всегда работает на практике. *General Motors* должна бы доминировать в автомобильном бизнесе и занимать долю рынка, близкую к 50%. А она, напротив, стабильно снижалась до уровня в 29%. Что случилось? Дело в позиционировании отдельных марок. Что такое *Chevrolet*? *Chevrolet* — это большой, маленький, дорогой, недорогой автомобиль. Когда вы стремитесь быть всем, вы заканчиваете ничем. Аналогичную позиционную ошибку *General Motors* совершает и с остальными своими марками.

ГЛАВА 7

Позиционирование компании-последователя

То, что хорошо лидеру, не всегда идет на пользу его последователям. Лидер обычно имеет возможность осуществить прикрывающий маневр и сохранить свои позиции (как «*Tylenol*» в ответ на ценовую атаку со стороны «*Datril*»).

Но последователям такой способ прикрытия особых выгод не несет. Когда «вторые» и «третьи» имитируют действия лидера, они ничего не прикрывают. Скорее, обезьянничают. (Говоря более дипломатичным языком, стараются «идти в ногу со временем».)

Иногда реакция типа «я тоже» оказывается действенной. Но только если компания-лидер недостаточно быстра, для того чтобы занять позицию первой.

Опасности подражания лидеру

Большинство товаров-аналогов не достигают сколько-нибудь впечатляющих результатов (объем продаж), поскольку акцент делается на «улучшениях», а не на «скорости». «Вторые» компании нередко считают, что единственный путь к успеху — предложение аналогичного, но усовершенствованного продукта.

Недостаточно быть лучше конкурента. Атака должна осуществляться в период развития рынка, до того как лидер успеет обеспечить себе первенство. В сопровождении активной рекламной кампании и мероприятий по стимулированию сбыта. И с лучшим именем. (Об этом позже.)

Но чаще происходит обратное. Компания-подражатель теряет драгоценное время на модификацию продукта. Затем он выводится на рынок, но рекламируется слабее, чем товар лидера. В довершение всего продукту дается общее корпоративное название, поскольку это самый быстрый способ «отхватить» для него «кусок» рынка. Это значит, что компания попадает во все капканы нашего сверхкоммуникативного общества разом.

Как найти открытое окно в сознании потребителей?

Основатель (совместно с Честером Боулзом) рекламного агентства *Benton & Bowles* Уильям Бентон так отвечает на это: «Я буду искать слабые места в организации бизнеса великих корпораций».

Cherchez le creneau

У французов есть выражение, очень точно отражающее суть данной стратегии.

Cherchez le creneau. «Ищите пустое место» (лакуну, пробел) .

Ищите пробел и восполняйте его.

Что противоречит философии «больше и лучше» как неотъемлемой части американского менталитета.

Есть еще одно типично американское отношение, существенно затрудняющее позиционирование. С самого детства нас учат думать в определенном ключе.

«Сила позитивного мышления» Нормана Винсента Пейла. Отношение, благодаря которому можно продать множество книг, но утратить способность находить пробелы.

Чтобы найти пустое место, необходимо уметь думать от обратного, «гладить» против шерсти, идти в гору, а не обходить ее. Если все отправились на Восток, посмотрите, не найдете ли вы свое место, если пойдете на Запад. Возможно вам пригодится стратегия Христофора Колумба.

Давайте рассмотрим несколько стратегий нахождения пустых мест.

Пустое место — размер

В течение многих лет детройтские производители выпускали все более низкие и длинные автомобили. Каждый модельный год они получались еще более вытянутыми и внешне привлекательными.

И тут появляется *«Beetle»* компании *Volkswagen*. Короткий, толстый, уродливый.

DEC потратила массу времени, пытаясь «превзойти характеристики *IBM PC*». И, пропустив момент появления настольных ЭВМ, была поглощена *Compaq*.

Если бы «Жука» продвигали традиционным образом, его создателям пришлось бы минимизировать его «минусы» и максимизировать «плюсы».

«Давайте найдем модного фотографа, который “заставит” машину выглядеть лучше, чем она есть на самом деле. Затем рассмотрим все это с точки зрения надежности». Вот в чем заключается стандартная стратегия.

Но в данном случае тем самым *creneau* был размер. Самое эффективное рекламное объявление из всех, что когда-либо создавал *Volkswagen*, четко и однозначно зафиксировало позицию автомобиля.

«Помни о малом».

Всего-то два с «дробью» слова, но они позволили определить позицию «Жука» и бросить вызов общепринятому мнению, в соответствии с котором чем больше, тем лучше.

Эффективность такого подхода определяется наличием открытого окна в сознании покупателей. Не то чтобы в момент появления «Жука» на рынке не было других компактных автомобилей. Были, но они не позаботились о резервировании ментальной позиции.

Опыт *Volkswagen* — классический пример восполнения пробела при помощи малого размера. Аналогичный ход предприняла *Sony* в такой товарной категории, как телевизоры.

С появлением интегральных микросхем и прочих электронных устройств подход с позиции малого размера становится технически возможным в самых разных товарных категориях. Каким компаниям удастся занять выгодную позицию на ниве миниатюризации, покажет время.

Определенные возможности связаны и с противоположным подходом. Компания *Advent* создает себе имя в сфере проекционных телеви-

«Помни о малом»

Помнить о малом? Где здесь выгода? Любое приличное исследование показало бы, что потребители желают иметь больший, чем у соседей, автомобиль. Однако в рекламе важнее показать потенциальному покупателю, какой пробел вы намереваетесь восполнить, чем информировать его о выгодах продукта. Первым делом *Volkswagen* должен был закрепиться в сознании как «маленький» автомобиль.

зоров, хотя путаница между телевизорами и стереосистемами этой марки ограничивает ее перспективы.

Пробел — высокая цена

Классический пример — пиво «*Michelob*». Компания *Anheuser-Busch* нашла девственный рынок дорогого отечественного пива. И внедрила в сознание потребителей марку «*Michelob*».

Ирония судьбы «*Michelob*» заключается в том, что на рынке, по крайней мере в теории, конкурировали несколько дорогих марок пива. На ум приходят хотя бы «*Schlitz*», «*Budweiser*», «*Pabst*». (На самом деле на этикетках всех трех марок до сих пор значится слово «*premium*».) Однако время исказило их ценовые позиции.

Во времена, когда на рынке царили местные марки («*Schaefer*» в Нью-Йорке, «*Blatz*» в Милуоки, «*Meister Brau*» в Чикаго), национальные или «привозные» марки должны были продаваться по высоким ценам. С децентрализацией крупных пивоварен эта проблема исчезла. Так, время создало пустоту, которую заполнило пиво «*Michelob*».

Возможности для относительно дорогостоящих товаров открывались во многих товарных категориях. По мере того как наше общество осмысливало необходимость перехода от привычного «использовал-выбросил» к необходимости экономии энергии, появлялось и новое понимание качества — продукта с длительным сроком службы.

В этом и состоит одна из причин успеха автомобилей, цены которых превышают $30 000 («*Mercedes Benz 450SL*» и «*BMW 633CSi*»).

И зажигалок «*S. T. Dupont*» (хорошенькое название) по цене «$1500 и ниже», как говорится в рекламе.

Цена может быть преимуществом, особенно если вы первым заполняете высшую ценовую нишу в товарной категории.

В качестве примера рассмотрим виски «*Chivas Regal*». Рядом с ними присутствуют на рынке и другие дорогостоящие марки, такие как «*Haig & Haig Pinch Bottle*». Однако после Второй мировой войны у них не хватило сил удержать свои ценовые позиции. Поэтому когда

Advent изобрела проекционные телевизоры. Однако ее телеприемникам с диагональю 100–150 см так и не удалось завоевать рынок. Впрочем, для энергичного руководителя *Advent* Берни Митчелла, перешедшего в компанию из *Pioneer* (производитель акустических систем), одного проекционного ТВ было явно мало. «Давайте превратим *Advent* в домашний развлекательный центр», — решил г-н Митчелл. Разумеется, обанкротилась как компания, так и идея домашнего развлекательного центра. Вот еще один образчик линейного расширения.

«*Chivas Regal*» вышел со своим четким и очевидным «мы — дорогая марка», успех был гарантирован.

Сегодня «*Chivas Regal*» отбивает атаки со стороны «*Johnny Walker Black Label*» и «*Cutty 12*». Но, будучи первой закрепившейся в сознании потребителей маркой, «*Chivas Regal*» находится в лучшей позиции. Особенно когда атакующие имеют слабые названия, которые легко спутать с корпоративными именами «*Johnny Walker*» и «*Cutty Sark*».

У некоторых марок идея продукта практически полностью основана на высокой цене.

«Существует только один *"Joy"*, самый дорогой парфюм в мире».

«Вкладывайте деньги в *"Piaget"*, самые дорогие в мире часы».

Высокая цена эффективна не только для предметов роскоши, какими являются автомобили, духи и часы, но и для таких приземленных продуктов, как попкорн. «*Gourmet Popping Corn*» производства *Orville Redenbacher*, стоящий 89 центов за упаковку, отнимает немалую долю рынка у таких марок, как «*Jolly Time*» (стоит вдвое дешевле).

Другой пример — синтетическое моторное масло «*Mobil 1*» по цене в $3,95 за 1 л. Даже такие традиционно дешевые продукты, как мука, соль и сахар, могут позиционироваться в высшем ценовом сегменте.

Очень часто такое позиционирование путают с жадностью. Установление высоких цен не есть путь к обогащению. Чтобы добиться успеха, необходимо первым (1) занять высокую ценовую позицию (2), достоверно обосновать цену (3) в категории, в которой потребители

Цены на автомобили по этим как никогда популярным маркам добрались до отметки $75 000.

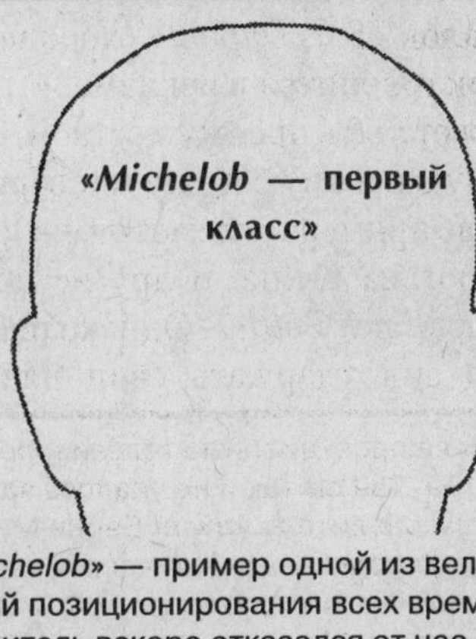

Пиво «*Michelob*» — пример одной из величайших концепций позиционирования всех времен. Увы, производитель вскоре отказался от нее в пользу тривиального слогана «Выходные сделаны для *Michelob*».

восприимчивы к дорогостоящим маркам. В противном случае ваша высокая цена отпугнет потенциальных покупателей.

Далее, устанавливать высокие цены необходимо в рекламе, а не в магазинах. Цена (высокая или низкая) — такой же атрибут товара, как и все остальные его характеристики.

В случае правильного позиционирования посетители магазинов будут воспринимать его цену как должное. В рекламе не обязательно указывать конкретные цены, хотя иногда это и не помешает. В рекламе марка должна четко позиционироваться в определенной ценовой категории.

Лакуна — низкая цена

Противоположное высокой цене направление также может оказаться весьма прибыльным курсом.

Для того чтобы преуспеть, не обязательно быть первым; необходимо лишь создать впечатление, что вы лидер. «*Chivas Regal*» по-прежнему первенствует в категории дорогого виски.

Высокая цена должна быть оправдана реальными отличиями товара. В отсутствие таковых покупателя просто вынуждают заплатить бо́льшую сумму денег.

Дела у «*Mobil 1*» идут не лучшим образом. Концепция (первое синтетическое моторное масло) великолепна, но название никуда не годится. Новой концепции необходимо новое имя, а не синтетическое расширение уже имеющегося. Что странно, синтетические масла пользуются популярностью в Европе, но не в США. Одна из причин: ни одна компания не представила в США крупную марку синтетического моторного масла с новым, принадлежащим только этой категории названием. Товарная категория по-прежнему ждет лидера.

В настоящее время наиболее продаваемой маркой факсимильного оборудования является «*Qwip*», принадлежащая одной из дочерних компаний корпорации *Exxon*. Аренда телефаксов «*Qwip*» стоит от $29 в месяц, что выгодно отличается от телекопиров «*Xerox*», которые обходятся не дешевле $45. Причем «*Qwip*» отдает во временное пользование столько аппаратов, сколько все остальные фирмы отрасли вместе взятые.

Рассматривая в качестве возможного пробела цену, помните, что низкая стоимость зачастую как нельзя более «к лицу» таким новым товарам, как факсимильные аппараты и видеомагнитофоны. То есть продуктам, не известным потребителям. («Если не будет работать, не так уж много я потеряю».)

Высокие цены более подходят зрелым, известным товарам, таким как автомобили, часы и телевизоры. Особенно тем, которые часто приходится отдавать в ремонт.

Появившиеся не так давно генерические («безымянные») марки продуктов питания являют собой попытку воспользоваться пробелами низких цен в супермаркетах. (Хотя часто организуемые розничными торговцами скидки и распродажи свели на нет основные возможности в этом направлении.)

Объединение всех трех ценовых стратегий (высокие, средние и низкие цены) — сильный маркетинговый подход. Справедливость данного утверждения вам подтвердят в штаб-квартире компании *Anheuser-Busch*, выпускающей марки «*Michelob*», «*Budweiser*» и «*Busch*» (последнее пиво относится к категории недорогих).

Самой слабой маркой является, конечно же, «*Busch*»: плохое название плюс отсутствие мощной концепции позиционирования. Почему лидер рынка указал свое имя только на своем самом дешевом продукте? Эта проблема «украшает» и продукцию *Ford Motor Company* с ее марками «*Lincoln*», «*Mercury*» и «*Ford*».

Что случилось с *Qwip*? Компания решила продвигать весь спектр офисной техники под маркой «*Exxon*», что оказалось самым неправильным из всех ошибочных шагов. Из-за громадного отрицательного сальдо деятельность отделения офисных систем была свернута. В конце концов, какое отношение топливная компания имеет к оргтехнике?

И другие пробелы

Одной из «пустот» является пол. «*Marlboro*» стала первой общенациональной маркой сигарет, четко развивавшей мужской образ. Вот почему объемы продаж «*Marlboro*» постоянно возрастают. За 10 лет — с пятого на первое место.

Важнее всего время. В 1973 г. компания *Lorillard* попыталась создать собственную мужскую марку сигарет «*Luke*». Название — потрясающее, упаковка — превосходная, а реклама и вовсе великолепная. «Из Канкаки в Кокомо (города в штате Индиана — *перев.*) идет себе Лука, свободный и неспешный».

Единственной ошибкой было время. На 20 лет позже «*Marlboro*». «Лука» и правда «шел» не спеша, поэтому *Lorillard* приняла решение от него избавиться.

Альтернатива первенству в позиционировании отсутствует.

Насколько мужественным был ковбой «*Marlboro*», настолько женственными и такими же популярными стали сигареты «*Virginia Slims*». Но «*Eve*», марка-аналог, создатели которой применили аналогичный подход, провалилась.

Когда для сегментирования товарной категории и создания позиции вы делаете ставку на один из полов, очевидное решение оправдывается далеко не всегда.

Возьмем, к примеру, духи. Вы думаете, что чем утонченнее и женственнее марка, тем большим успехом она пользуется. А какая марка духов является лидером продаж?

Джинсы «*Calvin Klein*» — еще один превосходный пример позиционирования по половому признаку.

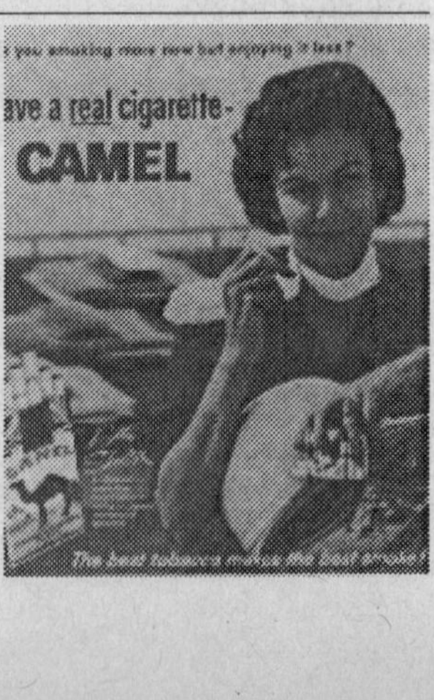

Взгляните на старую рекламу сигарет. Редкое объявление обходилось без образа женщины. Поразительно, ведь большинство курильщиков — мужчины. Стремясь к расширению рынка, табачные компании выбрали стиль унисекс. Компания *Philip Morris* пошла другим путем. Она сконцентрировала все внимание на мужчинах. В рекламе появился самый мужественный из всех мужчин, а марка «*Marlboro*» стала мировым лидером по объемам продаж.

Нет, не «*Aprege*» и не «*Chanel No. 5*», а «*Charlie*» от *Revlon*. Первая использовавшая мужской образ в противовес лилейной рекламе марка.

«Пролетевшая» над целевым рынком марка «*Just Call Me Maxi*» была не только некачественной, но и (по сообщениям прессы) стоила президенту компании *Max Factor* рабочего места.

Успех «*Charlie*» — наглядная иллюстрация парадокса, связанного со зрелыми товарными категориями (в частности, духами). Основная масса компаний движется в одном и том же направлении (женские марки), не замечая скрывающихся в противоположном направлении возможностей (маскулинно-направленное марочное имя).

Другой полезной стратегией позиционирования является возраст. Хорошим примером ориентированных на людей в возрасте напитков является тоник «*Geritol*».

Зубная паста «*Aim*» — отличный пример предназначенного для детей товара, которому удалось отвоевать 10% рынка. Невероятное достижение для поля боя, на котором доминируют гиганты «*Crest*» и «*Colgate*».

Еще один потенциально привлекательный способ позиционирования — время суток. В качестве одного из примеров можно привести лекарство от простуды «*Nyquil*», первое средство, которое рекомендуется принимать на ночь.

Другая возможность кроется в дистрибьюции. «*L'eggs*», первая марка чулочных изделий, поступившая в продажу в супермаркеты и другие магазины с массовым ассортиментом. Сегодня она является лидером в своем секторе с объемом продаж в сотни миллионов долларов.

Позиционировать продукт можно и с позиции активного пользователя. Слоган пива «*Schaefer*» «Единственное пиво для тех, кто не огра-

---

Ничто в этом мире не вечно, особенно в товарных категориях, подверженных значительному влиянию моды (парфюмерия, одежда, спиртные напитки и многое другое). На смену «*Charlie*» пришла масса новых марок духов. В одежде, например, марку «*Calvin Klein*» вытеснила «*Ralph Lauren*», отступающая сегодня под натиском «*Tommy Hilfiger*». Если компания придерживается мультимарочной стратегии, она может оставаться на вершине рынка. Достаточно лишь в нужное время выводить на рынок новые марки. Новое поколение оставляет «*Levi Strauss*» «предкам» и выбирает такие модные марки, как «*FUBU*» и «*Diesel*». «Они не хотят носить одежду, в которой ходили их родители». Компании *Levi Strauss* следует запустить вторую марку джинсовой одежды, ориентированную на детей ее покупателей.

«Дети будут чистить зубы дольше, потому что им нравится вкус». Паста «*Aim*» отказалась от этой стратегии, и ее доля рынка ужалась с 10 до 0,8%. Либо вы используете свою позицию, либо теряете ее.

ничивает себя одной бутылочкой» позиционировал его как марку для любителей пенного напитка. Когда его рекламная кампания только начиналась, а было это почти два десятка лет назад, в Нью-Йорке было пять пивоварен. До наших дней дожила единственная — *Schaefer*.

Пустое место — производство?

Весьма распространенной является ошибка, когда незанятые никем позиции начинают искать не в сознании покупателей, а на заводах компании.

Классический пример — модель «*Edsel*» компании *Ford*. Громкий хохот, под который она позорно покидала рынок, не позволил большинству наблюдателей понять суть фиаско.

Если вкратце, то «*Edsel*» представляла собой прекрасный образец внутреннего позиционирования. Ее появление позволило корпорации *Ford* заполнить дыру, образовавшуюся между моделями «*Ford*» и «*Mercury*», с одной стороны, и «*Lincoln*» с другой.

В пределах территории заводов компании стратегия была диво как хороша, но в открытом рыночном поле никуда не годилась. Новой модели просто не было места в категории, и без того переполненной автомобилями с обилием хромированных деталей по умеренным ценам.

Если бы «*Edsel*» попытались представить как «высокоскоростной» автомобиль с блестящим двухдверным кузовом и ковшеобразными сиденьями, если бы ему дали соответствующее название, никто бы не улыбнулся. Он занял бы пустую на тот момент позицию, и его история имела бы не бесславный конец, а блестящее продолжение.

Еще одной ошибкой восполнения «производственных» пустот стала «*National Observer*», первая американская общенациональная еженедельная газета.

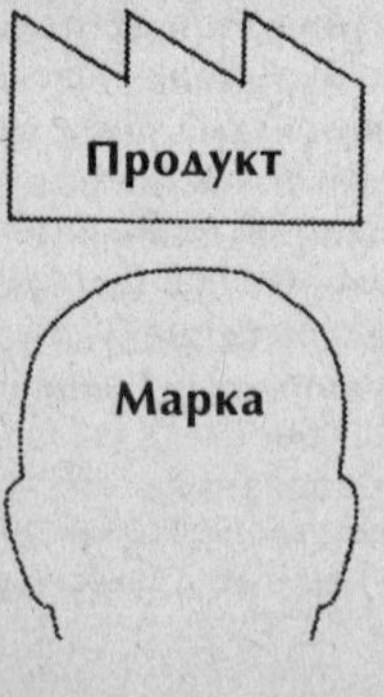

И сегодня многие компании не понимают разницы между созданием продукта и марки. Продукт есть то, что произведено на предприятии. Марка есть нечто, производимое в сознании. Рыночный успех предполагает выпуск марок, а не продуктов. А создание марки начинается со стратегии позиционирования, и в первую очередь с хорошего названия. Автомобиль с именем «*Edsel*» обречен на сход с трассы.

Компания *Dow Jones*, гордый родитель газеты, издает еще и выходящий пять раз в неделю «*The Wall Street Journal*». Voilà, как говорят французы. Давайте заполним эту лакуну. И наши дорогостоящие печатные машины не будут простаивать по выходным.

Но при чем здесь вакантные места в сознании потребителей? Многие читатели уже подписаны на «*Time*», «*Newsweek*», «*U.S. News & World Report*» и другие новостные журналы.

А-а, скажете вы, «*National Observer*» — это еженедельная газета, а не журнал. Еще одна семантическая победа, стоившая поражения в маркетинговой войне.

Технологическая ловушка

В случае если вам не удалось найти свободное местечко в сознании потребителей, фиаско может потерпеть даже великое техническое открытие.

В 1971 г. компания *Brown-Forman Distillers* выпустила «*Frost 8/80*», первый «сухое, прозрачное виски».

Напиток должен был иметь огромный успех. Другого сухого, белого виски просто не существовало. Как сказал президент *Brown-Forman* Уильям Лукас, «он был встречен аплодисментами покупателей и зубовным скрежетом конкурентов».

Однако менее чем через два года «*Frost 8/80*» исчез из виду. Провал стоимостью в несколько миллионов долларов. Продано было лишь 100 тыс. коробок виски, треть от того, на что рассчитывала компания.

В чем состояла ошибка? Рассмотрим позиционирующие заявления с точки зрения потенциального покупателя.

Позиционирование — игра не для простаков. Да, первое виски является первым продуктом с таким названием, но не первым в сознании, что имеет решающее значение. Потребители уверены, что виски должно быть коричневого цвета. Что такое бесцветное виски? «*Frost 8/80*» пользовался не большим успехом, чем «*Miller Clear*», первое бесцветное пиво, или *Crystal Pepsi*, первая прозрачная, как родниковая вода, кола. Пиво должно быть светло-коричневое, кола — красновато-коричневая. Пытаясь изменить цвета, вы бросаете вызов глубоко укоренившимся ассоциациям. Не стоит. Они слишком глубоки. *Heinz* пытается выпустить зеленый кетчуп, хотя он обязан быть красным.

Первое бесцветное виски? Неправда. Есть еще как минимум четыре других. Это джин, водка, ром и текила.

По существу, реклама *«Frost 8/80»* говорила покупателю, что это виски является заменой для других крепких напитков. Его можно было использовать вместо водки или джина в «мартини», вместо обычного виски или бурбона в «манхэттене» или просто пить со льдом.

Не играйте в семантические игры. Реклама — не игра в слова, а обольщение потребителей.

Невозможно заворожить покупателя очередной претензией на изящную словесность. Как выразился один политик, «если это похоже на утку и ходит, как утка, я буду считать, что это утка и есть».

Ловушка всеобщности

Некоторые менеджеры по маркетингу не согласны с концепцией «поиска лакун». Они не желают стеснять себя какой бы то ни было позицией, поскольку уверены, что это ограничивает продажи товаров. Или их возможности.

Они хотят быть всем для всех.

В прошлом, когда марок и рекламы было намного меньше, еще можно было попытаться обращаться ко всем потребителям одновременно.

В политике занимать непримиримую позицию по всем вопросам сразу равносильно самоубийству. Не следует ущемлять чужие интересы.

Сегодня как на политической, так и на товарной арене необходимо иметь собственную позицию. Конкурентов стало слишком много. Если не наживать врагов, то есть стремиться угодить всем и вся, победить невозможно.

Чтобы победить в современных конкурентных условиях, нужно привлечь сторонников, завоевать свою нишу на рынке. Даже если придется чем-то пожертвовать.

Позволить себе ошибку всеобщности может только тот, кто уже стоит у власти или имеет значительную долю рынка. Но того, кто начинает с чистого листа, она погубит.

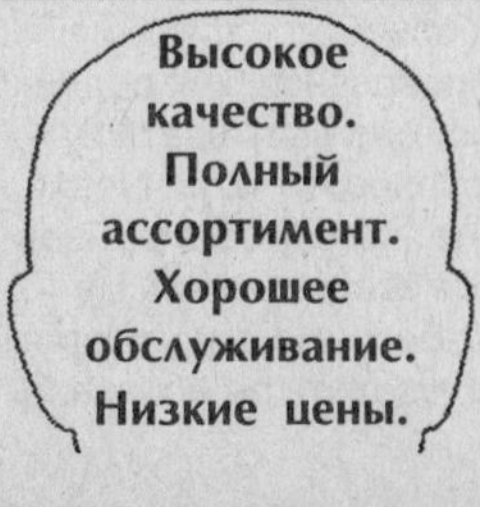

Самая большая ошибка, которую допускают компании, — стремление быть сразу всем. Ловушка всеобщности. Вместо того чтобы задаваться вопросом: «Кого мы стремимся привлечь?» , попробуйте спросить себя: «Кто не должен использовать нашу марку?» Стратегии большинства фирм не исключают никого. Победа на современной конкурентной маркетинговой арене требует жертв.

8 ГЛАВА

Конкурентное репозиционирование

Рано или поздно наступает время заполнения всех и всяческих лакун. Когда в каждой товарной категории имеются сотни видов продуктов, шансы найти пустое место стремятся к нулю.

Возьмем для примера обычный современный супермаркет. На прилавках выставлено 10 000 различных товаров или марок. Это значит, что молодому человеку необходимо рассортировать и разложить по полочкам сознания 10 000 названий.

Если учесть, что словарный запас среднего выпускника колледжа равен 8000 слов, проблема становится очевидна.

Ваш ребенок четыре года обучался в вузе, а ему не хватает 2000 слов.

Замещение позиции

Как в условиях царящего в каждом магазине изобилия до́лжно использовать рекламу, чтобы проложить дорогу в сознание потребителей? Основной маркетинговой стратегией нашего времени является «конкурентное репозиционирование».

Поскольку вакантных мест почти не осталось, компания должна расчистить себе место. Для этого необходимо репозиционировать конкурентов, уже занимающих определенные позиции в сознании потребителей.

Другими словами, чтобы внушить людям новую идею продукта, необходимо вытеснить старую.

«Земля круглая», — заявил Христофор Колумб. «Нет, — ответили люди. — Плоская, как стол».

Чтобы убедить их в обратном, ученым пришлось потратить массу усилий на поиск неопровержимых доказательств.

В качестве одного из наиболее убедительных аргументов они приводили тот факт, что матросы в море сначала видят верхушки мачт приближающегося корабля, потом паруса, потом основной корпус. Если бы Земля была плоская, они бы видели весь корабль сразу.

Ни одно математическое доказательство не могло сравниться с этим простым наблюдением, в истинности которого каждый мог убедиться лично.

После того как прежний миф будет низвергнут, внушить новую идею оказывается до смешного просто. Фактически люди сами начинают активно искать, чем бы заполнить пустоту.

Никогда не бойтесь конфликтов. Основная задача программы репозиционирования состоит в том, чтобы поставить подножку существующей концепции, продукту или персоне.

Благодаря конфликту, пусть даже личному, можно за одну ночь сделать себе имя.

Кем был бы Сэм Эрвин, если бы не Ричард Никсон?

А кем был бы сам Р. Никсон, если бы не Альгер Хисс?

Ральф Надер прославился не тем, что рекламировал свое имя, а тем, что в одиночку выступил против крупнейшей в мире корпорации.

Людям нравится наблюдать, как лопаются пузыри.

Репозиционирование аспирина

С появлением препарата «*Tylenol*» лопнул пузырь под названием «Аспирин».

«Для миллионов принимающих аспирин людей, — говорилось в рекламе “*Tylenol*”». — Если у вас чувствительный желудок... или у вас язва... или вы страдаете от астмы, аллергии или анемии из-за недостат-

Второй

Еще один пример значения первенства. Как звали второго капитана, возглавившего экспедицию к Новому свету? В 1497 г., через пять лет после первого плавания Х. Колумба, экспедиция англичан под командованием Джона Кабота достигла залива Святого Лаврентия. По возвращении в Лондон Дж. Кабот получил от короля Генри жалкие 10 фунтов стерлингов. Ни славы, ни богатства, ни хвалебных воспоминаний первооткрывателю № 2 не досталось.

ка железа, вам следует проконсультироваться с врачом перед тем, как принимать аспирин».

«Аспирин может вызвать раздражение слизистой желудка, — продолжала реклама, — вызвать астматические или аллергические реакции и даже небольшое скрытое желудочно-кишечное кровотечение».

«К счастью, есть "*Tylenol*"...» Названию рекламируемого продукта предшествуют почти шестьдесят слов текста.

Продажи ацетоминофена «*Tylenol*» взлетели до небес. Сегодня это самое популярное обезболивающее средство. Популярнее, чем «*Anacin*», чем «*Bayer*», чем «*Bufferin*», чем «*Excedrin*». И все благодаря простой, но эффективной стратегии репозиционирования.

Направленной против такой идеи, как аспирин. Потрясающе.

Репозиционирование фарфора *Lenox*

Для того чтобы стратегия репозиционирования оправдала себя, необходимо сказать о продукте конкурента что-то такое, что заставит покупателя изменить свое решение, но не в отношении вашего, а относительно конкурирующего товара.

«*Royal Doulton*. Фарфоровые изделия из Сток-он-Трент, Англия, против *Lenox*, фарфора из Помоны, Нью-Джерси».

Вот так компания *Royal Doulton* репозиционировала фарфор *Lenox*, который многие покупатели воспринимали как истинно британский. (*Lenox*? Звучит по-английски, не правда ли?)

Одно это рекламное объявление увеличило долю рынка *Royal Doulton* на 6%.

Покойный Говард Госсадж говорил, что целью рекламы должно быть вовсе не представление товара потребителям или потенциальным

«Нет, "*Tylenol*" **не является** более безопасным, чем "Аспирин"! Согласно исследованиям государственного института, заявления "*Tylenol*" **лишены** оснований».
Компания *Bayer* попыталась нанести ответный удар и провела рекламную кампанию, призванную развенчать заявления «*Tylenol*». Не самая хорошая идея. Она добилась только дополнительного подтверждения заявлений о небезопасности аспирина. Покупатель думал: «Если *Bayer* так беспокоит "*Tylenol*", что они потратили миллионы долларов на антирекламу, должно быть, в их заявлениях о желудочном кровотечении что-то есть».

Маркой № 2 сегодня является «*Advil*». Это «улучшенное лекарство против боли» репозиционировало целую товарную категорию.

покупателям, а террор в отношении копирайтеров ваших конкурентов. В этом утверждении есть немалая доля истины.

Репозиционирование американской водки

«Большинство американских водок похожи на русские, — говорилось в рекламном объявлении. — Надписи под бутылками гласили: "*Samovar*": сделана в Шенли, Пенсильвания. "*Smirnoff*": сделана в Хартфорде, Коннектикут. "*Wolfschmidt*": сделана в Лоуренсберге, Индиана. "*Stolichnaya*" другая. Она русская». А под бутылкой «Столичной» было написано: «Сделано в Ленинграде, Россия».

Стоит ли говорить, что после этого продажи «Столичной» начали набирать высоту.

Но зачем было дискредитировать конкурентов? Разве не могла импортировавшая «Столичную» компания *Pepsico* рекламировать ее просто как «русскую водку»?

Могла, конечно. Но это предполагает определенный интерес со стороны покупателей водки, которого попросту не существует.

Как часто, выбирая алкогольные напитки, вы читаете этикетку на обратной стороне бутылки, чтобы узнать, где он сделан? Более того, сами названия («*Samovar*», «*Smirnoff*», «*Wolfschmidt*», «*Popov*», «*Nikolai*») свидетельствуют о русском происхождении. Своим невероятным успехом «Столичная» обязана исключительно последнему фактору.

Людям нравится наблюдать беззащитность великих и могучих. Они с удовольствием наблюдают, как лопаются эти пузыри. (Что как раз и произошло с духами «*Evening in Paris*».)

Рассмотрим, как реклама других марок водки играет на руку «Столичной».

«То был золотой век России. В то легендарное время царь возвышался над людьми. Он мог согнуть железный прут о голое колено. Сплющить серебряный рубль в кулаке. И как никто любил жизнь. Он пил Настоящую Водку. Водку "*Wolfschmidt*"».

Royal Doulton

Мало сказать, что под вашей маркой («*Royal Doulton*») выпускается тонкий английский фарфор. Конкурирующая марка («*Lenox*») укрепилась в сознании первой. Покупатели считали, что эти изделия выпускаются в Англии. «*Royal Doulton*» вернула «*Lenox*» на законное место, в Помону (штат Нью-Джерси).

Потом читатель переворачивал страницу и натыкался на рекламу «Столичной», где говорилось, что «*Wolfschmidt*» разливают в Лоуренсберге, штат Индиана.

С началом войны в Афганистане у «Столичной» появились проблемы. Но лишь на время. Если только мы не вступим в войну с Россией, буря утихнет и «Столичную» вновь ждет процветание.

Репозиционирование чипсов *Pringle's*

Что случилось с картофельными чипсами «*Pringle's*»? Появившись на рынке «под фанфары», обошедшиеся корпорации *Procter & Gamble* в $15 млн, «новомодные» чипсы быстро завоевали 18% рынка.

Но аборигены рынка (типа «*Borden's Wise*»), используя классическую стратегию репозиционирования, быстро «дали им сдачи».

По телевизору были прочитаны этикетки.

«В чипсах "*Wise*" содержится: картофель, растительное масло, соль».

«В чипсах "*Pringle's*" содержится: обезвоженный картофель, моно- и диглицериды, аскорбиновая кислота, бутиловый гидроксианизол».

Продажи «*Pringle's*» покатились вниз. С респектабельных 18% рынка картофельных чипсов до 10%. Далеко-далеко от установленной *P&G* отметки 25%.

Что странно, исследования не выявили никаких других проблем. Наиболее распространенной жалобой в отношении чипсов «*Pringle's*» было то, что «по вкусу они напоминают картон».

Чего еще можно ожидать от потребителя, который видит слова вроде «диглицериды» и «бутиловый гидроксианизол»? Вкус, как и любое ощущение, определяется в человеческом сознании. Ваши глаза видят то, что вы хотите увидеть. Язык чувствует то, что вы желаете ощутить.

Если бы вам предложили выпить колбу с окисью водорода, вы бы наверняка отказались. В то время как от стакана воды, возможно, получили бы удовольствие.

Все правильно. Разницы во вкусе нет. Разница в головах.

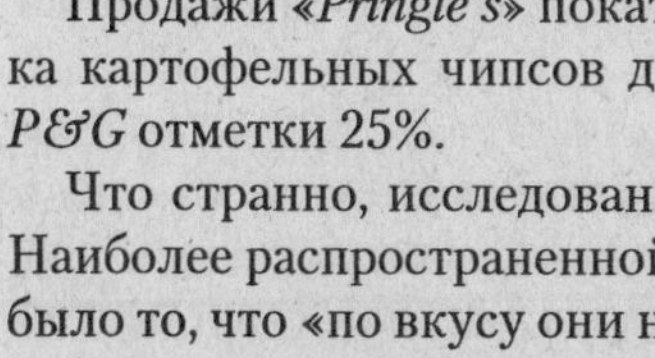

Stolichnaya

«*Stollichnaya*» заняла позицию русской водки, но когда случился кризис в Афганистане, изрядно перетрусила. Появилась новая реклама, без упоминания о русском происхождении. Это открыло дорогу «*Absolut*», вышедшей на рынок водки и занявшей на нем лидирующую позицию, которая принадлежит этой марке и по сей день.

Недавно гигант из Цинциннати изменил свою стратегию. Чипсы «*Pringle's*» стали «полностью натуральным» продуктом.

Но ущерб уже был нанесен. Что в политике, что в товарах в упаковке правило одно: проиграл раз — проиграл навсегда. Возродить «*Pringle's*» будет так же сложно, как вернуть Беллу Абзуг.

В каком-то потаенном уголке сознания есть штрафная площадка под названием «проигравшие». Стоит товару попасть туда, и игра проиграна.

Возвращайтесь в первый квадрат и начинайте все с самого начала. С новым продуктом и новой игрой.

Уж кто-кто, а *Procter & Gamble* должна была понимать всю силу репозиционирования. И заранее предпринять меры по защите «*Pringle's*».

Репозиционирование средства для полоскания рта

Одной из наиболее успешных маркетинговых программ *P&G* зарекомендовала себя кампания по продвижению средства для полоскания рта «*Scope*». Для того чтобы репозиционировать «*Listerine*», царя горы под названием «дурной запах изо рта», *P&G* понадобилось всего лишь два слова.

«Стерильное дыхание».

Этого было достаточно, чтобы торпедировать успешную тему «вкус, который вы ненавидите дважды в день» рекламы «*Listerine*».

Атака «*Scope*» позволила вырвать у лидера несколько процентов рынка и закрепиться на втором месте.

Основным пострадавшим в битве между «*Listerine*» и «*Scope*» оказалось «гражданское население». Марки «*Micrin*» и «*Binaca*» прекрати-

«Pringle's»

Мы ошиблись. Прошло время, но чипсы «*Pringle's*» вернулись со стратегией, подчеркивавшей их реальное отличие, а именно упаковку. Им, однако, так и не удалось достичь лидерства.

Pringle's по-прежнему числятся проигравшими, а в категории доминируют «*Lay's*» и «*Ruffles*».

ли свое существование, а доля рынка средства «*Lavoris*» была практически сведена на нет. (Старая американская пословица гласит: «В битве слонов больше всего достается муравьям».)

Впрочем, давайте говорить начистоту. «*Scope*» не добился того успеха, который ожидался от него.

Почему? Опять же, посмотрите на название.

«*Scope*»? Звучит, как название настольной игры. Но не как приятный на вкус зубной эликсир, с которым вам был бы обеспечен успех у противоположного пола. Если бы «*Scope*» (возможности, границы — *англ.*) назвали примерно так же, как зубную пасту «*Close-Up*» (крупный план — *англ.*), его великолепная стратегия репозиционирования принесла бы заслуженные лавры победителя по объему продаж.

Репозиционирование или сравнительная реклама?

Успех «*Tylenol*», «*Scope*», «*Royal Doulton*» и других программ репозиционирования породил множество аналогичной рекламы. В большинстве случаев, правда, в этих кампаниях терялась суть стратегии репозиционирования.

«Мы лучше, чем конкуренты» — это не репозиционирование. Это далеко не всегда действенная сравнительная реклама. Рекламодатель допускает психологический просчет в своих рассуждениях, который не остается незамеченным покупателями. «Если вы такой умный, отчего же вы не богаты?»

«Listerine», «Scope»

До появления «*Scope*» мы были уверены, что на рынке нет места зубному эликсиру без «плохого вкуса». Однако компания *Procter & Gamble* пошла наперекор стереотипам и выпустила марку с приятным запахом. Хорошая товарная стратегия и хорошая стратегия позиционирования. Никогда не знаешь, что получится, пока не попробуешь. Если вы нашли уникальную позицию, у вас есть все шансы создать успешную марку.

В отношении названия мы были не правы. Нынче «*Scope*» идет голова в голову с «*Listerine*». И все же если бы название было другим, «*Scope*» мог бы выбиться в лидеры.

Типичная реакция зрителя на так называемый «вызов *Pepsi*». Реклама компании *Pepsi-Cola* утверждала, что более половины потребителей «*Coke*» в действительности предпочитают «*Pepsi*».

Как ни удивительно, в Далласе, где впервые вышли объявления с «вызовом *Pepsi*», доля рынка этого напитка действительно выросла на несколько пунктов. Но он настолько отставал от «*Coke*», что локальный успех никак не повлиял на величину разрыва на национальном уровне.

В Нью-Йорке, крупнейшем региональном рынке прохладительных напитков в США, «*Coca-Cola*» даже выиграла.

Анализ других сравнительных рекламных кампаний позволяет выявить причину их неэффективности. Они не репозиционируют конкурентов.

Конкурент выступает в них в качестве контрольной точки, по которой оценивается рекламируемая марка. Читателям или зрителям говорят, насколько она лучше. Разумеется, именно этого они от рекламодателя и ждут.

«“*Ban*” более эффективен, чем “*Right Guard*”, “*Secret*”, “*Sure*”, “*Arrid Extra Dry*”, “*Mitchum*”, “*Soft & Dry*”, “*Body All*” и “*Dial*”», — говорится в одном из рекламных объявлений средства против пота «*Ban*» (которое само стоило бы запретить (от англ. *ban* — запрет).

Легитимно ли репозиционирование?

Если бы дискредитация соперников была противозаконна, каждый политик уже сидел бы в тюрьме. (А многие мужья и жены находились бы под следствием.)

«RC Cola»

Взгляните на рекламное объявление *Royal Crown*, утверждающее, что по результатам миллиона тестов «*RC Cola*» опережает «*Coca-Cola*» со счетом 57 против 43%. А также то, что «*RC Cola*» опережает «*Pepsi-Cola*» в соотношении 53 : 47. Почему потребители не доверяют подобной рекламе? Они говорят себе: «Если “*Royal Crown*” вкуснее “*Coke*” или “*Pepsi*”, она должна быть лидирующей маркой. Поскольку она таковой не является, значит, она хуже».

Действительно, Федеральная торговая комиссия США заслуживает всяческой похвалы за отсутствие запрета на репозиционирующую рекламу. По крайней мере на телевидении.

В 1964 г. Национальная вещательная компания (*NBC*) сняла запрет на сравнительную рекламу. Но ничего особенного не произошло. Производство рекламных роликов стоит дорого, и мало кто из рекламодателей решился на выпуск сразу двух версий: одной для *NBC* и одной для других теле- и радиосетей.

В соответствии с предписанием ФТК в 1972 г. сняли запрет на использование в рекламе названий конкурирующих торговых марок Американская радиовещательная компания (*ABC*) и компания *Columbia Broadcasting System* (*CBS*).

В 1974 г. Американская ассоциация рекламных агентств приняла новые правила сравнительной рекламы (полный отказ от предыдущей политики). До этого AAPA не приветствовала выпуск сравнительной рекламы своими членами.

В 1975 г. Управление независимого телевидения Великобритании дало зеленый свет «разгромной» рекламе и на туманном Альбионе.

Когда Майкла Пертшика, руководителя ФТК, спросили, выступает ли он против рекламы с упоминанием конкурентов, он ответил: «Абсолютно нет. Мы считаем, что это здорово».

Этика репозиционирования

В прошлом реклама создавалась изолированно. То есть сначала изучались свойства и особенности продукта, а затем готовилась реклама,

Реклама «*Ban*» является сравнительной, но не репозиционирующей. Как следствие, она совершенно неэффективна в создании позиции для «*Ban*» по сравнению с остальными деодорантами. Когда покупатели смотрят на объявления наподобие этого, они добавляют про себя: «По мнению производителя, "*Ban*" более эффективен, чем...» С таким же успехом средний потребитель может увидеть эту рекламу и сказать: «"*Right Guard*" превосходит такую марку, как...»

сообщавшая о них потенциальным покупателям. Предлагают ли конкуренты аналогичные выгоды или нет, роли не играло.

Приверженцы традиционных подходов игнорировали конкурентов, а каждое заявление можно было рассматривать как преимущественное. Упоминание соперничающего товара считалось не только дурным тоном, но и никуда не годной стратегией.

В эпоху позиционирования, однако, правила игры изменяются. Для того чтобы занять удобные позиции, приходится зачастую не только поименно перечислять конкурентов, но и отказаться от многих старых принципов рекламы.

Во многих товарных категориях, и их число постоянно возрастает, покупателям прекрасно известны все выгоды использования продукта. Чтобы подняться по товарной лестнице потребителя, необходимо соотнести марку компании с уже занявшими ее ступеньки соперницами.

Однако программы репозиционирования, даром что успешные, породили целую волну жалоб. На подобную тактику сетовали многие рекламисты.

По словам одного копирайтера старой закалки: «Времена изменились. Оплата труда рекламных агентств не соотносится с их достижениями. Теперь они говорят о том, насколько один продукт лучше или хуже другого. Это плачевная ситуация, а основным действующим лицом является телевидение. На различных каналах конкурирующие товары очерняются в глазах миллионов зрителей. Необходимо принять какие-то законы, ограничивающие неэтичный маркетинг».

«Ragu», «Prego»

При проведении кампании репозиционирования необходимо соблюдать этические принципы взаимодействия с конкурентами. «*Ragu*» был (и остается до сих пор) лидером среди соусов для спагетти. Но успешное позиционирование соуса «*Prego*» как «более густого» привело к существенному уменьшению доли рынка основного конкурента. (В телерекламе «*Prego*» сравнивались две марки.) Необходимость такого сопоставления была вызвана тем, что «жидкий» соус необязательно плох. Итальянский (или «старосветский») соус для спагетти как раз и должен быть жидким. Решайте сами. Хотите жидкий соус — берите «*Ragu*». Предпочитаете более густой — выбирайте «*Prego*». «Сделайте по-своему».

«Сравнительная реклама не противоречит закону, — утверждает председатель совета директоров одного из ведущих рекламных агентств США, — да такого закона и быть не должно. Но продолжать ее в том виде, в котором она используется сейчас, значит, стать предметом насмешек (культура, утонченность и скромность корпоративного поведения).»

Может, оно и так. Наполеон попрал культуру ведения войн, за что и был назван потомками гениальным полководцем.

Культура и утонченность могут быть восхитительными качествами, но только не в рекламных войнах.

Больно ли общество, члены которого всегда готовы поверить в дискредитирующие товар или индивида заявления, но полностью игнорируют положительные сведения?

Этично ли поступают газеты, помещающие новости о катастрофах или убийствах на первых полосах, а хорошие известия — на последних, рядом с колонками светской хроники? (Если для них вообще остается место.)

Burger King

Как и все эффективные кампании репозиционирования, идея *Burger King* имела двойную направленность. С одной стороны, в соответствии с ней в ресторанах *Burger King* вы можете выбрать ингредиенты для гамбургера. С другой стороны, в ней подразумевалось, что обслуживание в *McDonald's* осуществляется быстрее потому, что в ее ресторанах предлагаются стандартизированные продукты. Но «любезного» для всех подхода не существует. *Burger King* отказалась от проводимой кампании как раз потому, что она приводила к замедлению обслуживания посетителей. Следующая программа компании также имела репозиционирующий характер и указывала на то, что мясо в ресторанах *Burger King* «жарится на гриле, а не на масле». Она же и стала наиболее удачной рекламной кампанией за всю историю сети ресторанов быстрого обслуживания «Своим появлением она обязана вашей книге», — написал нам в 1982 г. Джефф Кэмпбелл, президент *Burger King*. Именно он предложил авторам этой книги разработать стратегию преследования *McDonald's*. Прочтите последнюю строку этой главы. Мы предложили сделать закусочные *Burger King* местом для взрослых «детей», а не игровой комнатой для 2–6 летних. «Дорастите до вкуса зажаренного на открытом огне мяса, который вы найдете в *Burger King*». По предложению клиента мы передали дальнейшую разработку программы «Дорасти» рекламному агентству, которое испортило все, что только можно было испортить. Наша программа так никогда и не увидела свет, что стало одним из величайших разочарований.

Масс-медиа напоминают сплетницу, которая жить не может без дурных новостей.

Ни от вас, ни от нас тут ничего не зависит. Все происходит, как происходит.

Чтобы добиться успеха в нашем сверхкоммуникативном обществе, приходится играть по установленным, а не собственным правилам.

Не унывайте. В длительной перспективе лучше дать немного дискредитации, чем массу напыщенности и хвастовства.

При честном и справедливом подходе репозиционирование идет на благо свободной конкуренции.

Если бы не *Burger King* с ее репозиционирующей кампанией «Сделайте по-своему», *McDonald's* по-прежнему предлагала бы посетителям единственный вариант гамбургера. По-своему. А сегодня даже клоун Рональд может заказать себе гамбургер «без огурцов и без кетчупа».

Вот если бы еще кто-нибудь открыл ресторанчик, в котором продаются гамбургеры «без детей».

ГЛАВА 9
Имя — огромная сила

«Имя собственное» марки — это крючок, которым она цепляется за свою ступеньку товарной лестницы в сознании покупателя. В эпоху позиционирования главным маркетинговым решением является решение о названии продукта.

Уильям Шекспир бы неправ: если розу назвать головешкой, ее запах мгновенно изменится. Мы не только видим то, что желаем лицезреть, но и ощущаем тот запах, который хотим обонять. Вот почему единственное важное решение, которое принимается в маркетинге духов, — выбор их названия.

Будут ли духи «Альфред» продаваться так же хорошо, как «Чарли»? Мы в этом сомневаемся.

Свиной остров в Карибском море никогда не привлек бы туристов, если бы его не переименовали в Парадиз.

Как выбрать имя

Не ищите подсказок в прошлом и не выбирайте для своего продукта имя французского гонщика (Шевроле) или дочери парижского торгового представителя (Мерседес).

Верное в прошлом решение отнюдь не обязательно сработает сейчас или в будущем. В прошлом, когда продуктов было меньше, когда объем коммуникаций не был столь велик, имя марки было далеко не таким важным, как сегодня.

В 1980-х гг. «ленивое», ничего не говорящее имя уже не способно пробиться в человеческое сознание. Нам необходимо такое имя, с которого начиналось бы позиционирование. Название, которое первым доносит до потребителя основные выгоды товара.

Как шампунь «*Head & Shoulders*» («Голова и плечи»), лосьон для тела «*Intensive Care*» («Интенсивная защита»), низкокалорийный напиток «*Slender*» («Тонкий») и зубная паста «*Close-Up*» («Крупный план»).

Или как мощные аккумуляторы «*DieHard*». «*Shake 'N Bake*» — новый способ приготовления курицы. «*Edge*» — крем, обеспечивающий самое чистое бритье.

Впрочем, доводить название до крайности тоже не нужно. Не следует сближать его с продуктом настолько, что последний станет типовым, создавать не уникальную в своем роде торговую марку, а общее для всего товарного класса название.

«Пиво "*Lite*" от *Miller*» — типичный пример названия, перешагнувшего запретную черту. Поэтому теперь у нас есть «*Schlitz Light*», «*Anheuser-Busch Natural Light*» и целая плеяда других светлых сортов пива. Общественность и пресса быстро превратили исходное название в «*Miller Lite*», из-за чего компания и лишилась своего права на эксклюзивное использование слова «*Light*» («Светлое») или его фонетического эквивалента («*Lite*») в качестве торговой марки пива.

Специализирующиеся на проблемах торговых марок юристы еще долго будут приводить «*Lite*» в качестве примера опасности использования описательных слов в названиях продуктов. (Правоведам по душе такие выдуманные имена, как «*Kodak*» или «*Xerox*».)

Выбор названия — это как управление гоночным автомобилем. Без риска нет победы. Необходимо выбирать названия, которые почти, но не совсем типовые. Если время от времени вы будете сбиваться с траектории и попадать на территорию типовых имен — что ж, так тому и быть. Ни один автогонщик не обходился без вылетов на обочину.

Пиво «*Lite*» имело огромное преимущество: оно было первым закрепившимся в сознании потребителей светлым пивом. Но типовое название стало его серьезнейшим недостатком. Переименованная в «*Miller Lite*» марка в настоящее время значительно отстает от лидера, пива «*Bud Light*», и, скорее всего, вскоре уступит второе место «*Coors Light*».

Нехватка свободных имен — основная проблема всех новых торговых марок. Сегодня в США зарегистрировано 1,6 млн марочных названий. В Европе — 3 млн. Имя марки проще купить, чем придумать новое.

Сильное, близкое к типовому, наглядное название не позволит конкурентам-подражателям вторгнуться на вашу территорию. Хорошее название есть лучшая гарантия долгосрочного успеха. «*People*» («Люди») — блестящее название для «желтого» журнала. Это стремительный успех. Подражатель, журнал «*Us*» («Мы»), переживает не лучшие времена.

Как не выбирать имя

С другой стороны, как название еженедельного информационного издания «*Time*» явно уступает «*Newsweek*».

Журнал «*Time*» был первым изданием такого рода и, естественно, пользуется популярностью у читателей. Но нельзя сказать, чтобы «*Newsweek*» сильно отставал. (Во всяком случае, по объему продаж рекламных площадей он постоянно опережает «*Time*».)

Многие считают, что «*Time*» — отличное название для журнала. В некотором смысле так оно и есть. Короткое, броское, запоминающееся. С другой стороны, оно коварно и обманчиво. (Так может называться отраслевое издание для производителей часов.)

«*Fortune*» — другой пример названия, слепленного из того же теста. («*Fortune*» с не меньшим успехом может быть журналом для брокеров, торговых агентов или игроков казино. Оно неконкретно.) «*Business Week*» — гораздо лучше. Да и сам журнал пользуется куда большим успехом.

Кроме всего прочего, названия устаревают, открывая пустые места для бдительных конкурентов.

«*Esquire*» было отличным названием журнала для «идущих в гору» молодых людей. В те времена, когда было принято указывать после своего имени: Джон Дж. Смит, эсквайр. Однако «*Esquire*» уступил свое место журналу «*Playboy*». Любой человек знает, кто такой плейбой и что его интересует. Девочки, не так ли? А кто такой эсквайр? Что интересует его? (Эсквайр — мелкопоместный дворянин в Англии, также аналог слова «господин» в письме. — *Перев.*)

На протяжении многих лет «*Yachting*» был ведущим изданием на морскую тему. Но многие ли эсквайры сегодня владеют яхтами? Поэтому мы и прогнозируем, что «*Yachting*» вскоре обойдет какой-нибудь журнал под названием «*Sail*».

Раньше, когда основная масса рекламы публиковалась в газетах и журналах, «*Printer's Ink*» было хорошим названием для журнала, предназначенного для специалистов по рекламе. Сегодня на рекламную авансцену выдвинулись радио и телевидение. Поэтому «*Printer's Ink*» мертв, а «*Advertising Age*» живет и процветает.

Одним из известнейших изданий в мире является «*The Wall Street Journal*», у которого вообще нет конкурентов. Но «*The Wall Street Journal*» — неподходящее название для ежедневной деловой газеты, так как подразумевает узкую, исключительно финансовую ориентацию. Хотя в ней преимущественно публикуются материалы о бизнесе вообще.

Такого рода наблюдения и позволяют найти новые решения.

Некоторые действительно плохие названия лежат на совести инженеров и ученых. Такие названия, как, например, «*XD-12*». (Предположительно, оно обозначает «экспериментальный дизайн № 12».) Все эти внутренние кодировки для потребителей не имеют ни малейшего смысла.

Возьмем, например, дезодорант «*Mennen E*». Люди, как известно, все воспринимают буквально. «*Mennen E*» был изначально обречен, хотя бюджет продвижения и был определен в размере $10 млн. Дело в названии. Первоначально даже в рекламе признавалось, что оно несколько необычно. «Витамин *E*, невероятно; а еще и дезодорант».

Действительно, невероятно. Пользоваться им могут разве что люди, желающие иметь самые крепкие, самые здоровые подмышки в стране.

А как вам «*Breck One*» и «*Colgate 100*»? Сегодня существует масса бессмысленных марок.

При тех незначительных отличиях в продуктах многих товарных категорий лучшее название может означать разницу в продажах в миллионы долларов.

Когда использовать бессмысленные названия

А как же очевидный успех компаний с такими придуманными и ничего не значащими названиями, как *Coca-Cola*, *Kodak* и *Xerox*? Как им это удалось?

Здесь нам придется принести читателям свои извинения. Теперь мы считаем, что имя «*Time*» лучше, чем типовое название «*Newsweek*». Мы думаем также, что название «*Fortune*» лучше, чем «*Business Week*». Очевидный успех двух журналов с типовыми для своей категории названиями ввел нас в заблуждение. «Барьеры на входе» в журнальную сферу таковы, что типовое имя не является бременем (как, скажем, в любой категории расфасованных товаров). В новой категории продуктов питания или лекарств, как правило, возникает целый рой типовых товаров, что только запутывает покупателей. Марка с типовым названием редко когда становится лидером.

TIME

Newsweek

Одной из вещей, затрудняющих восприятие позиционирующего мышления, является роль времени.

Компания, которая первой проникает в сознание с новым продуктом или новой идеей, становится знаменитой. Как бы она ни называлась: «Линдберг», «Смит» или «Белибердянск».

«*Coca-Cola*» была первым напитком типа кола; «*Kodak*» — первой маркой дешевых фотоаппаратов; *Xerox* первой создала копировальный аппарат в том виде, в котором мы его знаем сейчас.

Возьмем слово «*Coke*». Успех напитка «*Coca-Cola*» привел к тому, что его «кличка» получила то, что в семантике называется скрытым смыслом.

Вы бы назвали свой напиток словом, которое означает «остаток от горения угля в отсутствие воздуха»? (В английском языке слово «*coke*» означает кокс. — *Прим. перев.*) Словом, которым называют наркотик кокаин?

Но скрытый смысл слова «*Coke*» столь силен, что компании *Coca-Cola* нечего опасаться негативных коннотаций.

Однако называть продукт выдуманным, бессмысленным именем, таким как «*Keds*», «*Kleenex*» или «*Kotex*», по меньшей мере опасно. Та-

---

Слова тоже подвержены износу. Ни один современный плейбой не назовет себя «плейбоем». Отсюда возможность для создания нового культового журнала для молодых людей. В этом деле преуспел «*Maxim*», которого «*Advertising Age*» назвал журналом года. Ни одна марка не вечна. Старению подвержены товары, старению подвержены услуги и даже имена. Умная компания не будет тратить деньги на защиту прошлого, а, скорее, создаст новые возникшие в период перемен возможности. Издатель «*Playboy*» должен был сам выпустить такой журнал, как «*Maxim*», и не позволить занять его место кому-то другому.

«*One*» — самое употребляемое в торговых марках слово и одно из самых плохих названий для продукта. Вдобавок к «*Pepsi One*» (о котором все уже и думать забыли) существуют «*Bank One*», «*Channel One*», «*CommerceOne*», «*eOne*», «*Fiber One*», «*Global One*», «*Mobil 1*», «*Network One*», «*OgilvyOne*», »*One 2 One*», «*One Health Plan*», «*One.Tel*», «*OneCoast*», «*OnePiont*», «*OneSoft*», «*Oneworld*, «*PureONE*», «*Purina One*», «*Radio One*», «*Schwab OneSource*», «*Source One*», «*Square One*», «*StratumOne*», «*VerticalOne*», «*V-ONE*» и «*Westwood One*».

кую роскошь может позволить себе лишь тот, кто первым предлагает миллионам потребителей абсолютно новый продукт и к тому же уверен, что эти миллионы захотят его приобрести.

В такой ситуации, конечно, сойдет любое название.

Так что придерживайтесь общих описательных названий («*Spray'n Wash*») и остерегайтесь придуманных («*Qyx*»).

Для справки: в качестве первых букв чаще всего используются *S*, *C*, *P*, *A* и *T*. Реже всего встречаются *X*, *Z*, *Y*, *Q* и *K*. С буквы *S* в английском языке начинается одно слово из восьми. С *X* — одно из трех тысяч.

Негативные названия могут быть полезны

Технологии совершенствуются, появляются новые и улучшенные продукты. Однако многие из них имеют врожденные пороки: второсортные, имитирующие имена.

Возьмем маргарин. Продукт существует несколько десятилетий, но по-прежнему воспринимается как имитация масла. (Нехорошо обманывать матушку-природу.)

Изначально правильно выбранное имя могло радикально изменить судьбу маргарина? «Соевое масло», естественно.

Психологическая проблема такого названия, как «маргарин», состоит в том, что оно вводит потребителей в заблуждение. Скрывает происхождение продукта.

Любой человек знает, что масло делают из молока. Кто знает, из чего делают маргарин? Поскольку происхождение продукта скрыто, покупатель думает, что с маргарином что-то явно не так.

Нигде бессмысленные имена не пользуются такой популярностью, как у современных электронных компаний. Запомнить их названия практически невозможно.

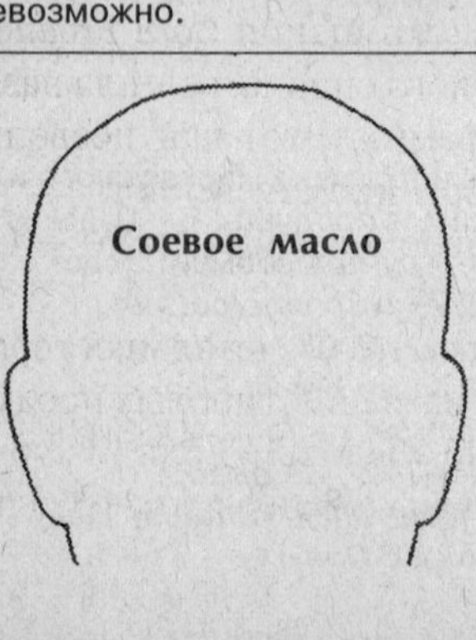

Эта идея позиционирования до сих пор остается в силе. Маргарин всегда считался суррогатом масла. Поскольку изменить однажды сформированное сознание невозможно, стратегией преодоления негатива должна стать смена названия. «Соевое масло» — настоящее масло, только сделанное не из коровьего молока, а из бобов сои.

Вытащить товар из чулана

Первое, что требуется сделать для преодоления отрицательных реакций, так это вытащить продукт из чулана. Сознательно поляризовать ситуацию с помощью такого негативного названия, как «Соевое масло».

Затем разрабатывается долгосрочная программа позиционирования, указывающая на преимущества соевого масла перед коровьим. Важным ингредиентом такой программы является «гордость за происхождение», благо что в названии упоминается соя. (Как и в случае с арахисовым маслом, кстати.)

Тот же принцип заложен в смену названия людей определенной расы с «цветных» на «негров», а потом на «черных».

«Негр» — это все равно что «маргарин». Слово, которое навсегда относит человека к людям второго сорта. Обозначение «цветной» недостаточно поляризует ситуацию. Как будто чем менее человек цветной, тем он лучше.

«Черный» — это правильный выбор. Он позволяет «гордиться чернотой», что необходимо для развития равенства. («Вы предпочитаете быть белым, я — черным.»)

Выбирая название для продуктов или людей, не позволяйте конкурентам незаслуженно резервировать за собой необходимые вам слова. Как «масло» в случае с маргарином или «сахар» в случае с кукурузным сиропом.

Сколько-то лет назад ученые нашли способ изготовления подсластителей из кукурузного крахмала. В результате чего появились такие продукты, как декстроза, кукурузный сироп, кукурузный сироп с высоким содержанием фруктозы.

Неудивительно, что товары с такими названиями даже компаниями отрасли воспринимались как суррогаты, второсортные по сравнению с сахарозой и «настоящим сахаром». Поэтому компания *Corn Products*, один из крупнейших поставщиков кукурузного сиропа, решила называть свои заменители «кукурузными сахарами». Этот шаг позволил компании уравнять кукурузу в правах с тростником и свеклой.

«Рассмотрим три источника сахара, — говорилось в рекламе. — Сахарный тростник, сахарную свеклу и кукурузу».

Специалисты по маркетингу должны знать, что Федеральная торговая комиссия США выступает защитником названий типовых продуктов многих отраслей. Однако и ФТК можно убедить. «Если кукурузный сироп нельзя называть сахаром, можно ли на банке с содержащим его напитком писать “без сахара”?»

Специальные группы прекрасно понимают, какую силу таит в себе хорошее название. Отсюда движение «Право на жизнь» и законодательство «о добросовестной конкуренции».

А какой сенатор или член палаты представителей осмелится выступить против билля под названием «О контроле над загрязнением воздуха»?

Выступая против устоявшейся концепции (наподобие «добросовестной конкуренции»), важно не пытаться переименовывать соперников. Все, чего вы этим добьетесь, — непонимание со стороны своей аудитории.

Для того чтобы противодействовать позитивному отношению потребителей к законам о добросовестной конкуренции, оппозиция попыталась назвать их законами «о ценовом сговоре». И прошло еще много-много лет, прежде чем законы о добросовестной конкуренции были отменены в большинстве штатов США.

Лучшей тактикой будет исправление названия. То есть репозиционирование концепции с использованием тех же слов, но с обратным смыслом.

«Добросовестные для торговли, но недобросовестные для потребителей», например.

Еще лучше успеть переименовать оппозицию до того, как выбранное ею название «пустит корни» в сознании публики. Название «ценовой сговор» могло бы использоваться в качестве блокирующей стратегии, но только в самом начале. Еще одно доказательство того, как важно быть первым.

Труднопроизносимое «афроамериканцы» обладает тем преимуществом, что переключает внимание с цвета кожи на происхождение. Еще одно стратегическое улучшение.

Если вы собираетесь изменить укоренившееся в людях мнение, первое, с чего следует начать, — изменить название.

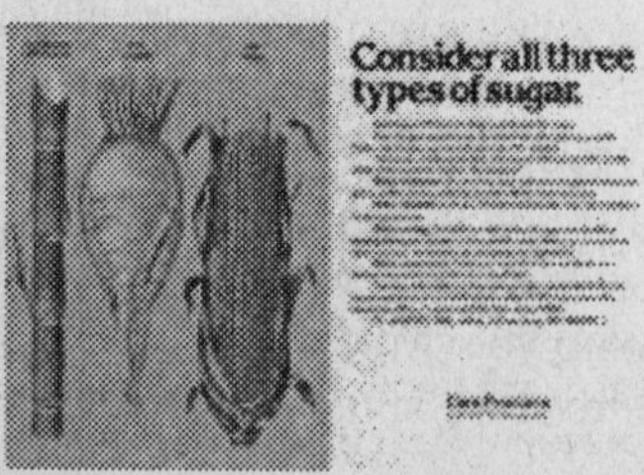

«Рассмотрим три источника сахара»

Такое рекламное объявление мы предложили компании *Corn Products*. Данная тактика, то есть поиск способа для выравнивания игрового поля, применима для любого товара, «жизнь» которому изначально «отравляло» негативное восприятие. И не пытайтесь говорить, что вы лучше. Скажите просто, что ваш продукт другой. Источников сахара три. Выбирайте сами.

Дэвид и Майкл против Губерта и Элмера

Несмотря на распространенное убеждение, что имя — это «всего лишь имя», существует множество свидетельств правоты тех, кто придерживается мнения о том, что от того, как назовут человека, во многом зависит вся его жизнь.

Два профессора психологии Герберт Харари и Джон Макдэвид попытались понять, почему ученики младших классов высмеивают одноклассников, имеющих необычные имена.

Они провели эксперимент, в котором учителя оценивали сочинения, написанные четырех- и пятиклассниками, но подписанные определенными именами. Для иллюстрации принципа достаточно взять две пары имен.

Некоторые сочинения были подписаны двумя популярными именами (Дэвид и Майкл) и двумя не столь распространенными (Губерт и Элмер). Каждое сочинение оценивали несколько групп учителей начальных школ. (Участвовавшие в эксперименте преподаватели не знали, что они оценивают не совсем обычные школьные работы.)

Поверите ли вы, что сочинения, на которых значилось имя Дэвид и Майкл, в среднем получили немного более высокую оценку, чем сочинения от имени Элмера и Губерта? «Опытным учителям известно, — комментируют эти результаты ученые, — что школьники с именами Губерт или Элмер, как правило, оказываются неудачниками.»

А известные люди с необычными именами? Губерт Хэмфри и Алдай Стивенсон, например. Оба они уступили в своем деле обладателям

Этому принципу противостоит крайнее правое политическое крыло. «Ассоциация сохранения истории» является фанатичным врагом групп по защите гражданских прав.

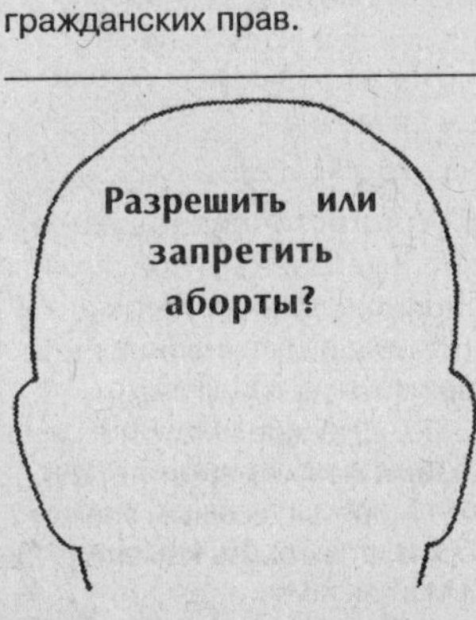

И сторонники, и противники абортов находят позитивные аргументы, представляющие их позицию в самом выгодном свете. Имя, которым вы назовете ребенка, — основное из всех ваших решений. Подумайте над этим хорошенько.

распространенных имен, а именно Ричарду (Никсону) и Дуайту (Эйзенхауэру).

Интересно, а если бы в выборах участвовали Ричард Хэмфри и Губерт Никсон? Кого выбрала бы Америка?

Джимми, Джерри, Ричард, Линдон, Джон, Дуайт, Гарри, Франклин. После Герберта ни одно «неудачное» имя не попало в Белый дом.

А кого победил Герберт Гувер на выборах 1928 г.? Еще одного человека с проигрышным именем, Альфреда.

В 1932 г., когда Герберт столкнулся с Франклином, он проиграл. Причем с большим отрывом.

Чего можно ждать от человека с именем Эдсел? Оно было неудачным еще до того, как компания *Ford* назвала им свой автомобиль. И внесло свой вклад в последующую маркетинговую катастрофу.

Возьмем имена Сирил и Джон. По мнению психолога Дэвида Шеппарда, люди, которые не знают никого с такими именами, тем не менее полагают, что Сирил должен быть трусливым, а Джон, безусловно, заслуживает доверия.

Вы видите то, что хотите увидеть. А плохое или неподходящее название вызывает цепную реакцию, которая только подтверждает ваше изначальное предположение.

Элмер по определению неудачник. Смотрите, он не очень хорошо справляется со своей работой. Я же говорил вам, Элмер — простофиля.

Рональд Рейган
Роберт Редфорд
Мерилин Монро

Аллитерация (созвучие начальных согласных соседних слов) — еще одна хорошая стратегия выбора имени, поскольку она делает его более запоминающимся. Причем это верно как для человеческих имен, так и для марочных названий. Обратите внимание, что аллитерация присуща именам многих знаменитостей.

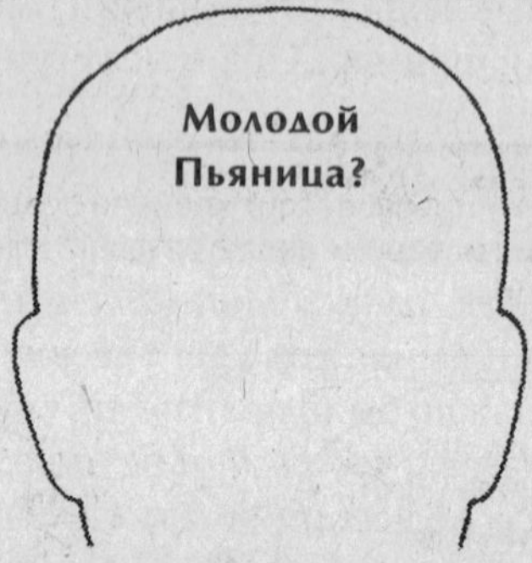

Мы ничего не придумали, просто сообщили факты. Если родители дадут вам подобное имя, что вы будете с ним делать? Большинство из тех, кого мы знаем, просто покорились бы судьбе. «Это мое имя, с ним мне и жить». Не валяйте дурака, имя можно изменить. Как вы думаете, стал бы Марион Моррисон самым знаменитым в истории кино актером, если бы не изменил свое имя на Джона Уэйна? Мы так не считаем.

А эта история произошла на самом деле. Бухгалтера одного из нью-йоркских банков звали Янг Бузер. Когда кто-то из клиентов спрашивал, как ему пообщаться с «Молодым Пьяницей», так переводится это имя, телефонистка отвечала ему: «У нас их тут полно. Вам какого именно?».

Губерт и Элмер в небе

Имя — точка первого соприкосновения сообщения и человеческого сознания.

Эффективность сообщения определяется не тем, хорошо или плохо название в эстетическом смысле. Она определяется его уместностью.

Возьмем для примера авиакомпании. Четыре ведущих американских авиаперевозчика: *United Airlines*, *American Airlines*, *Trans World Airlines* и...

Ну-ка, знаете ли вы, как называется «вторая по величине пассажирская авиакомпания среди всех стран с некоммунистическими правительствами», как гласит один из ее слоганов?

Правильно, *Eastern Airlines* («Восточные авиалинии»).

Как и у всех авиакомпаний, у *Eastern* были хорошие и плохие времена. Но плохих было больше, чем хороших. По результатам опросов пассажиров в ряду четырех национальных авиакомпаний США *Eastern* стабильно занимает последнее место.

Почему? У *Eastern* региональное название, из-за которого потребители относят ее к иной, нежели такие большие, общенациональные имена, как *American* и *United*, категории.

Пассажиры «отправляют» ее в компанию к таким авиапервозчикам, как *Piedmont*, *Ozark* и *Southern*.

Вы видите то, что желаете увидеть. Если пассажиру что-то не понравилось в работе *American* или *United*, он думает: «что ж, бывает». Исключение из правила хорошего сервиса, которое, по его мнению, когда-нибудь должно было произойти.

Нельзя сказать, что *Eastern* не пыталась. Несколько лет назад компания собрала под своим крылом лучших специалистов по маркетингу, дабы совместно найти точку выхода из пике. *Eastern* была одной из первых авиакомпаний, которые ввели определенную окраску фюзеляжей и хвостов своих авиалайнеров, улучшали качество бортпитания и одели сотрудников в фирменную униформу. И все ради того, чтобы добиться повышения своей репутации.

Причем в том, что касается денежных расходов, *Eastern* отнюдь не скромничала. Год за годом авиакомпания позволяла себе один из самых больших рекламных бюджетов в отрасли. Недавно она выделила на рекламу $20 млн.

Итак, что бы вы подумали об авиакомпании, которая называется *Eastern*? Какие рейсы она предлагает? По всему Восточному побережью, в Нью-Йорк, Бостон, Филадельфию, Вашингтон, Майами, не так ли?

Верно, но ее авиалайнеры регулярно «посещают» и Сент-Луис, Новый Орлеан, Атланту, Денвер, Лос-Анджелес, Акапулько, Мехико.

Взглянем на проблему с точки зрения лишь одного города, в который совершает свои рейсы *Eastern Airlines*, Индианаполиса. Из Индианаполиса она предлагает также рейсы на север в такие города, как Чикаго, Милуоки и Миннеаполис. А также на юг, в Луисвилл, Атланту и Форт-Лодердейл. Рейсы же на восток отсутствуют.

А еще есть «пьяный рейс» в Сан-Хуан, который компания обслуживает уже более 30 лет. Когда-то ей принадлежала львиная доля этого рынка. Затем *American Airlines* объединилась с *Trans Caribbean*. И кто сегодня имеет лучшее место под солнцем Сан-Хуана? Да *American*, конечно!

С региональным названием далеко не улетишь. Если у пассажиров есть выбор, они отдают предпочтение авиакомпаниям национального масштаба.

Проблема разделения реальности и восприятия типична и для многих других отраслей. Многие опытные специалисты по маркетингу рассматривают ситуацию с *Eastern* под прямо противоположным углом.

«Беда *Eastern* не в названии, — говорят они. — А в плохом обслуживании, плохой еде, плохом обращении с багажом и угрюмости сопровождающих». Восприятие и есть реальность.

Что вы думаете о *Piedmont Airlines*? А об *Ozark Airlines*? А об *Allegheny*? (В соответствии с результатами опросов регулярно совершающих перелеты авиапассажиров, 3% респондентов избегают *American Airlines*,

---

EASTERN

Мы разглагольствовали и неистовствовали вокруг названия *Eastern Airlines* на протяжении 20 лет (до тех пор, пока в марте 1989 г. компания наконец-то не обанкротилась). Ее президент Фрэнк Борман (бывший астронавт) написал нам письмо, в котором признавал, что их название «отдает провинциальностью и в некоторых случаях затрудняет привлечение общенационального внимания». При этом он отметил, что «нам исполнилось 47 лет». Плохое название не становится лучше, сколько бы времени вы им ни пользовались.

3% — стараются не летать самолетами *United*. Но 26% опрошенных ответили, что они избегают *Allegheny*, а 38% сторонятся *Eastern*.)

Авиакомпания *Allegheny* давно уже выбросила полотенце на ринг и превратилась в *USAir*. Даже *North Central* и *Southern Airlines* отказались от борьбы. В 1979 г. они объединились и образовали компанию *Republic Airlines*. Вот теперь они расправят крылья.

Близнецы из Акрона

Другую весьма распространенную проблему мы продемонстрируем на примере двух компаний, штаб-квартиры которых расположены в г. Акроне, штат Огайо.

Что делать фирме, если ее название (*Goodrich*) созвучно названию более крупной компании, работающей в той же сфере (*Goodyear*)?

У *Goodrich* проблемы. Исследование показывает, что даже изобрети она новое колесо, все лавры достанутся *Goodyear*.

Разумеется, *B. F. Goodrich* это понимает. Вот как руководство компании публично заявило о своей основной проблеме в выпущенном несколько лет назад рекламном буклете:

> Проклятие Бенджамина Франклина Гудрича. Его имя. По злой воле судьбы название одного из наших конкурентов оказалось почти полностью совпадающим с именем нашего основателя. *Goodyear. Goodrich.* Страшно похоже.

Allegheny

В 1969 г. мы проводили презентацию для *Mohawk Airlines*, объяснявшую, почему авиакомпании необходимо изменить название. (*Mohawk* — хорошее название для прически, но не для авиакомпании.) В 1972 г., когда *Mohawk* объединилась с *Allegheny Airlines*, мы настойчиво рекомендовали последней переименоваться. «Вам все равно придется перекрашивать половину самолетов», — был один из наших аргументов, не говоря уже об их прозвище «*Agony Airlines*» («Агонизирующие авиалинии»). Но нет, имя было им дорого как память. (*Allegheny*, *Piedmont*, *Ozark*: что за любовь к названиям горных массивов у бывших пилотов?)

В октябре 1979 г. они наконец примирились с реальностью и изменили название на *USAir*. Сегодня *US Airways* успешно «бороздит» небо над Америкой, в то время как *Eastern* уже зашла на посадку. Наши оппоненты выдвигают одни и те же контраргументы. Мол дело не в названии, а в товаре, сервисе, ценах. Это абсолютно неверно. Дело в восприятии продукта, в восприятии сервиса, в восприятии цены. Вместе с плохим названием возникает и плохое восприятие.

Внизу была приписка: «Если вам необходима продукция *Goodrich*, просто запомните: *Goodrich*».

Другими словами, проблема отнюдь не у *Goodrich*. Проблема у вас, у потребителя.

B. F. Goodrich первой из американских компаний предложила шины с радиальным кордом и стальным ободком. Но уже несколько лет спустя 56% покупателей на вопрос о том, кто производит такие покрышки, назвали *Goodyear*, которая не продает их на внутреннем рынке. Только 47% респондентов ответили правильно: *Goodrich*.

Как говорят в Акроне, «*Goodrich* изобретает, *Firestone* разрабатывает, а *Goodyear* продает». В 1968 г. объем продаж *Goodyear* составлял $2,9 млрд, тогда как объем реализации *B. F. Goodrich* был равен всего лишь $1,3 млрд. Соотношение 2,2 к 1. Десять лет спустя, в 1978 г., доходы *Goodyear* равнялись уже $7,4 млрд, а доходы *B. F. Goodrich* — $2,5 млрд. Соотношение 2,9 к 1. Воистину, богатые богатеют. Логично.

Но совсем не логично то, что реклама компании-неудачницы не остается незамеченной. Их идея «мы — не они» пользуется благосклонным вниманием прессы. Но не покупателей автомобильных шин. Одно лишь имя обрекает *Goodrich* вечно плестись в хвосте у более крупного конкурента.

Тройня из Толидо

Если вас не смутили близнецы из Акрона, то что вы скажете про тройню из Толидо: *Owens-Illinois*, *Owens-Corning Fiberglas* и *Libbey-Owens-Ford*?

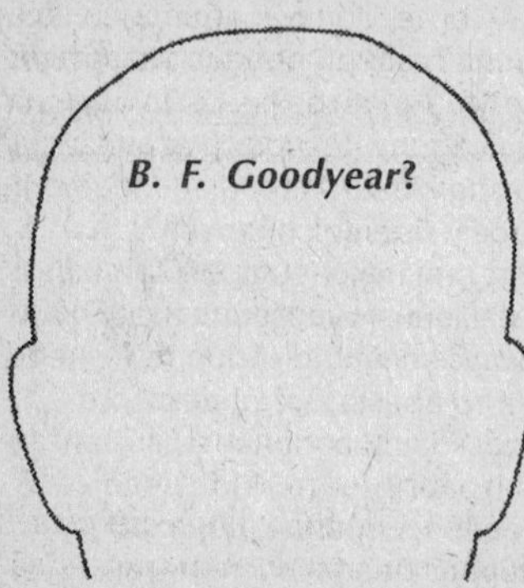

Существует множество компаний, которые, как и *B.F.Goodrich*, нуждаются в смене названия. Вопрос в том, как изменить корпоративное имя? Худший способ — прибегнуть к услугам сторонней фирмы, которая за миллион долларов придумает вам новое название. Так получаются причудливые слова наподобие *Agilent*, *Aventis*, *Navistar* (последняя недавно вернулась к своему прежнему названию, *International*). В действительности необходимо создать новую торговую марку, которая в конечном итоге в название фирмы. Такой стратегией должна воспользоваться и *B.F.Goodrich*. Придумать хорошую марку, которая прикроет собой название компании.
Goodrich по-прежнему плетется в хвосте.

Это тоже далеко не мелкие сошки. Оборот компании *Owens-Illinois* оценивается в $2 млрд, *Owens-Corning Fiberglas* — $1 млрд, а у *Libbey-Owens-Ford* приближается к миллиарду.

Рассмотрим проблему путаницы с точки зрения *Owens-Corning Fiberglas.*

Слово «*Owens*» ассоциируется со штатом Иллинойс. *Owens-Illinois* — наиболее крупная компания с претензией на имя «*Owens*».

«*Corning*» чаще всего связывают со стеклом. В соседнем городке Корнинг (штат Нью-Йорк) расположена компания *Corning Glass Works*, оборот которой приближается к миллиарду долларов. Благодаря ей «*Corning*» прочно ассоциируется со стекольным делом.

И что остается у *Owens-Corning Fiberglas*?

Только «*Fiberglas*» («Стекловолокно»).

Возможно, именно поэтому в рекламе компании говорится: «*Owens-Corning* — это *Fiberglas*». Иначе говоря, если вы используете стекловолокно, вам нужно запомнить только *Owens-Corning*.

Все было бы гораздо проще, если бы компанию переименовали в *Fiberglas Corporation*. Тогда тому, кто использует стекловолокно, необходимо будет помнить только «Стекловолокно». Данный шаг помог бы сфокусировать внимание на основной цели компании. Вновь превратить «стекловолокно» из типового продукта в торговую марку.

Что делать, если вас зовут Губерт или Элмер или ваша компания называется *Goodrich* или *Owens-Corning Fiberglas*? Изменить имя.

Предложение звучит разумно, на практике иное имя берется относительно редко. Большинство компаний уверены, что за их названиями стоит высокая репутация. «Ни покупатели, ни сотрудники никогда не примут новое имя».

А как же *Olin*, как же *Mobil*, как же *Uniroyal* и *Xerox*? А как же *Exxon Corporation*? Всего лишь несколько лет тому назад *Exxon* была не *Exxon*, а...

В 1992 г. компания *Owens-Corning Fiberglas* воспользовалась нашим советом и изменила название. Увы, но с точностью до наоборот. Она отказались от слова *Fiberglas* и превратилась просто в *Owens-Corning*.

Вы помните, как раньше называлась эта компания? Нет, не *Esso*, не *Humble Oil* и не *Enjay*, хотя в своей маркетинговой деятельности она использовала эти названия.

Не так давно *Exxon Corporation* называлась *Standard Oil of New Jersey*. Потрясающе, что могут сделать несколько лет и несколько долларов.

За плохим названием стоит исключительно низкая репутация. Если имя компании никуда не годится, ее дела идут все хуже и хуже. Когда название что надо, дела идут в гору.

«Континентальная» путаница

Вы знаете, в чем разница между компанией стоимостью в $3,9 млрд под названием *The Continental Group, Inc.* и компанией с названием *The Continental Corporation* стоимостью в $3,1 млрд? Вот и большинство опрошенных нами знакомых затруднились с ответом. Пришлось рассказать им о том, что *Continental Group* — крупнейший в мире производитель жестяных и алюминиевых банок, а *Continental Corporation* — крупная страховая компания.

«Ах, да. Банки "Континентал" и страховки "Континентал". Теперь я понимаю, о каких компаниях идет речь».

Почему они отказались от слов «*can*» и «*insurance*» в пользу анонимности «*group*» и «*corporation*»? Очевидно, что эти компании продают не только банки и страховые полисы.

Но можно ли добиться индивидуальности с ничего не выражающим названием? Вряд ли, особенно если учесть существование других компанией с претензиями на «континентальность». В первую

Процесс изменения названия компании *Exxon* (бывшая *Standard Oil of New Jersey*) оказался одним из самых бесконфликтных, чему способствовали следующие факторы. (1) Размер компании. В настоящее время *Exxon* является четвертой по величине корпорацией в Америке, а после слияния с *Mobil* она должна выйти на второе место. Когда крупная компания изменяет название, это привлекает огромное внимание масс-медиа. Другими словами, СМИ делают за вас всю работу. (2) Сходство названий *Esso* и *Exxon*. Потребитель может связать их друг с другом. (3) Визуализация нового имени *Exxon*. Сильнейшее впечатление на потребителей произвела акция, когда за одну ночь были изменены вывески на тысячах заправочных станций.

очередь это *Continental Airlines.* А также *Continental Oil, Continental Telephone* и *Continental Grain.* Не говоря уже о *Continental Illinois Corp.* (Все компании стоимостью в миллиарды долларов, между прочим.)

А как вам директор, который говорит своему секретарю: «Соедините меня с *Continental*»?

Дело не только в «группе» и «корпорации». В телефонном справочнике одного только Манхэттена содержится 235 позиций, начинающихся с «*Continental*».

Слишком уместное название

Иногда название может быть излишне уместным. Слишком красочным, слишком намекающим. Особенно если потребление продукта происходит публично.

Возьмем одну из битв напитков. «*Metrecal*» от *Mead Johnson* и «*Slender*» от *Carnation.*

«*Metrecal*» появился на арене первым, но победа в маркетинговом сражении досталась «*Slender*».

Название «*Slender*», подчеркивающее выгоду от употребления напитка, гораздо более эффективно, чем изобретенное компьютером имя «*Metrecal*».

Однако если ваш диетический продукт потребляется на публике, название следует выбирать осторожно. «Низкокалорийные» напитки никогда не пользовались большим успехом. Ну кто, сидя в ресторане, будет заказывать «низкокалорийную» колу? Легко представить, что подумают люди за соседним столиком. «Вот ведь жирная растрепа».

Гораздо лучше попросить принести «*Tab*».

«С неизменным стаканом “*Tab*”, — писала недавно “*The New York Times*”, — президент Нью-Йоркского университета присоединился к бизнес-ланчу».

А заказал бы он «*Diet-Rite Cola*», если бы знал о присутствии журналистов?

Ни *The Continental Group*, ни *The Continental Corporation* больше не являются самостоятельными компаниями. *Continental Group* вернулась к своему старому названию *Continental Can* и теперь входит в состав производителя молочных продуктов и упаковок *Suiza Foods*. Но урок не пошел впрок. Недавно *Continental Grain* сменила название на *ContiGroup Companies*.

Названия низкокалорийных и дешевых продуктов необходимо выбирать с особой тщательностью, чтобы они говорили о выгоде, но не выходили за рамки. Слишком очевидное название отталкивает покупателей.

Появление «*Diet Coke*» может стать самым грандиозным маркетинговым просчетом в истории. Компании *Coca-Cola* не нужна еще одна низкокалорийная кола, у нее уже есть лидирующий диетический напиток «*Tab*». (На день появления на рынке «*Diet Coke*» объем продаж *Tab* на 32% превышал продажи «*Diet Pepsi*».) Поскольку в «*Diet Coke*» использовался заменитель сахара «*NutraSweet*», а в «*Tab*» — нет, на марке можно было ставить крест. Продажи «*Diet Coke*» сегодня не только не растут, но и идут на убыль. (Ее обошел «*Mountain Dew*», ставший третьим по популярности прохладительным напитком после «*Coca-Cola Classic*» и «*Pepsi-Cola*».) Как долго содержащая сахар *Coke* сможет доминировать на рынке? Кому нужен «жидкий освежитель», не содержащий ни питательных веществ, ни минералов, а только 150 пустых калорий? Переход с «*Coca-Cola*» на «*Tab*» был бы намного проще, чем с «*Coke*» на «*Diet Coke*», поскольку «*Tab*» лишен негативного «диетического» багажа.

10 Ловушка безымянности

ГЛАВА

«Я отправляюсь в Л. А., — может сказать руководитель компании. — А затем полечу в Нью-Йорк.» Почему Лос-Анджелес часто называют Л. А., но Нью-Йорк не сокращают практически никогда?

«Я работал в *GE* несколько лет, а потом перешел в *Western Union*». Почему компанию *General Electric* называют *GE*, но *Western Union* мало кто зовет *WU*?

General Motors часто называют *GM*, *American Motors* часто называют *AM*, но никто не называет *Ford Motor* аббревиатурой *FM*.

Фонетическая скоропись

Здесь проявляется принцип фонетической скорописи.

«Ra-di-o Cor-po-ra-tion of A-mer-i-ca» — в этом названии 12 слогов. Неудивительно, что большинство людей сокращают его до *R-C-A* из трех слогов.

Gen-er-al E-lec-tric — шесть слогов, поэтому большинство пользуется аббревиатурой *G-E*, два слога.

Gen-er-al Mo-tors часто называют просто *GM*. *A-mer-i-can Mo-tors* часто называют *AM*. Но *Ford Mo-tor* почти никогда не называют *FM*. Достаточно одного слога «*Ford*».

Когда фонетическое сокращение не ускоряет произношение, большинство из нас никогда не прибегают к инициалам. Что *New York*, что *N.Y.* — все равно два слога. Поэтому хотя в письме аббревиатура *N.Y.* используется довольно часто, в устной речи она практически отсутствует.

В названии города Лос-Анд-же-лес четыре слога, поэтому часто используют просто Л. А. Кстати, Сан-Фран-цис-ко, тоже длиной в четыре слога, никогда не сокращают до «С. Ф.». Почему? Для этого существует идеальное слово из двух слогов («Фриско»). По этой же причине люди называют Нью-Джерси «Джер-си» вместо «Н. Дж.».

Когда слово и его аббревиатура имеют равную фонетическую длину, люди всегда используют само слово, а не инициалы.

Фонетическая длина может быть обманчива. Инициалы *WU* кажутся намного короче длинного *Western Union*. Но число слогов в них совершенно одинаково. *«Double-U U». West-ern Un-ion.* (За исключением *W*, все буквы английского алфавита произносятся в один слог.)

Если покупатели воспринимают названия компаний с точки зрения фонетики, то сами компании смотрят на них иначе. Их больше интересует визуальное восприятие: название должно в первую очередь хорошо выглядеть, а как оно звучит, дело десятое. И в этом их ошибка.

Визуальная скоропись

В аналогичную ловушку попадают и бизнесмены. Первым в оборот пускается имя. Если в начале служебной карьеры молодой работник *General Manufacturing Corporation* зовется Эдмундом Джеральдом Брауном, то впоследствии во всех внутренних письмах и записках он превращается Э. Дж. Брауна из *GMC*.

Ели вы хотите быть известным, остерегайтесь инициалов. Поэтому-то губернатор Эдмунд Джеральд Браун ласково называет себя Джерри Брауном, а не Э. Дж. Брауном. А Т. М. Кеннеди и Дж. Э. Картер известны как Тед Кеннеди и Джимми Картер.

А как же Ф. Д. Р. и Дж. Ф. К.? Ирония ситуации в том, что, добравшись до вершины и став известным, инициалами можно пользоваться без всякой опаски. Франклин Делано Рузвельт и Джон Фицджералд Кеннеди смогли пользоваться своими инициалами только после того, как превратились в знаменитостей. Но не раньше.

Аббревиатура *WU* употребляется вместо полного названия только внутри самой компании. По какой-то причине «свои» предпочитают использовать сокращение. Так что в коридорах компании можно услышать не только *WU*, но и *WUCO*, произносимое как «ву-ку». (Нам ли не знать, мы ведь проработали с этой компанией более десятка лет.) Перевод речи работников компании на язык, понятный всем окружающим, — одна из функций ее агентов по рекламе и связям с общественностью.

Далее наступает черед названия компании. То, что поначалу служит визуальным сокращением для экономии времени и бумаги, постепенно превращается в монограмму успеха.

IBM, AT&T, ITT, P&G, 3M. Порой кажется, что попадание в список «500 лучших» журнала «*Fortune*» зависит от наличия узнаваемых инициалов. Особого имени, которое говорит миру, что они «сделали это».

Поэтому сегодня мы имеем *RCA, LTV, TRW, CPC, CBS, NCR, PPG, FMC, IC Industries, NL Industries, SCM, U.S. Industries, AMF, GAF, MCA, ACF, AMP, CF Industries, GATX, UV Industries, A-T-O, MAPCO, NVF, VF, DPF, EG&G* и — невероятно, но факт, — *MBPXL*.

Причем все это отнюдь не малоизвестные фирмы. Все они в настоящее время числятся в списке 500 крупнейших промышленных компаний США. Объем продаж самой «маленькой» из перечисленных, *EG&G*, составил в 1980 г. $375 млн, а число ее работников достигло 13 900 человек.

Если для каждой из аббревиатур списка «500 лучших» взять следующую по величине компанию, то получится следующий перечень: *Rockwell International, Monsanto, National Steel, Raytheon, Owens-Illinois, United Brands, American Cyanamid, Reynolds Metals, H. J. Heinz, Interco, Hewlett-Packard, Carrier, Marmon, Polaroid, Diamond International, Blue Bell, Sperry & Hutchinson, Witco Chemical, Spencer Foods, Pabst Brewing, Cabot, Hart Schaffner & Marx, Culter-Hammer, Gardner-Denver, Questor, Arvin Industries* и *Varian Associates*.

В каком списке вам известно больше имен? Во втором, конечно.

Конечно, вам знакомы и многие из названий-аббревиатур, например *RCA* или *CBS*. Но, как Ф. Д. Р. и Дж. Ф. К., эти компании были известны еще до того, как они сменили свои полные названия на сокращения.

Какие компании растут быстрее? Опять же те, кто использует полные названия.

Чем дальше в лес, тем больше дров. В 1980 г. в списке «500 лучших» было 27 компаний с названиями-аббревиатурами. Сегодня их 44. Вот их полный список: *AMP, AON, AT&T, BB&T, BJ's Wholesale Club, CBS, CHS Electronics, CMS Energy, CNF Transportation, CSX, CVS, DTE, EMC, FDX, FMC, FPL, GPU, GTE, IBP, IMC Global, ITT Industries, KN, LG&E Energy, LTV, Holding, TIAA-CREF, TJX, TRW, UAL, US Bancorp, U.S. Foodservice, USG, U.S. Industries, U.S. Office Products, USX* и *VF*. (Нужно отдать должное компании, имеющей смелость

Чтобы проверить это утверждение, мы провели опрос на тему известности «полных» и «сокращенных» компаний среди подписчиков журнала «*Business Week*». Его результаты свидетельствуют об огромной ценности полного имени.

Средняя осведомленность респондентов о компаниях, заменивших имена инициалами, составила 49%. Средняя осведомленность о соответствующей группе полных названий равнялась 68% (то есть на 19% больше).

Что побуждает крупные компании к корпоративным самоубийствам? Возможно, то, что высшие руководители настолько привыкают к использованию аббревиатур в своей внутренней документации, что начинают думать, будто все знают старую добрую *MBPXL*. А еще они неправильно понимают причины успеха таких компаний, как *IBM* и *GE*.

В отсутствие прямых дорог к успеху

Для того чтобы с успехом пользоваться своими инициалами, компания должна быть широко известной. Ни у кого не возникнет сомнений,

---

называть себя *TIAA-CREF*.) Трудно представить, как это слово приживется в повседневном обиходе.

А вот имеющие полные названия 44 компании из последнего списка «*Fortune 500*», располагающиеся сразу за «аббревиатурами». Не кажутся ли многие из них вам знакомыми?

Ace Hardware
Allied Signal
Alltel
American Express
American Standard
Avery Dennison
Baltimore Gas & Electric
Bankamerica
Barnes & Noble
Campbell Soup
Central & South West
Consolidated Natural Gas
Consolidated Stores
Dana
Federal Department Stores
Gannet
Gateway
Harcourt General
Inacom
Kellogg
Kroger
Lear
Lehman Brothers
Masco
Merrill Lynch
Navistar International
Northwest Utilities
Owens-Illinois
Paccar
Phelps Dodge
Phillips Petroleum
Republic Industries
Safeco
Safeway
Sempra Energy
Shaw Industries
Sherwin-Williams
Tenet Healthcare
3Com
Transamerica
Tricon Global Restaurants
United Parcel Service
W. W. Grainger
Williams

что при виде инициалов «*GE*» в нашей памяти мгновенно «всплывают» слова «*General Electric*».

Человек не способен правильно отреагировать на сокращение, если не знает, что за ним стоит. Американские Федеральное бюро расследований и Налоговое управление известны каждому, поэтому мы без труда узнаем аббревиатуры *FBI* и *IRS*.

Сложнее с аббревиатурой *HUD*. Почему? Потому что большинство людей не знакомы со скрывающимся за ним Министерством жилищного строительства и городского развития. Поэтому если *HUD* стремится к большей известности среди населения, ему необходимо сначала сделать известным название «Жилищное строительство и городское развитие». Использование же только сокращения «*HUD*» бесполезно.

Компания *General Aniline & Film* никогда не пользовалась особой известностью. Когда она сменила название на *GAF*, стало ясно — и не будет. Теперь, когда *GAF* стало полноправным названием компании, у покупателей не осталось возможности узнать, что же стоит за этими буквами.

Алфавитный «суп» прочно вошел в «меню» многих современных компаний. Они не думают о том, как будут позиционировать себя в сознании людей. Они становятся жертвами сегодняшней причуды.

И называется эта причуда, понятно, «инициализация». Посмотрите на *RCA*. Все знают, что *RCA* обозначает *Radio Corporation of America*. Поэтому компания может пользоваться аббревиатурой, так как в сознании людей она немедленно ассоциируется с ее полным названием.

Но что будет теперь, когда *RCA* юридически переименована в *RCA*? Ничего. По крайней мере следующие лет десять или около того. Слова уже закрепились в умах миллионов людей. И останутся там, что бы ни случилось.

А новое поколение покупателей? Что подумают они, когда увидят незнакомую аббревиатуру *RCA*?

Римско-католический архиепископ?

Когда вы видите буквы *GE*, вы сразу вспоминаете *General Electric*. Возьмите любую из известных вам аббревиатур (Дж. Ф. К., Ф. Д. Р., *IBM*): помните ли вы, что они обозначают? Как правило, если вы запоминаете инициалы, вы запоминаете и название целиком. Невозможно сначала прославить свои инициалы, а потом сделать известным само имя.

Название в позиционировании — все равно что имя в жизни человека. Определяется раз, а служит долго. Принятые сегодня решения о названии могут принести свои плоды лишь через много, очень много лет.

Сознание «любит ушами»

Основная причина столь частых ошибок при выборе названия кроется в том, что руководители компаний не в силах выбраться из огромных бумажных гор. Письма, докладные записки, отчеты. А привыкнув плавать в море под названием «Ксерокс», многие забывают, что сознание работает на слух. Чтобы произнести слово, мы сначала должны перевести буквы в звуки. Поэтому-то дети шевелят губами, когда читают.

Когда вы были ребенком, вы сначала учились говорить, а потом читать. Причем читали вы медленно и напряженно, громко произнося слова, как будто заставляя свое сознание сохранить в мозгу их звучание.

Научиться говорить гораздо проще, чем научиться читать. Мы сохраняем в памяти звуки, чтобы затем, с повышением ментальной гибкости, воспроизводить их в различных комбинациях.

По мере роста вы учитесь переводить напечатанные слова в необходимые сознанию аудиоформы так быстро, что сами перестаете замечать этот процесс.

Потом вы узнаете, что 80% информации поступает в сознание посредством визуального восприятия. Конечно. Но чтение является лишь одним из составляющих процесса обучения. Основная масса информации воспринимается через визуальные образы, не требующие чтения в традиционном понимании. К примеру, когда вы узнаете эмоциональное состояние другого человека, «читая» его жесты и мимику.

RCA

Компании *RCA*, увы, уже нет с нами. Ее поглотила *General Electric*. Даже если в краткосрочной перспективе за инициалами что-то есть (*RCA*), то в долгосрочном периоде они, как правило, ослабляют позиции компании. Мы предсказываем, что многие из упомянутых ранее «безымянных» компаний будут постепенно исчезать, в большинстве своем становясь объектами поглощения со стороны более сильных конкурентов. Нет никаких сомнений, что аббревиатуры ослабляют торговые марки и названия фирм.

Когда человек читает слова, он не понимает их значения до тех пор, пока в мозгу не включится визуально-вербальный переводчик, позволяющий «нарисовать» звуковую картину того, что вы видите.

Так музыкант учится читать ноты и слышать музыку, как будто кто-то рядом играет мелодию на настоящем инструменте.

Попробуйте запомнить стихотворение, не читая его вслух. Вы убедитесь насколько проще оно заучивается, если подкреплять стихи звуковым компонентом, любимым «языком» человеческого сознания.

Вот почему не только имена и названия, но и заголовки рекламных объявлений, слоганы и общие идеи должны проверяться на предмет их звуковых качеств. Даже если вы намереваетесь использовать их только в печатных материалах.

Как, по-вашему, Губерт и Элмер — это плохие имена? Если да, то вы, должно быть, перевели слова в их звуковые эквиваленты. Потому что на бумаге и Губерт и Элмер выглядят неплохо. Вот только звучат они как-то не так.

В некотором смысле досадно, что печатные медиа (газеты, журналы, наружная реклама) появились раньше радио. Радио является на-

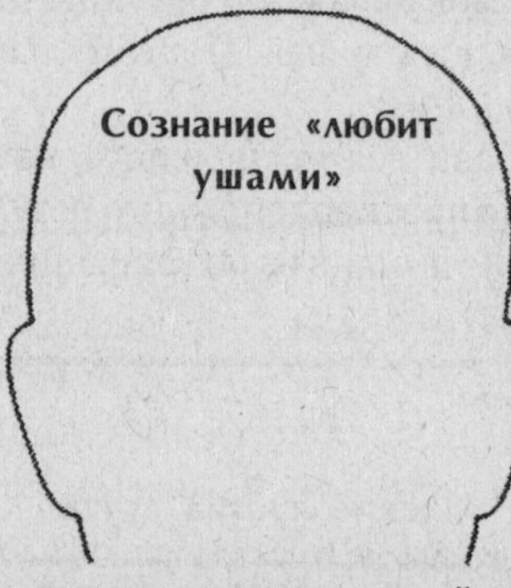

Концепция, в соответствии с которой «сознание «любит ушами», а не глазами», одна из наиболее полезных. Прежде чем человек запечатлеет в своем сознании «картинку», он описывает ее словами. Каждая из известных нам удачных программ позиционирования была вербально-ориентированной, но никак не визуальной. («Помните о малом», «*Avis* — компания № 2» и т. д.) Не то чтобы в них не использовались изображения и иллюстрации. Целью этих визуальных образов было донесение до сознания потребителей вербальных идей.

С другой стороны, многие рекламные агентства и сегодня «преклоняются» перед визуальными образами, испытывают настоящую страсть к созданию причудливых, но лишь отвлекающих внимание аудитории от сообщения «картинок».

стоящим первичным средством информации. А печать — абстракция более высокого уровня.

Если рекламное сообщение изначально составляется для радио, в печатном виде оно должно «звучать» лучше других. Хотя на практике мы обычно поступаем наоборот. Мы сначала создаем газетное объявление, а затем запускаем его содержание в эфир.

Когда название устаревает

Еще одна причина, по которой компании заменяют свои названия аббревиатурами, заключается в устаревании самого имени. *RCA* выпускает не только радиоприемники, но и множество других товаров.

А как быть компании *United Shoe Machinery*? Она превратилась в конгломерат. Более того, рынок оборудования для пошива обуви заполнила импортная продукция, полностью вытеснив американскую. Что делать? Они выбрали простейший путь. *United Shoe Machinery* переименована в *USM Corporation*. С тех пор о ней никто ничего не слышал.

Smith-Corona-Marchant — еще одна утратившая свою корпоративную индивидуальность фирма. Образовавшаяся в результате слияний, она никогда не делала ни корон, ни маршей. Поэтому название было решено сократить до *SCM Corporation*.

По идее, и *SCM*, и*USM* хотели избавиться от прошлого, изменить устаревший облик. Но добились прямо противоположного результата.

Человек не может запомнить *USM*, не выудив из подсознания *United Shoe Machinery*.

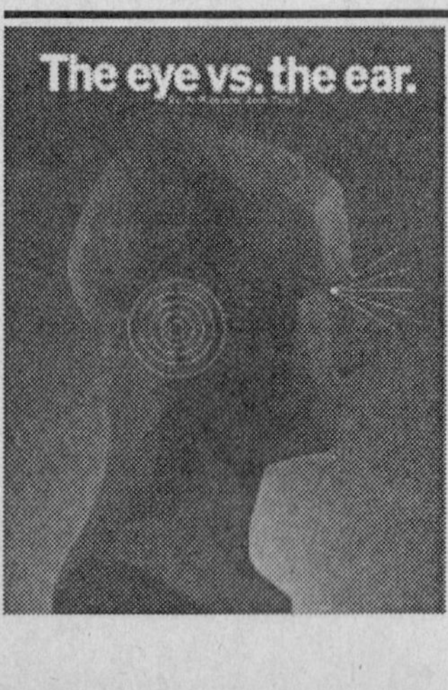

«Зрение против слуха»
Мы пошли дальше и оформили эти идеи в виде презентации для Управления по радиорекламе под названием «Зрение против слуха». Радио поистине является первичным средством информации, а «слухи и молва» — главным средством общения. Ирония судьбы состоит в том, что практически вся современная реклама направлена на визуальное восприятие. «Одна картина стоит тысячи слов» — вот девиз Мэдисон-авеню. (Вот почему у *Coca-Cola* есть ее белые медведи, у *Budweiser* — ящерицы, у *Energizer* — плюшевые кролики.)

У *RCA*, *USM* и *SCM* есть хотя бы эффект фонетической скорописи. Без нее все было бы сложнее. Много, много сложнее. Когда *Corn Products Company* изменила свое название на *CPC International*, аббревиатуру *CPC* никто не признавал. Фонетически она не короче, чем *Corn Products*. И там, и там по три слога, поэтому до переименования инициалами *CPC* практически не пользовались. Спросите любого бизнесмена, знает ли он компанию *CPC International*. Наверняка он ответит: «А, вы имеете в виду *Corn Products Company*?».

Мы питаем маниакальную страсть к инициалам. И первый вопрос, который себе задаем, это: «Что они обозначают?».

Человек видит буквы *AT&T* и говорит себе: «Знаю, это *Telephone & Telegraph*».

Но о чем он подумает, когда увидит аббревиатуру *TRW*? Вряд ли многие знакомы с *Thompson Ramo Wooldridge Corporation*. При всем при том *TRW* оценивается в $3 млрд, ее деятельность широко освещается в прессе, она проводит различные рекламные акции. Не расходовались бы ее маркетинговые средства эффективнее, если бы *TRW* продвигала себя под полным названием?

Некоторые компании используют сразу несколько аббревиатур подряд. Попытайтесь-ка запомнить: «*D-M-E Corporation*, дочерняя компания *VSI Corporation*».

Мы не хотим сказать, что фирмы не должны менять названия. Вовсе нет. Ничто не вечно. Времена меняются, продукты устаревают, появляются и исчезают рынки. Часто не обойтись без слияния с другими компаниями. Рано или поздно наступает время, когда смена названия неизбежна.

U. S. Rubber была всемирной корпорацией, продававшей всевозможные, не имеющие никакого отношения к резине товары. Сложное название *Eaton Yale & Towne* появилось в результате слияния несколь-

Годы идут, и название *AT&T* постепенно «ослабевает». С «телефоном» пока все в порядке, но вот слово «телеграф» уже вышло из употребления.

ких фирм и образования одной крупной компании. Название *Socony-Mobil* было производным от первого имени, первоначально звучавшего как *Standard Oil Company of New York*.

Маркетинговые основания для изменения всех этих названий были достаточно вескими. Традиционный подход «с-одной-ногой-в-прошлом» привел бы к появлению таких чудовищ, как *USR Corporation*, *EY&T Company* и *SM Inc*.

Но компании «отреклись от прошлого» и создали три новых корпоративных личности. *Uniroyal*, *Eaton* и *Mobil*. Маркетинговый потенциал этих названий говорит сам за себя. Эти компании сумели позиционировать себя в будущее.

Причинно-следственная неразбериха

Несмотря на все отрицательные моменты компании соблазняются на инициалы, так же как мотыльки не в силах устоять перед светом лампы. Успех *IBM* и ей подобных служит для них подтверждением эффективности аббревиатур — классический прием смешения причины и следствия.

International Business Machines стала такой богатой и знаменитой (причина) потому, что при упоминании ее инициалов все прекрасно знали, о какой компании идет речь (следствие).

Если попытаться зайти с другого конца, ничего хорошего не получится. Нельзя называть недавно появившуюся на свет компанию инициалами (причина) и ожидать, что она станет богатой и знаменитой.

Это все равно что пытаться стать богатым и знаменитым, приобретая лимузины и самолеты. Сначала необходимо преуспеть в своем деле, заработать деньги, на которые и приобретаются материальные прелести жизни.

В некотором смысле за популярностью инициалов скрывается само желание выглядеть известным, пусть даже ценой снижения коммуникативной эффективности. Несмотря на множество газетных статей и информацию в различных теле- и радиопрограммах, большинство американских женщин считают, что *ERA* — это жидкое средство для стирки. А не поправка о равных правах (*Equal Rights Amendment*).

Компания сначала добивается успеха, а затем приобретает реактивный самолет для своего руководства. Процесс нельзя обернуть вспять (купить самолет в надежде, что он принесет вам успех). Если ваше имя знаменито, можете пользоваться инициалами. Но не наоборот.

Смотрите, сколь разительно отличаются подходы к названию двух авиакомпаний.

Название *Pan A-mer-i-can Air-lines* (семь слогов) фонетически длинное. Поэтому его сократили до *Pan Am*, в котором два слога. Гораздо лучше, чем *PAA*, что очень сложно запомнить.

Trans World Air-lines (четыре слога) на самом деле фонетически короче, чем *T-Dou-ble-U-A*, которое они используют. Но разве название *TWA* не пользуется популярностью? Пользуется, благодаря годовому рекламному бюджету в $30 млн.

Хотя *TWA* тратит на рекламу больше, чем более крупные авиакомпании *American* и *United*, опросы свидетельствуют, что пассажиры отдают ей предпочтение вдвое реже, чем первым двум. Одна из причин — неэффективность инициалов *TWA*.

Как правильно должна называться *Trans World Airlines*?

«*Trans World*», конечно. Всего два слога, коротко и выразительно.

Акронимы и телефонные справочники

Некоторым компаниям повезло изначально. Намеренно или по воле случая их инициалы образуют акронимы. Например: *Fiat* (*Federation Internationale Automobiles Torino*), *Sabena* (*Société Anonyme Belge d'Exploitation de la Navigation Aérienne*).

Нередко организации подбирают себе названия, из которых составляются акронимы со смыслом. Вот два примера: *CARE* (*Committee for Aid and Rehabilitation in Europe)* и *est* (*Erhardt Sensitivity Training*).

Менее счастливым следовало бы думать головой. Когда *General Aniline & Film* переименовывали в *GAF*, ее менеджмент, по всей види-

С того времени, когда были написаны эти строки, положение *TWA* на рынке авиаперевозок заметно ухудшилось. (В 1999 г. компания понесла убытки в $353 млн, а объем реализации составил $3,3 млрд.) Цепочка ее неудач началась в 1988 г., последнем, который компания закончила с прибылью. В 1992 г. *TWA* объявила о начале процесса банкротства. Марка, основанная на инициалах, все равно что построенный на песке дом. «Минуточку, — обычно говорят наши критики. — Дело в людях, в сервисе, а не в имени». Почему-то с плохим сервисом мы чаще всего встречаемся на борту авиалайнеров компаний с плохим названием.

мости, не учел, что этот акроним звучит как *gaffe*, «промах». Так что со сменой названия промашка вышла вдвойне.

Еще одна вещь, о которой часто забывают при выборе названия, — это телефонный справочник. Если вы никогда не искали в телефонной книге собственное название, вы, возможно, не знаете, с какими трудностями приходится сталкиваться представителям других компаний.

Возьмем, к примеру, *USM Corporation*. В телефонном справочнике Манхэттена слова, начинающиеся с букв «*US*», занимают целых семь страниц. Так что вы будете искать *USM Corporation* где-то между *US Lithograph* и *US Nature Products Corp*.

Но ее, конечно, там нет. Эти «*US*» означают *United States*, как *United States Lithograph Inc*. В аббревиатуре *USM* первые две буквы не обозначают ничего. Поэтому, следуя правилам упорядочивания по алфавиту, телефонная компания ставит сокращения впереди всех названий.

Вообще говоря, от их общего вида создается тягостное впечатление. Взгляните на список, начинающийся на *R*: *RHA Productions*, *RH Cleaners*, *RH Cosmetics*, *RH Cosmetics Corp.*, *R&H Custom Upholstering*, *RH Garage* и т. д. Одних только позиций с «*RH*» 27 штук.

К счастью, многие компании начинают понимать опасность безымянности. Можно ожидать, что в будущем будет все меньше и меньше компаний с названием вроде *MBPXL*.

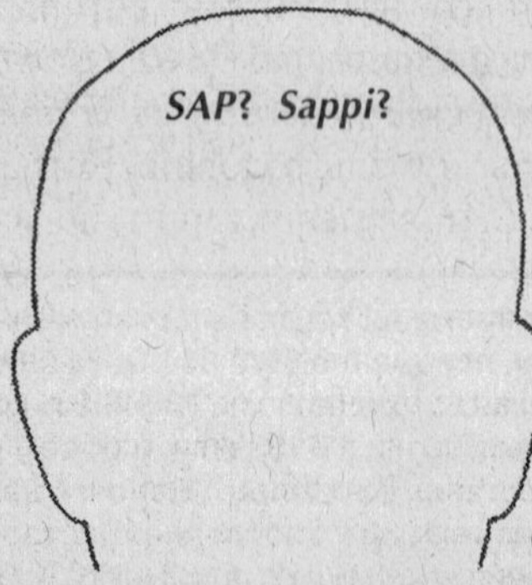

SAP — еще одна компания с неудачным акронимом. В настоящее время она, конечно, пользуется успехом благодаря своему программному обеспечению по планированию ресурсов предприятия. Однако из-за названия ее долгосрочные шансы вызывают опасение. Ее «сестра» по несчастью — компания *Baan* (из той же отрасли). Но это цветочки по сравнению с *Sappi*, названием крупнейшего в мире производителя мелованной бумаги (*sappy* — болван, дурацкий).

Мы ошибались. Как мы отметили ранее, алфавитный «суп» живет и здравствует.

ГЛАВА 11

Ловушка для безбилетников

Возьмем продукт под названием «*Alka-Seltzer Plus*». Попытаемся наглядно показать, как родилось это имя.

Вокруг стола собрались несколько менеджеров. Перед ними стоит трудная задача — придумать название новому, призванному конкурировать с «*Dristan*» и «*Contac*», средству от простуды.

«Придумал, — говорит Генри. — Давайте назовем его "*Alka-Seltzer Plus*". И тогда мы заставим работать на него и те $20 млн, которые мы ежегодно направляем на рекламу "*Alka-Seltzer*"».

«Молодец, Генри», — восклицают остальные, в восторге хлопая друг друга по плечам. И единогласно принимают еще одно, полностью соответствующее политики экономии издержек компании предложение (как это обычно происходит со всеми такого рода идеями).

Но смотрите! Вместо того чтобы зубами вгрызаться в «территории» «*Dristan*» и «*Contac*», новый препарат разрушает рынок самой «*Alka-Seltzer*».

Время от времени создатели «*Alka-Seltzer Plus*» меняют вид упаковки. Слова «*Alka-Seltzer*» становятся все меньше и меньше, а «*Plus*» — все больше и больше.

Препарат следовало бы назвать «*Bromo-Seltzer Plus*». Вот тогда бы конкурентам пришлось несладко.

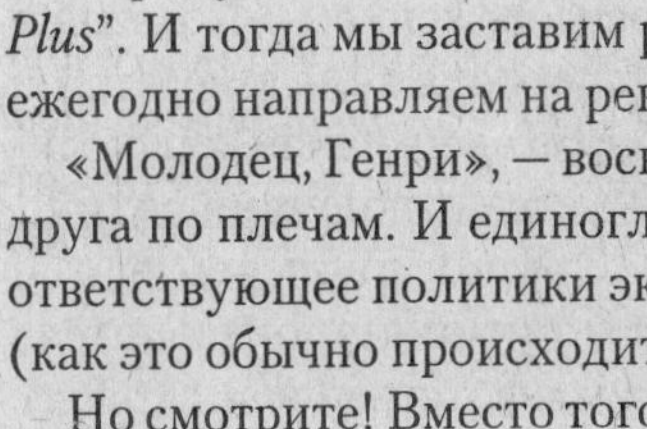

Запутать покупателей ничего не стоит. Первоначально «*Alka-Seltzer Plus*» посчитали улучшенной формой исходного продукта, «*Alka-Seltzer*», а не новым лекарством от простуды. Тогда компания увеличила размеры слова «*Plus*». Хотя следовало бы принципиально изменить название марки.

Конгломерация корпораций

В товарную эпоху жизнь была значительно проще. Каждая компания специализировалась на производстве строго определенных товаров. Что и отражалось в названиях организаций.

Standard Oil, Singer, U.S. Steel, New York Central, Metro-Goldwyn-Mayer.

По мере технологического прогресса появлялись новые возможности. Компании начали создавать подразделения, оперирующие в различных отраслях.

Появились конгломераты. Компании, не специализирующиеся ни на чем. Создавая новые фирмы или приобретая довольно известные компании, конгломерат готов начать работать в любом направлении, в котором имеется возможность «заработать».

Возьмем компанию *General Electric*. *GE* производит все что душе потребителя угодно, начиная от реактивных двигателей и оборудования для атомных электростанций и заканчивая пластиками.

RCA занимается спутниковой связью, выпуском полупроводников и других электронных компонентов и прокатом автомобилей.

Многие относятся к конгломератам с пренебрежением. «Компания должна заниматься своим делом». Однако благодаря конгломератам и их капиталу на рынках имеет место интенсивная энергичная конкуренция. Если бы не они, США превратились бы в страну полумонополий.

Возьмем дли примера офисные копиры. С *Xerox*, пионером в этой товарной категории, сегодня конкурируют компания-производитель компьютеров (*IBM*), компания, занимающаяся фотографией (*Kodak*), горнодобывающая компания (*3M*), компания, производящая франкировальные машины (*Pitney-Bowes*), и рассылочная компания (*Addressograph-Multigraph*).

XEROX

Развитие рынка копировальных аппаратов напоминает нам историю с мэйнфреймами. После того как *Xerox* утвердилась на высшей ступеньке товарной лестницы в сознании потребителей, оставшиеся места бросились занимать *IBM*, *Kodak*, *3M*, *Pitney-Bowes* и *Addressograph-Multigraph*. По той же причине, что и «гномы» в сфере мэйнфреймов, ни одна из них не добилась успеха. Их названия ассоциируются в сознании потенциальных покупателей с иными товарами. *IBM* — это большие ЭВМ, *Kodak* — фотография, *3M* — лента, *Pitney-Bowes* — франкировальные аппараты, а *Addressograph-Multigraph* — принтеры. Но зачем изобретать новое название, когда можно бесплатно «выехать» на уже существующем? И правда, зачем? Затем, чтобы создать в сознании новую позицию.

Даже когда конгломераты развиваются за счет поглощений (*RCA* приобрела *Hertz*, *ITT* купила *Avis*), они обеспечивают финансовую поддержку своих подразделений, что обеспечивает рост последних и конкуренцию.

В противном случае, когда основатели компании уходят на пенсию или умирают, налоговые изъятия уже не позволяют ей защищать завоеванные позиции.

Жизненный цикл типичной корпорации начинается с обладающего новой идеей предпринимателя. Если идея окажется успешной, то либо смерть лидера, либо налоги заставят компанию войти в один из конгломератов.

Две стратегии

Две различные стратегии развития компании (внутреннее развитие и внешние поглощения) определяют возможности и двух стратегий «образования названий». Выбор диктует самолюбие корпорации.

Когда компания самостоятельно разрабатывает некий новый товар, она обычно выпускает его под своим общим названием. Например, компьютеры «*General Electric*».

Если компания получает возможность выпуска нового товара в процессе поглощения некой фирмы, она, как правило, сохраняет его прежнее имя. Так, *RCA* сохранила имя *Hertz*; корпорация *ITT* оставила *Avis*.

Но не всегда.

Когда компания *Sperry-Rand* разработала собственную компьютерную линию, она назвала ее «*Univac*». Когда *Xerox* приобрела компьютерный бизнес, она сменила название с *Scientific Data Systems* на *Xerox Data Systems*.

Оставим в стороне корпоративное эго. Когда компании следует использовать собственное имя, а когда — создавать новое? (Полностью отказаться от корпоративного эго невозможно. Попробуйте сказать *General Electric*, чтобы она не ставила свою марку на новых продуктах, и вы почувствуете, что такое уязвленное самолюбие компании.)

Одна из причин трудностей с выбором названий — синдром Чарльза Линдберга.

Если вы проникаете в сознание первым — хоть горшком назовитесь.

Во всех остальных случаях ошибка с выбором имени чревата утратой «головы».

PricewaterhouseCoopers — наше любимое название с точки зрения корпоративного эго. Никто не потерял лицо.

Название *International Business Machines* плохо подходило для компьютеров, потому что в сознании покупателей *IBM* ассоциировалась с пишущими машинками.

Но неважно. *IBM* первой занялась компьютерами и поэтому не могла не заработать миллионы долларов (много, очень много миллионов).

Название *General Electric* тоже как-то не подходило для вычислительной техники. И кроме того, компания не была первой. Поэтому она растеряла свои миллионы.

«*Univac*» было хорошим именем компьютерной линии, хотя и название «*Sperry-Rand*» была хорошо известно. Поэтому компьютеры «*Univac*» продолжают приносить прибыль.

А *General Electric* давно уже оставила этот бизнес.

Разделяй и властвуй

Чтобы проиллюстрировать преимущества раздельных названий над общими, корпоративными, сравним стратегии корпораций *Procter & Gamble* и *Colgate-Palmolive*.

В товарных линиях *Colgate-Palmolive* тут и там мелькают корпоративные названия. Вот некоторые из них: зубная паста «*Colgate*», средства для бритья «*Colgate*», оральный антисептик «*Colgate 100*», зубные щетки «*Colgate*» и зубной порошок «*Colgate*». А также жидкое средство для стирки «*Palmolive*», кремы для и после бритья «*Palmolive*» и мыло «*Palmolive*».

В ряду продуктов *Procter & Gamble* вы не встретите ни одного корпоративного названия. (Утюг «*Proctor*» пользуется у потребителей большей известностью, чем *Procter*, который *Gamble*.)

Procter & Gamble тщательно позиционирует каждый свой товар, так что он занимает уникальную нишу в сознании покупателей. Например: «*Tide*» делает одежду «белой», «*Cheer*» делает ее «белее белого», а «*Bold*» делает ее «яркой».

При меньшем количестве торговых марок (51 крупная марка против 65 у *Colgate-Palmolive*) объем реализации *Procter & Gamble* в два

И сегодня «*Hertz*» и «*Avis*» остаются известнейшими торговыми марками, так как они символизируют конкретные позиции в сознании, в то время как названия владеющих ими конгломератов (*RCA* и *ITT*) довольно слабы. Если без разбору раздавать свое имя, его сила в долгосрочной перспективе обязательно обернется слабостью.

раза превышает объем продаж конкурента, а прибыль — в три раза выше.

На Мэдисон-авеню сегодня стало модно критиковать рекламу *Procter & Gamble*. В этой связи будет интересен тот факт, что эта компания год за годом зарабатывает больше, чем все 6000 рекламных агентств США вместе взятые.

Новому товару необходимо новое имя

Выпуск под давно известным именем действительно инновационного товара — грубая ошибка.

Причина очевидна. Известность имени приобретается потому, что оно что-то обозначает. Занимает позицию в сознании покупателей. Действительно известное название находится на верхней ступени четко определенной товарной лестницы.

Успех нового продукта предполагает создание новой товарной лестницы. Новая лестница — новое название. Просто, как дважды два.

Хотя желание дать новому товару известное имя просто огромно. «Известное название — гарантия принятия. Покупатели и потенциальные клиенты знают нас и нашу компанию, поэтому они скорее примут новый продукт, если мы дадим ему наше имя.» Логично, никуда не деться.

Но история развеяла эту иллюзию.

Поглощение прибыльной компьютерной компании с идеальным названием *Scientific Data Systems* обошлось *Xerox* в миллиард долларов.

GENERAL ELECTRIC

Почему, несмотря на то что компания нарушает все ваши законы, General Electric добилась таких успехов? Пожалуй, этот вопрос нам задают чаще всего. Успеху *GE* есть целый ряд причин. (1) *GE* — компания со 108-летней историей, которая стала известна потребителям еще в те времена, когда конкуренция практически отсутствовала. (2) *GE* — пятая по величине компания в Америке. Сила солому ломит. (3) *GE* занимается только теми направлениями бизнеса, в которых она может быть № 1 или № 2. (4) По большей части конкуренты *GE* — тоже конгломераты с теми же недостатками в позиционировании, что и у нее. (5) *GE* избегает продуктов будущего, областей, в которых она может уступить конкурентам. Программные продукты, компьютеры, телекоммуникации, сети, мобильные телефоны и т. д. Отметим также, что приобретенная *National Broadcasting Company* (*NBC*) сохранила свое название, а не была переименована в *GE Broadcasting Company* (*GBC*). Если вашей компании 108 лет, если она пятая по величине в США, а ваши подразделения являются № 1 или 2 в своих отраслях, когда ваша компания не готова встретиться с будущим, тогда конечно, пожалуйста, пользуйтесь стратегией *General Electric*.

И что она потом сделала? Ну конечно, изменяла ее имя на *Xerox Data Systems*.

Почему? Видимо, потому что название *Xerox* — лучше, пользуется большей известностью. Причем оно не просто известно; оно было эдакой маркетинговой загадкой. «Корпоративная Золушка» *Xerox* просто не могла сделать что-то не так.

Принцип детских качелей

Если мы попытаемся заглянуть в сознание покупателей, ошибка *Xerox* сразу становится понятной.

Здесь вступает в силу принцип детских качелей. Два принципиально разных товара не имеют возможности сохранить равновесие. Когда один из них идет вверх, второй неминуемо опускается.

Xerox ассоциируется с копирами, но никак не с компьютерами. (Представьте: вы просите секретаря сделать вам «ксерокс», а она приносит рулон магнитной ленты.)

Что было прекрасно известно и самой компании *Xerox*.

«Забавно. Это не похоже на копировальный аппарат», — гласил один заголовок одного из рекламных объявлений ее компьютеров.

«Этот "Ксерокс" не делает копий», — утверждалось в другом.

Понятно, что любой «Ксерокс», неспособный копировать изображение на бумаге, заведомо обречен на провал. Это все равно, что поплыть «зайцем» на «Титанике». Отказ от компьютерного бизнеса обошелся в *Xerox* еще в $84,4 млн.

Что такое *Heinz*? Когда-то это была марка маринованных огурчиков. Она прочно занимала эту позицию и имела самую большую долю рынка.

Затем под маркой «*Heinz*» компания выпустила кетчуп. Тоже очень успешно. В настоящее время «*Heinz*» — марка кетчупов № 1.

Но что случилось со второй частью качелей? Да, конечно, компания уступила лидерство в огурчиках другой марке, «*Vlasic*».

Для того чтобы добиться успех в компьютерной отрасли, марка «*Xerox*» должна была перестать ассоциироваться с копировальными аппаратами. Но имеет ли это смысл для компании, которая занимает

Что мы можем сказать? *Procter & Gamble* все же не удержалась на правильно выбранном курсе. Сегодня, попав в ловушку линейных расширений, она уделяет значительно меньше внимания созданию индивидуальных марок. (Недавно она попыталась расширить линию «*Oil of Olay*», предложив под этой маркой обычную косметику.) Как у *Procter & Gamble* идут дела в последнее время? Не очень.

на этой лестнице самую верхнюю ступень? Для компании, 90% дохода которой обеспечивают продажи копировальных аппаратов?

«*Xerox*» — больше чем просто имя. Это позиция. Как «*Kleenex*», «*Hertz*» и «*Cadillac*», «*Xerox*» представляет собой позицию с огромной долгосрочной стоимостью.

Плохо, когда кто-то отнимает у вас вашу позицию. Когда вы добровольно отдаете ее — это трагедия.

Анонимность — это плюс

Любовь многих фирм к «бесплатному проезду» во многом связана с тем, что они недооценивают значение анонимности.

Что в политике, что в маркетинге, что в жизни анонимность представляет собой ресурс, который при злоупотреблении паблисити быстро исчезает.

«Большого человека не выбьешь с места на пустом месте», — гласит старая политическая поговорка. Сегодня — легко.

Стремительный взлет «пустого места» по имени Джимми Картер над толпой «политических тяжеловесов» доказывает, что современная политика — совсем другая игра. Прежние максимы в ней уже не действуют.

Имя Ричарда Никсона может быть самым известным в мире. Но практически любое «пустое место» может одержать над ним победу. Поражение таких видных политических фигур, как Белла Абзуг и Клиффорд Кейс, также подтверждает, что просто быть известным уже недостаточно. Необходимо иметь позицию.

Позицию, которая к тому же не будет сама загонять вас в угол. Как возраст в случае с сенатором К. Кейсом и колкость мисс Б. Абзуг.

Паблисити — как прием пищи. Ничто так не расстраивает аппетит, как обильная пища. И ничто так не расстраивает пропагандистский потенциал продукта или персоны, как «тема номера» в крупном журнале.

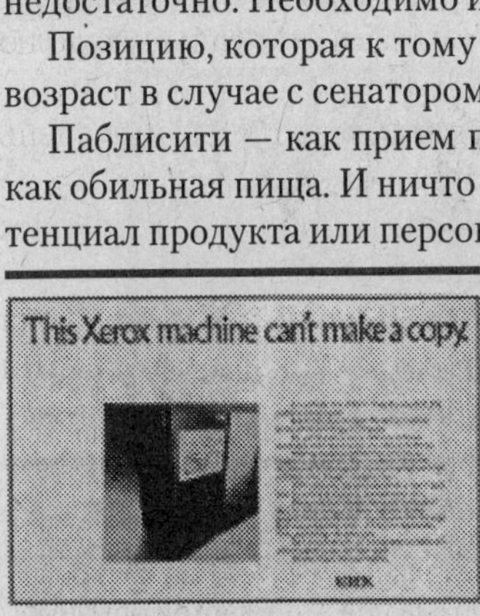

«Этот "Ксерокс" не делает копий»
Из этого рекламного объявления компьютеров «*Xerox*» очевидна проблема, но не решение. Пытаясь поставить на ноги компьютерное подразделение, *Xerox* теряла миллиарды долларов. Наконец она «подняла лапки вверх» и сконцентрировалась на позиционировании, базирующемся на идее «мы работаем с документами». Компания давно уже выпускает только то, что может сделать копию.

Масс-медиа постоянно ищут что-то новое, непохожее на других, свежее молодое лицо.

В общении с представителями масс-медиа следует сохранять анонимность до тех пор, пока вы не будете готовы раскрыться. А решившись, раскрывайтесь по-крупному. И помните, что паблисити и коммуникации — не самоцель. Пропаганда нужна для того, чтобы завоевать необходимые вам позиции в сознании людей.

Неизвестная фирма с никому не известным продуктом получит от рекламы гораздо больше, чем известная компания с давно выпускаемым товаром.

«В будущем люди будут становиться знаменитыми за 15 минут», — предсказание Энди Уорхола.

Когда наступят ваши 15 минут, постарайтесь выжать максимум из каждых 60 секунд.

Heinz является более крупной компанией с лучшей маркой, однако в категории маринованных огурчиков уступает по продажам *Vlasic*, а в категории детского питания ее опережает марка «*Gerber*». Крупная компания с высокой репутацией оказывается не в состоянии успешно конкурировать с небольшой, четко определившей свои позиции фирмой. Размер не имеет значения. Позиционирование — имеет.

Маккейн

Быстрый взлет «пустого места» Джона Маккейна — наглядная иллюстрация правильного использования анонимности. В то же время Стив Форбс был хорошо известен по своей предвыборной кампании 1996 г., поэтому через четыре года он получил гораздо меньше благоприятных отзывов в прессе. По нашему мнению, Дж. Маккейн проиграл потому, что не продумал свою позицию до конца. Джордж Буш был «жалостливым консерватором», а кем был Джон Маккейн, каких принципов он придерживался? На политическом поприще тоже невозможно быть всем для всех.

ГЛАВА 12. Капкан линейного расширения

Дописана последняя страница маркетинговой истории прошлого десятилетия, и теперь мы имеем право сказать, что основной тенденцией 1970-х гг. было линейное расширение. Когда под названием уже существующего продукта выпускается новый, никому не известный товар. (Ловушка для безбилетников, доведенная до логического завершения.)

Мыло «*Dial*». Дезодорант «*Dial*».

Конфеты «*Life Savers*». Жевательная резинка «*Life Savers*».

Туалетная бумага «*Kleenex*». Полотенца «*Kleenex*».

Линейное расширение пронеслось через рекламное и маркетинговое сообщество, как генерал У. Шерман по Джорджии. И тому были довольно веские основания.

Логика на стороне линейного расширения. Все экономические факторы. Принятие торговцами. Принятие потребителями. Меньшие рекламные расходы. Высокие доходы. Корпоративный имидж.

Одним из самых «неотесанных» линейных расширений последних лет является «прозрачное пиво» «*Miller*».

Обычное мышление

Итак, банальная логика на стороне линейных расширений. Истина, к сожалению, нет.

В чем состоит ошибка приверженцев линейного расширения? Оно служит конечным результатом четкого, расчетливого мышления шиворот-навыворот. Например:

«Мы сделали мыло "*Dial*", великолепный продукт, завоевавший наибольшую долю рынка среди всех сортов твердого мыла. Когда наши покупатели увидят дезодорант "*Dial*", они будут знать, что его выпустила компания, которая производит отличное мыло».

«Более того, — и это решающий аргумент, — мыло "*Dial*" тоже устраняет неприятные запахи. Наши покупатели ждут, что мы выпустим высококачественный дезодорант против пота». Короче, покупатели мыла «*Dial*» будут приобретать и одноименные дезодоранты.

Обратите внимания, как изменяется логика, когда линейное расширение производится в той же категории.

Компания *Bayer* первой начала выпуск «*Aspirin*» и долгие годы продавала эту самую известную в категории обезболивающих препаратов марку. Однако менеджеры *Bayer* не могли не отметить прогресс, с которым продвигается «антиаспирин» «*Tylenol*».

Поэтому компания выпустила продукт на основе ацетаминофена, названный как «болеутоляющее на иной, чем аспирин, основе». Предполагалось, что покупатели «*Tylenol*» и других основанных на ацетаминофене препаратов вновь обратятся к продукции *Bayer*, одна из марок которой — лидер в ряду средств от головной боли.

Ни одна из описанных нами стратегий не принесла желаемых результатов.

«*Dial*» занимает большую долю на рынке мыла и незначительную — на рынке дезодорантов.

«*Bayer* не-аспирин» принадлежит крошечная доля рынка ацетаминофеновых препаратов. Без микроскопа и не разглядишь.

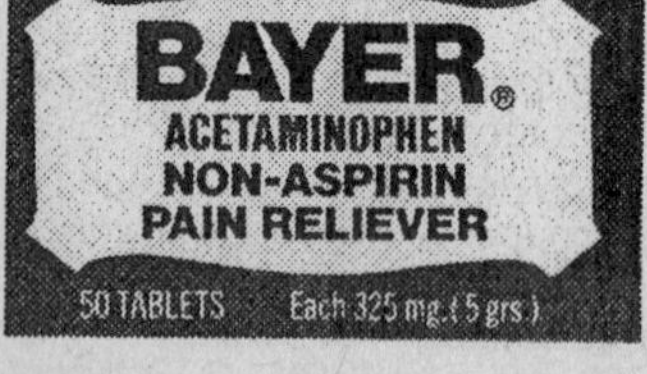

Взрослые мужчины (нам трудно представить, что такую ошибку могут совершить женщины) сидят за столом в совещательной комнате и решают назвать свой ацетаминофеновый продукт «*Bayer* не-аспирин». Сможет ли эта марка отнять рынок у «*Tylenol*»? Маловероятно.

«Изнаночное» мышление

Рассмотрим линейное расширение с точки зрения потенциального покупателя; пойдем, так сказать, от обратного.

Как «*Dial*», так и «*Bayer*» занимают сильные позиции в сознании покупателей.

Но что значит занимать позицию в сознании? Вот что: марка становится суррогатом, или заменой, для типового названия продукта из определенной товарной категории.

«Дайте мне "*Coke*"».

«У вас есть "*Bayer*"?»

«Подайте мне "*Dial*"».

Чем сильнее позиция, тем чаще происходит такая замена. Некоторые марки сильны настолько, что практически стали типовыми названиями. «*Fiberglas*», «*Formica*», «*Jello*», «*Kleenex*», «*Band-Aid*», «*Sanka*». «Типовые» марочные названия, конечно, вплотную подходят к опасной грани, поэтому обращаться с ними нужно очень осторожно, а не то «придет серенький волчок и ухватит за бочок».

С точки зрения коммуникаций типовое марочное название очень эффективно. Одно слова заменяет собой два. Когда у вас есть такое название, вы можете забыть о марке и продвигать товарную категорию.

«Кофе не дает вам заснуть? Попробуйте марку "*Sanka*"». (Здесь явно не обошлось без рук юристов. В отсутствие слова «марка» идея звучала бы гораздо лучше.)

«Покупайте не торты или пироги, а низкокалорийное "*Jello*"».

С точки зрения потенциального покупателя линейное расширение противоречит позиции типовой марки, так как «размывает» ее четко очерченные границы ментальной позиции. Если покупателю нужен аспирин, он уже не может сказать: «У вас есть "*Bayer*"?». Равно как и попросить «*Dial*».

В некотором смысле линейное расширение сообщает покупателю тот факт, что «*Bayer*» — это не более чем торговая марка. Оно разруша-

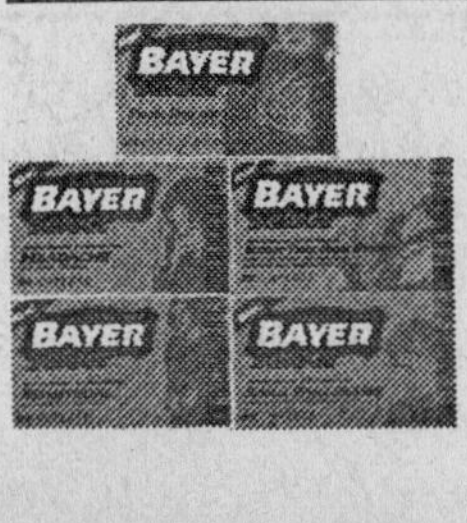

Bayer не сдается. После провала «не-аспирина» компания выпустила линию препаратов под названием «*Bayer Select*». Пять разных болеутоляющих, причем ни один из препаратов не содержит аспирина, и все под маркой «*Bayer*». На раскрутку линии было потрачено $110 млн. Объем же продаж за тот же период — $25 млн.

ет иллюзию, что «*Bayer*» является наилучшим видом аспирина. Или что «*Dial*» является мылом, а не просто одной из многих марок мыла.

J. C. Penney против «*DieHard*»

В сознание продвигается не товар, а его «имя», которым покупатель пользуется как «крючком», на котором он подвешивает свойства продукта.

Таким образом, если автомобильный аккумулятор называется «*DieHard*» и компания *Sears* утверждает, что он прослужит не менее 48 месяцев, у вас появляется крючок («*DieHard*»), на который можно нацепить идею долговечности продукта.

Однако если аккумулятор называется «*JCPenney*» и одноименная компания розничной торговли заявляет, что в него не нужно доливать воду, крючок («*JCPenney*») оказывается слишком слабым, чтобы выдержать груз этого свойства. (Не говоря уже о путанице между названием продукта и названием сети универмагов.)

В физическом смысле имя марки напоминает острие ножа. Именно оно открывает сознание для сообщения. Имеющий правильное название товар заполняет лакуну и навсегда остается в сознании человека.

Почему же компания *JCPenney* назвала аккумулятор своим именем? Были же и не менее яркие слова (как «*DieHard*», например).

С позиций «обычного» мышления этот поступок легко объясним. «Мы – компания *JCPenney*. Мы пользуемся уважением среди всех категорий покупателей, включая покупателей аккумуляторов. Мы дадим продукту наше название, чтобы все тотчас поняли, кто его производит и что он имеет исключительно высокое качество».

Потом идет решающий довод. «Покупатели точно знают, где они всегда смогут приобрести аккумуляторы "*JCPenney*"».

«Молодец, Джей Си». Принято еще одно обычное логичное решение.

Противников, как известно, бьют их же оружием. Такое название не имеет никакого смысла, поскольку сознание покупателя организовано по-другому. Потребитель мыслит товарными категориями.

Стоит ли удивляться, что по степени предпочтения марок (лестница «аккумуляторы») «*DieHard*» занимает высшую ступень, а «*JCPenney*» находится где-то внизу.

Но разве объем продаж аккумуляторов такой крупной сети универмагов, как *JCPenney* мал? Нет, но, как известно, многие товары с плохими названиями продаются не «потому что», а «вопреки».

С другой стороны, неужели покупателю трудно запомнить, что аккумуляторы «*DieHard*» можно приобрести только в магазинах *Sears*? Да, для *Sears* это проблема, поскольку далеко не все желающие купить «*DieHard*» смогут провести параллель с названием торговой сети. Но лучше сначала создать себе позицию в сознании, а потом уже думать, как связать ее с магазинами.

В позиционировании нет необходимости в кратчайшем расстоянии между двумя точками. Очевидное название далеко не всегда лучшее.

Обычное мышление — самый высокий барьер на пути к успеху. «Изнаночное» мышление — самая высокая «лестница» для их преодоления.

Два взгляда на название

Одни и те же вещи потребитель и производитель видят совершенно по-разному.

Поверите ли вы, что для ребят из Атланты «*Coca-Cola*» — это не прохладительный напиток? Для производителя *Coca-Cola* является компанией, торговой маркой, учреждением, отличным местом работы.

Для потребителя же «*Coca-Cola*» — сладкий, темный, газированный напиток. В его бокале налита «*Coke*». А не напиток-кола производства компании *Coca-Cola*.

Таблетки в бутылочке аспирина — это «*Bayer*». А вовсе не аспирин производства компании под названием *Bayer*. (Компания вообще называется *Sterling Drug*. Поэтому «*Bayer* не-аспирин» можно было с таким же успехом назвать «*Sterling* не-аспирин».)

Величайшая сила марок с превратившимися в типовые именами состоит в том, что они тесно связаны с самими продуктами. По мнению покупателя, «*Bayer*» — это аспирин, и любой другой аспирин становится «имитацией “*Bayer*”».

В знаменитом слогане *Coca-Cola* «Первоклассная вещь» используется склонность покупателей ставить первый продукт на верхнюю ступень «пьедестала», рассматривая аналоги как нечто второстепенное по отношению к оригиналу.

В тот момент, когда *Sears* представила «*DieHard*», она была крупнейшей в мире сетью универмагов. «*DieHard*» была просто обязана стать самой продаваемой маркой автомобильных аккумуляторов. Мы уверены, что многие тогда говорили: «Почему бы не назвать их “аккумуляторами *Sears*”?»

Если в магазине нет «*Coke*», «*Kleenex*» или «*Bayer*» или если другие марки достаточно дешевы, покупатель, возможно, приобретет что-то другое. Но позиции «*Bayer*» в его сознании по-прежнему непоколебимы.

А что происходит в сознании того же потребителя, когда ему предлагают приобрести «*Bayer* не-аспирин». Если «*Bayer*» — это аспирин, то как он одновременно может быть не-аспирином?

«Аспирин замедленного действия», «Аспирин против закупорки сосудов», «Не-аспириновое болеутоляющее». Каждое расширение марки «*Bayer*» подрывает ее позиции в аспирине.

Как вы можете догадаться, доля «*Bayer*» на рынке болеутоляющих лекарств стабильно снижается.

Что такое «*Protein 21*»?

Пожалуй, к классике ловушек линейного расширения можно отнести и случай с шампунем «*Protein 21*».

В 1970 г. компания *Mennen* представила комбинацию шампуня и кондиционера под названием «*Protein 21*». Новый продукт быстро захватил 13% рынка шампуней.

А затем *Mennen* попалась на удочку линейного расширения. Друг за другом на рынке появились спреи для волос «*Protein 21*» (нормальной и сильной фиксации, ароматизированный и неароматизированный), кондиционеры «*Protein 21*» (двух видов) и концентрат «*Protein 21*». А чтобы вы точно забыли, с чем из них мыть голову, *Mennen* выпустила «*Protein 29*». Для мужчин.

Неудивительно, что доля рынка «*Protein 21*» сократилась с 13 до 2%. И спад будет продолжаться и дальше.

Невероятно, но линейные расширения продолжают проноситься через ряды потребительских товаров.

Специалисты по маркетингу слишком много знают. Они знают, что название на банке является торговой маркой (а иногда еще и названием производителя) находящегося внутри напитка. Это кола, произведенная компанией *Coca-Cola*. Так почему они не могут выпустить другой лимонный напиток производства *Coca-Cola* вместо «*Sprite*»? Могут, но покупатели этого не поймут. Для них «*Coca-Cola*» — напиток в банке. Марочное название на лицевой стороне лишь говорит о том, как она называется. Первоклассная вещь. Пытаясь играть с этим восприятием, вы действуете на свой страх и риск.

Что такое *Scott*?

Рассмотрим позиции компании *Scott* в производстве бумажной продукции. Ей принадлежит львиная доля миллиардного рынка полотенец, салфеток, туалетной бумаги и прочих изделий из бумаги. Однако там, где *Scott* считала себя сильной, она оказалась наиболее слабой.

«*ScotTowels*», «*ScotTissue*», «*Scotties*», «*Scotkins*», даже детские пеленки «*BabyScott*». Каждое из этих названий внесло свою лепту в расшатывание фундамента марки. Чем больше продуктов «вешалось» на единственный «крючок», тем меньше значила марка для среднего потребителя.

Возьмем, к примеру, «*ScotTissue*». На рынке туалетной бумаги это была марка № 1. Впоследствии ее позиции были атакованы *Procter & Gamble*. Сегодня «*ScotTissue*» находится на втором месте после «*Charmin*». А остальную гамму продуктов *Scott* вряд ли минует чаша сия.

В случае со *Scott* завоевание крупной доли рынка не означала овладение позициями в сознании потребителей (что более важно). Отправляясь за покупками, домохозяйка записывает: «*Charmin*», «*Kleenex*», «*Bounty*» и «*Pampers*», точно зная, что ей нужно купить. Если же она напишет «*Scott*», объект покупки останется загадкой.

Названия марок тоже не помогают. Какая из них, например, предназначена для борьбы с насморком: «*Scotties*» или «*ScotTissue*»?

С точки зрения позиционирования название *Scott* находится в трудном положении. Оно не закреплено ни за одной товарной лестницей.

Компания начала осознавать свою ошибку. Ее бумажные полотенца «*Viva*» пользуются большим успехом. Равно как и туалетная бумага «*Cottonelle*».

Самый простой способ «убить» марку — выпустить ее линейное расширение. Шампунь «*Protein 21*» мог быть крупной маркой, если бы *Mennen* не назвала этим именем спреи и кондиционеры.

Что такое «*Life Savers*»?

Жевательная резинка «*Life Savers*» представляет собой еще один образец линейного расширения в никуда. Потерялась между зубов, так сказать.

Логика, опять же, на ее стороне. В опубликованной в газете «*The New York Times*» статье исполнительный вице-президент компании так объяснял ее стратегию:

> «Я убежден, что одним из способов преодоления отставания может быть перевод существующей сильной марки в новую категорию продуктов, требующих аналогичных свойств».

Далее он раскрывает свойства конфет «*Life Savers*»: «Анализ наших коммуникаций с потребителями дает право утверждать, что за маркой "*Life Savers*" стоит не просто конфета с дырочкой. Она означает также превосходный вкус, выгодную цену и качество, которому можно доверять».

Не совсем так. Сколько людей ответили «*Life Savers*», если бы их спросили: «Какая марка означает превосходный вкус, выгодную цену и качество, которому можно доверять?» Нисколько.

А если бы их спросили: «Как называется конфета с дырочкой?»

Большинство ответило бы: «*Life Savers*».

Чем закончилось линейное расширение? Жевательная резинка «*Life Savers*» никогда не занимала больше нескольких процентов рынка. А в 1978 г. ее производство было тихо-тихо свернуто.

Как говорилось в телерекламе: «Это отличный продукт, но где в нем дыра?».

Дыра, конечно, была, но не в товаре, а в маркетинговой стратегии.

По иронии судьбы, компания *Life Savers, Inc.* добилась-таки успеха в сфере производства жевательной резинки.

Charmin	30%
Northern	14%
Scott	12%
AngelSoft	11%
Cottonelle	10%

Вот как сейчас разделен рынок туалетной бумаги. Когда-то лидировавшая *Scott* ныне отбивает атаки на свое третье место. Проблема сложнее, чем покажется многим. Когда вы теряете лидерство, от вас уходит нечто большее, чем объем продаж. Вы утрачиваете власть над дистрибьюторами, маржу прибыли, вы получаете удар по репутации. Лидерство — самая сильная маркетинговая позиция.

Правда, это была другая резинка.

Мы имеем в виду «*Bubble Yum*». Первая марка мягкой жевательной резинки. (Преимущество первенства плюс нормальное, а не линейное, название.)

«*Bubble Yum*» сразу стала популярной. Продажи этой резинки уже превышают продажи конфет «*Life Savers*». «*Bubble Yum*» является не только ведущей маркой в своей категории, но и, вероятно, станет самой продаваемой среди всех типов жевательной резинки.

Что такое «*Eveready*»?

Появление новых технологий означает, что многие пребывавшие в, казалось бы, спокойных водах компании попадают в полосы штормов.

Когда батарейки использовались преимущественно в фонариках, на рынке доминировала марка «*Eveready*». Потом появились транзисторы, а вместе с ними множество всевозможных товаров, включая магнитофоны и относительно мощные радиоприемники. И, конечно, более мощные щелочные («алкалайновые») батарейки.

Компания *P. R. Mallory* воспользовалась этой возможностью и выпустила щелочные батарейки «*Duracell*» в отличительном черном с золотым корпусе.

«Новый продукт невозможно выпустить без затрат»

Мы были настолько убежденны в ложности концепции линейного расширения, что посвятили этой теме рекламную полосу в номере «*The New York Times*» от 7 марта 1984 г. «Что приводит к спаду продаж пива "*Miller High Life*"?», — спрашивалось в рекламе. – Успех "*Miller Lite*"». История повторяется. Пиво «*Coors Lite*» практически каннибализировало обычный сорт «*Coors*». А сегодня популярность «*Bud Light*» привела к существенному сокращению продаж простого «*Budweiser*». Выпуск нового успешного продукта так или иначе приводит к незапланированным потерям.

Ребята из *Union Carbide* посмеялись над идеей смены названия. «У нас и так лучшая марка батареек».

Ошибка. Сегодня «*Duracell*» продается лучше, чем щелочные батареи «*Eveready*». В *Union Carbide*, очевидно, посчитали, что им следует скопировать цветовую схему «*Duracell*». И вывести на первый план слова «щелочные батареи».

На упаковке «*Duracell*» просто написано: «*Duracell*», жирным шрифтом. В словах «щелочные батареи» нет необходимости, поскольку это и означает «*Duracell*».

Вот вам и вся суть позиционирования. Нужно сделать так, чтобы ваша марка означала типовой товар. Чтобы покупатель мог свободно заменять одно название на другое.

Хотя интуитивно линейное расширение кажется настолько правильным, что единственный способ не поддаться искушению — изучение ошибок, в коих нет недостатка.

Найти их несложно. Это целая сага об упущенных возможностях.

Бомба замедленного действия длиной 100 мм

Как называлась первая сверхдлинная, 100-миллиметровая сигарета?

«*Benson & Hedges*», не так ли? Это самая известная и самая продаваемая марка сигарет длиной 100 мм.

Реклама «Недостатки “*Benson & Hedges*”», которой сопровождалось появление новой марки на рынке, навсегда запечатлела ее в сознании курильщиков. *Benson & Hedges* прославилась как первая, как оригинальная, как изобретательница 100-миллиметровых сигарет.

Вскоре после того, как была издана эта книга, мы позвонили директору по рекламе *Union Carbide* и высказали мнение о том, что им следовало бы разработать щелочные батарейки с новым названием. «Мы никогда не выпустим на рынок батарейки без названия “*Eveready*”», — был ответ. Появился «*Energizer*». (Им пришлось-таки создать новую марку, ведь «*Duracell*» просто убивала их.) Сегодня «*Duracell*» продается лучше «*Eveready*» и «*Energizer*» вместе взятых, хотя публика очарована зайчиком с барабаном. (Один из участников телеигры «Кто хочет стать миллионером» проиграл $100 тыс., заявив, что заяц принадлежит «*Duracell*»).

Коей она, конечно, не была. Первыми 100-миллиметровыми сигаретами были «*Pall Mall Gold*», но *Pall Mall*, как мы видим, выбрала метод линейного расширения.

Потом на рынок вышла *Benson & Hedges* и отвоевала «ступеньку» длинных сигарет.

Вы, наверное, думаете, что упущенная возможность в лице «*Pall Mall Gold*» раз и навсегда отвратила компанию-поставщика от линейных расширений?

Как бы не так. Как мы уже говорили, на стороне линейного расширения стоит железная логика.

Поэтому сегодня мы имеем «*Pall Mall Menthol*», «*Pall Mall Extra Mild*» и «*Pall Mall Light 100*». Путаница между ними привела к тому, что общие объемы продаж марки «*Pall Mall*» сокращаются.

Возьмем, для примера, «*Pall Mall Menthol*». С точки зрения производителя логика, опять же, железная. «Сигареты с ментолом, такие как “*Kool*” и “*Salem*”, занимают все бóльшие и бóльшие доли рынка... Если бы у нас была ментоловая марка, мы смогли бы принять участие в дележе “пирога”».

Появляется «*Pall Mall Menthol*». Рекорд марки — 7% от объема продаж «*Kool*».

В 1964 г. «*Pall Mall*» была ведущей маркой сигарет в США.

В 1965 г. *Pall Mall* предприняла первое линейное расширение. А также опустилась на второе место по продажам. Доля компании на американском рынке сигарет уменьшилась.

С 14,4% в 1964 г. до 7% в 1980 г.

«Недостатки рекламы “Benson & Hedges” 100 мм»

Для того чтобы сорвать большой куш, не обязательно быть первым на рынке. Главное первым занять место в сознании потребителей. Ошибка *Pall Mall* позволила «*Benson & Hedges*» закрепиться в сознании как первой марки 100-миллиметровых сигарет.

Логика работает в обе стороны. Поскольку на долю обычных марок приходится основная масса покупок, не следует ли выпустить сигареты «*Kool*» без ментола?

Конечно нет. «*Kool*» были первыми сигаретами с ментолом. «*Kool*» означает ментол. Как «*Bayer*» — аспирин.

Что очень хорошо для «*Kool*», поскольку большинство существующих марок в той или иной степени подражают оригиналам.

В хорошем табачном магазине сегодня представлено свыше 100 различных марок (включая линейные расширения). Всего же в отрасли производится около 175 марок сигарет. (Должно быть, дым действует на головы курящих специалистов по маркетингу еще сильнее, чем на легкие.)

Естественно, у двух лидирующих марок, «*Marlboro*» и «*Winston*», давно появились линейные расширения: легкие, 100-миллиметровые и ментоловые. Согласно теории, можно ожидать, что их ждет та же участь, что и «*Pall Mall*»? Возможно. Но в стране слепых одноглазый — король.

Об успехе «*Marlboro*», самой популярной марки сигарет в мире, следует сказать особо. Практически все марки сигарет предпринимали попытки понравиться женщинам. (Поскольку большинство курильщиков — мужчины, это является возможностью для расширения рынка.) *Philip Morris* пошла другим путем. Она сконцентрировала все внимание на мужчинах, построив рекламу вокруг ковбоя, самого мужественного из всех мужчин. Что такое «*Camel*»? Кто знает? Что такое «*Winston*»? Аналогично. А что такое «*Marlboro*»? Сигареты для мужчин, которые являются самыми популярными и среди женщин.

«Marlboro Lights»

Разве марка «*Marlboro*» не страдает линейным расширением? Страдает, но этот вопрос здесь неуместен. Добилась бы компания *Philip Morris* лучших результатов, если бы ресурсы, вложенные в такие расширения, как «*Marlboro Menthol*», «*Marlboro Medium*» и «*Marlboro Mild*» были направлены на создание новых марок? Мы считаем, что да, но, будучи противниками курения, надеемся, что нашим советом не воспользуются. Кстати, как вы думаете, много ли ковбоев выбирают сигареты с ментолом?

Какие марки могут оспорить лидерство? Расширения почти всех крупных марок сигарет привели к летальным исходам.

Пожалуй, на сигаретных пачках необходимо еще одно предупреждение, на сей раз для производителей: «Главный специалист по маркетингу предупреждает: линейные расширения смертельно опасны для ваших доходов».

Маленький переворот в стране кукурузного масла

Следующая возможность была упущена в категории маргаринов.

Ведущей и самой продаваемой маркой маргарина на кукурузном масле является «*Fleischmann's*».

Однако первой маркой основанного на кукурузном масле маргарина была «*Mazola*». Классический пример того, как логика может ввести в заблуждение.

«*Mazola*» — название популярного жидкого кукурузного масла. Возможно ли более логичное название для маргарина? Кукурузное масло «*Mazola*». Кукурузный маргарин «*Mazola*». Что было дальше, вы знаете.

Сегодня маркой № 1 является «*Fleischmann's*».

Довольно странно, но с технической точки зрения его название можно считать результатом линейного расширения. Помните, были дрожжи «*Fleischmann*»? К счастью для производителя, об этом вспоминают лишь немногие, поскольку сегодня мало кто занимается выпечкой.

Существуют также джин, водка и виски «*Fleischmann's*» производства все той же компании. Фактор путаницы в данном случае сведен к минимуму за счет отдаленности алкогольной и маргариновой лестниц в сознании потребителей. (Кто поверит, что корм для собак «Кадиллак» выпускает *General Motors*?)

Битва за кофейные чашки

Ведущей маркой и лидером продаж сублимированного кофе сегодня является «*Taster's Choice*». Но как называлась первая марка такого кофе? «*Maxim*». Так почему она уступила первенство?

На рынке кофе доминировали компания *General Foods* и ее марка «*Maxwell House*». Им принадлежала наибольшая рыночная доля, «заработки» компании не шли ни в какое сравнение с доходами конкурентов. Исследователи *General Foods* предложили новый процесс изготовления «обезвоженного» растворимого кофе.

На первый взгляд компания получила возможность еще больше увеличить долю рынка.

Возможность ли?

Первый ход *General Foods* оказался на руку конкурентам. Появление новой марки «*Maxim*», отделившейся от «*Maxwell House*», означало, что компания сразу стала уязвимой. («*Maxim*», «*Maxwell*» — чувствуете разницу? Большинство потребителей —нет.) «*Maxim*» — слово без смысла, оно не несет в себе информацию в выгодах продукта.

Контратака *Nestlé* называлась «*Taster's Choice*». Стратегически безупречным оказался не только выбор названия, но и момент появления марки на рынке. *Nestlé* появилась на новом рынке максимально быстро, пока конкурентная марка «*Maxim*» не успела закрепиться в сознании потребителей растворимого кофе.

Новая марка «*Taster's Choice*» позволила *Nestlé* одновременно атаковать позиции молотого кофе. «Вкус, как у свежемолотого кофе», — утверждалось в рекламе. Результат? Что ж, результат вам известен.

«*Taster's Choice*» победил в битве за кофейные чашки и лидирует с большим отрывом. Несмотря на то, что *General Foods* изобрела новую категорию и первой предложила сублимированный кофе, по объему продаж «*Taster's Choice*» опережает «*Maxim*» более чем вдвое.

«Дело о пальцах»

Следующая упущенная возможность известна в кругах производителей лосьонов для рук как «дело о пальцах». Оно начинается с «*Jergens*», марки № 1, имевшей наибольшую долю рынка.

Сначала компания представила рынку, на котором доминировали жидкие лосьоны, кремоподобный продукт «*Jergens Extra Dry*» (настоя-

---

Необходимо дополнить наш рассказ историей о том, как *Unilever* выбирала название для призванного составить конкуренцию «*Maxim*» растворимого кофе. Швейцарское руководство компании отстаивало название «*Nescafe Gold*» (расширение линии самого популярного в мире растворимого кофе «*Nescafe*»). Американский же менеджмент настаивал на названии «*Taster's Choice*», и в конце концов именно он победил как во внутренней, так и во внешней битве. Лучшее название и лучшая стратегия иногда позволяют нивелировать недостатки позднего входа на рынок.

щая инновация, на «судьбе» которой негативно отразилось сходство названий). Покупатели не поняли разницы.

В отличие от конкурентов, однако.

Компания *Chesebrough-Pond's* представила рынку «*Intensive Care*». Впервые новый крем-лосьон получил название, однозначно позиционировавшее продукт в сознании покупателей. И товар стал набирать популярность.

Конечно, когда в *Jergens* осознали опасность происходящего, компания нанесла ответный удар под названием «*Direct Aid*».

Старая история: слишком мало, слишком поздно. К моменту появления новой марки ее конкурент «*Intensive Care*» одержал маркетинговую победу. Сегодня это марка № 1, по объему продаж она опережает «*Jergens*», «*Jergens Extra Dry*» и «*Direct Aid*» вместе взятые.

Но разве ее полное название не звучит как «*Vaseline Intensive Care*»?

Все так, но покупатели называют продукт «*Intensive Care*», а не «*Vaseline*». «*Vaseline*» — это вазелин; «*Intensive Care*» — лосьон для рук.

Война низкокалорийных напитков

Редко когда удается наблюдать прямое противоборство двух товаров, создатели которых придерживаются диаметрально противоположных стратегий, как в случае с «*Diet Pepsi*» и «*Tab*».

Коварство линейного расширения в том и состоит, что все преимущества, казалось бы, находятся на стороне *Pepsi*. В конце концов, такое популярное имя, как «*Pepsi*», вкупе с описательным прилагательным «*Diet*» выглядит неотразимым.

Более того, «*Diet Pepsi*» первой вышла на арену. А правила позиционирования гласят, что марка, проникающая в сознание покупателя

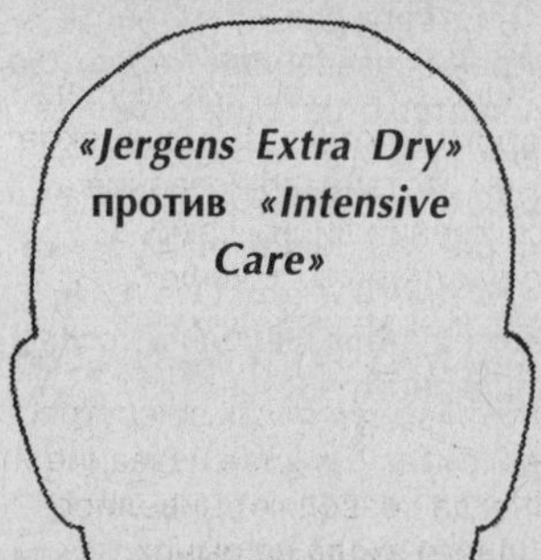

Успех «*Intensive Care*» иллюстрирует одну из важнейших идей позиционирования. Линейное расширение марки конкурента является возможностью для вашей компании. Подключайтесь к борьбе, только с новым названием, и победа, скорее всего, будет за вами. Примеры — «*Benson & Hedges*», «*Taster's Choice*» и «*Intensive Care*».

первой, имеет громадное преимущество. И все же оно не столь велико, чтобы перевесить недостатки линейного расширения.

Победа осталась за «*Tab*». Линейное расширение *Pepsi* в категорию низкокалорийной колы нельзя назвать сильной стороной. Это слабость.

Потребитель рассматривает «*Diet Pepsi*» как нечто второстепенное по сравнению с обычной «*Pepsi*». «*Tab*» же воспринимается как самостоятельный напиток.

И что же, вынесла ли компания *Coca-Cola* какие-то уроки из маркетингового успеха своего напитка «*Tab*»?

Как бы не так. Она вновь идет прямо в капкана линейного расширения. Под маркой «*Tab*» сегодня предлагаются имбирный и вишневый лимонады. Если *Coca-Cola* стремится к завоеванию надежных позиций в этих категориях, ей не следует использовать марку, ставшую типовым названием для «низкокалорийной колы».

А что проигравший? Обычно проигрыш команды в решающем матче заставляет тренера кардинально изменить стратегию. Какое решение принял «тренерский совет» *Pepsi-Cola*?

Они наступают на те же грабли. На рынке появилась «*Pepsi Light*». Линейное расширение в «легком весе».

Тем, кто твердо убежден в правильности линейного расширения, нет дела до фактов. Несмотря на то что «*Tab*» продавался лучше, чем «*Diet Pepsi*» (подтверждая ущербность линейного расширения названия), *Pepsi-Cola* упорно придерживается стратегии расширений, выпуская одну за другой «*Crystal Pepsi*», «*Wild Cherry Pepsi*», «*Pepsi Max*» и «*Pepsi XL*» (в то время как на рынке присутствуют также «*Pepsi Light*», «*Pepsi AM*» и «*Pepsi One*»). Ни одна из этих марок не стала и вряд ли когда-нибудь будет популярной.

Сегодня ставки сделаны на «*Pepsi One*». Компания не перестает играть с огнем.

Линейное расширение наоборот

Если линейное расширение в большинстве случаев оказывается ошибкой, то, следуя по обратному пути, компания все-таки может встретиться с успехом. Данный процесс получил название «расширения базы». Рассмотрим пример детского шампуня компании *Johnson's.*

Ориентированная на взрослых, подчеркивающая его мягкость реклама сделала детский шампунь одной из ведущих марок в категории.

Обратите внимание на основные особенности стратегии расширения базы. Тот же продукт, та же упаковка, та же этикетка. Изменилось только применение.

Если бы *Johnson & Johnson* пошла по пути линейного расширения и выпустила шампунь для взрослых «*Johnson's*», он не имел бы и доли того успеха, которым он пользуется сейчас.

Другим примером расширения базы является «*Blue Nun*», белое вино, которое одинаково хорошо как с рыбными, так и с мясными блюдами.

Но разве это не типичные случаи «ловушки всеобщности»? Не совсем. Детский шампунь «*Johnson's*» — первый и единственный детский шампунь, одновременно рекламируемый и как продукт для взрослых. А «*Blue Nun*» — единственное белое вино, которое, если верить рекламе, хорошо сочетается с мясом.

А если аналогичный подход попытаются использовать владельцы конкурирующих марок, успеха им не видать.

Еще есть сода «*Arm & Hummer*», которая помимо своего прямого назначения используется для освежения холодильников и чистки раковин. Тоже очень успешный продукт. Но что произошло, когда та же

Действительно «*Johnson's Baby Shampoo*» за короткий срок стал ведущей маркой шампуня для взрослых. Затем рекламная кампания была свернута, а товар предоставлен самому себе. Для поддержания идеи некоторых марок необходима очень активная реклама. Эта стратегия не столько увеличивает продажи, сколько обеспечивает их сохранение на достигнутом уровне. Впрочем, большинство компаний все равно оценивают эффективность рекламы по показателю «прибыль на инвестированный капитал».

компания выпустила линейное расширение «*Arm & Hummer*», содовый дезодорант?

А ничего. Как говорится, «он действует, только если вы сидите в холодильнике».

Компания *Arm & Hummer* использует свою марку в производстве широкого ассортимента товаров: зубная паста, средство для чистки ковров и т. д. Большинство из них в лучшем случае пользовались скромным успехом. Вопрос в том, насколько более высоких результатов добилась бы компания, если бы она использовала свои технологические компетенции для создания новых категорий товаров с новыми названиями? «*Mentadent*», содержащая соду зубная паста, продается лучше, чем паста «*Arm & Hummer*». «Страстная» любовь к собственной торговой марке — весьма распространенное явление в корпоративной Америке.

Даже журнал «*Harvard Business Review*» настаивает на том, что на линейное расширение должно быть наложено табу. Бесполезно...

Когда применяется линейное расширение

ГЛАВА

В чем нет никаких сомнений, так это в популярности линейных расширений.

Нью-Йоркские профессиональные команды по бейсболу, американскому футболу, баскетболу и теннису известны среди публики как «*Mets*», «*Jets*», «*Nets*» и «*Sets*».

На постерах городских тотализаторов — команда «*New York Bets*» (ставки). Если бы в Нью-Йорке была создана сборная культуристов, ее можно было бы назвать «*New York Sweats*» («потные»).

Пойдем дальше! Уличную шайку можно назвать «*New York Ghetts*» (от «гетто»). Градостроителей — «*New York Debts*» (долги).

К счастью для нашего рассудка, появились первые признаки изменения тенденции. Теннисная команда прозрела и сменила свое название с «*New York Sets*» на «*New York Apples*» (яблоки; яблоко — символ Нью-Йорка).

Краткосрочные преимущества

Одна из причин устойчивой популярности линейных расширений — некоторые их краткосрочные преимущества.

Предположим, что в Нью-Йорке создается команда профессиональных пловцов. «На арену выходят *Wets* (мокрые)», — под таким заголовком это событие анонсировалось бы в газетах. Одного слова «*Wets*» достаточно, чтобы мы знали: (1) это профессиональная спортивная команда, (2) которая находится в Нью-Йорке и (3) принадлежит к одному из водных видов спорта.

Но это только в краткосрочной перспективе. По мере того как публика забывает первые заголовки, в сознании устанавливается непонимание.

Что, правда существует команда пловцов под названием «*Wets*»? Или я путаю ее с баскетбольной командой «*Nets*»? Или с теннисной «*Sets*»? Так «*Nets*» переименовали в «*Apples*»? Или переименовали «*Sets*»?

Поскольку линейное название связано с оригинальным, оно вызывает мгновенную вспышку понимания. «О да, "*Diet Coca-Cola*"».

Оно вызывает также мгновенный рост продаж. Когда под маркой «*Alka-Seltzer*» выходит новый продукт наподобие «*Alka-Seltzer Plus*», все тут же начинают им запасаться. Возможно, не потребители, но розничные торговцы — совершенно точно.

Поэтому на первых порах продажи идут хорошо. (Чтобы заработать миллионы долларов, каждому супермаркету достаточно продать товара на пять «условных единиц».)

Первые шесть месяцев, пока наполняется рынок, перспективы рисуются самые радужные. Но потом, когда наступает черед поступления повторных заказов, наступает прозрение.

Долгосрочные недостатки

После первого признания линейного расширения покупатель начинает испытывать сомнения в реальности продукта.

«*Schlitz Light*», «*Pall Mall Extra Mild*», «*Jergens Extra Dry*». Названия вроде этих попадают в сознание (и выпадают из него) легко и просто. Они практически не требуют от покупателя ментальных усилий.

Как нажито, так и прожито. Линейные названия быстро запоминаются, поскольку они не имеют независимой позиции в сознании потребителей. Они спутники оригинальной марки и способны лишь «навести туману» вокруг нее. Что нередко приводит к катастрофическим последствиям.

Давно, еще в 1930-е гг., компания *Ralston Purina* давала радиорекламу со словами « "*Ralston*" 1, 2, 3». Один — это «*Ralston*» кусочками. Два — обычный «*Ralston*». Три — «*Ralston*» — сухой корм.

Один, два, три — и нету.

Легендарный Дэвид Огилви сломал карандаш на средствах для стирки «*Rinso White/Rinso Blue*».

Компания *Sara Lee* пыталась проникнуть в категорию замороженных обедов с такими продуктами, как «*Sara Lee Chicken & Noodles Au Gratin*».

Для понимания опасности линейного расширения необходимо разделять кратко- и долгосрочные эффекты. Алкоголь — это возбудитель или депрессант? И то и другое. Сначала алкоголь оказывает возбуждающее действие, затем — подавляющее. То же с линейными расширениями.

В представлении потребителей *«Sara Lee»* — это десерты. Мало кто не любит *«Sara Lee»*, однако многие терпеть не могут курицу с вермишелью и картофелем. И не покупают. Особенно с названием *«Sara Lee»*.

Замороженные продукты от *Sara Lee* быстро пришли к финишу. После того, как на всю дистанцию было затрачено $8 млн.

Линейное расширение пробовали практически все. Журнал «*Saturday Review Magazine*» пытался выходить под четырьмя разными «соусами» («*The Arts*», «*Science*», «*Education*», «*The Society*»). Убытки — $17 млн.

Хотите верьте, хотите нет, но в настоящее время компании *Levi Strauss* и *Brown Shoe* выпускают на рынок обувь под названием «*Levi's* для ваших стоп». *Levi's*, безусловно, лидер по продажам джинсов, а эти башмаки могут и вправду послужить тормозом.

На рынке есть цветы от «*Avis*», часы «*Zenith*», табак «*Old Grand-Dad*», колготки «*Bic*», пеленки «*Kleenex*».

А есть вино «*Pierre Cardin*». Само собой, и белое, и красное. И «*Chanel for Men*». Так и хочется спросить: «Заменят ли Катрин Денев на Барта Рейнольдса?»

«Два» — очень популярная концепция линейного расширения. У нас есть «*Alka-2*», «*Dial 2*», «*Sominex 2*», а также «Челюсти-2». (До этого еще ни одному сиквелу не удалось добиться таких же сборов, что и первому фильму в серии.)

Даже рекламные агентства — уж они-то должны быть если не умнее то креативнее! — и те поддались магии «двойки». Так что теперь мы имеем *Ogilvy & Mather 2*, *Doyle Dane Bernbach 2*, *N. W. Ayer 2*, *Grey 2* и др.

Газета по ТВ

Список неудачных линейных расширений необычайно длинен. Программа «*USA Today on TV*» принесла $15 млн убытка в первый год и была закрыта на втором. Отметим, что в масс-медиа эту неудачу никогда не рассматривали в свете линейного расширения. Дело в программе, в таланте, во времени выхода в эфир, в декорациях, в чем угодно. Все это приводит нас к важному аспекту «товар против позиционирования». Мы считаем, что с хорошим названием и правильным позиционированием можно сделать популярными даже «средние» товары и услуги. Большинство считают, что основным критерием рыночного успеха являются качество товара или услуги. Это неверно.

Тест по списку покупок

Классический тест для линейного расширения — список необходимых покупок.

Необходимо всего-навсего написать на бумаге список марок, которые необходимо приобрести, и отправить супруга или супругу в супермаркет: «*Kleenex*», «*Crest*», «*Listerine*», «*Life Savers*», «*Bayer*» и «*Dial*».

Результат известен. Большинство жен или мужей вернутся из магазина с туалетной бумагой «*Kleenex*», зубной пастой «*Crest*», средством для полоскания рта «*Listerine*», конфетами «*Life Savers*», аспирином «*Bayer*» и мылом «*Dial*».

Линейные расширения вроде полотенец «*Kleenex*», жевательной резинки «*Life Savers*», «не-аспирина *Bayer*» и средства против пота «*Dial*» не смогли поколебать изначальные позиции марок. Пока. Дайте только время, дайте только срок.

Как насчет такого списка: «*Heinz*», «*Scott*», «*Protein 21*», «*Kraft*»?

Что принесет ваша вторая половина: огурцы или кетчуп «*Heinz*» (а может быть, детское питание)? Туалетную бумагу или полотенца «*Scott*»? Шампунь, спрей или кондиционер «*Protein 21*»? Сыр, майонез или приправу к салату «*Kraft*»?

Путаница, неизбежно возникающая, когда за одним названием стоит более одного продукта, медленно, но уверенно разрушает фундамент таких сильных марок, как «*Scott*» и «*Kraft*».

Как сверхрасширившаяся звезда, торговая марка в конечном итоге сгорает и превращается в нечто громадное, неуклюжее и бесполезное. В маркетинговую собственность, требующую разорительного ухода, но не приносящую никакой пользы. Линейное расширение коварно потому, что оно взимает дань очень и очень долго. Многие годы медленного угасания.

Возьмем «*Kraft*». Знаменитое имя, страдающее от периодических линейных расширений.

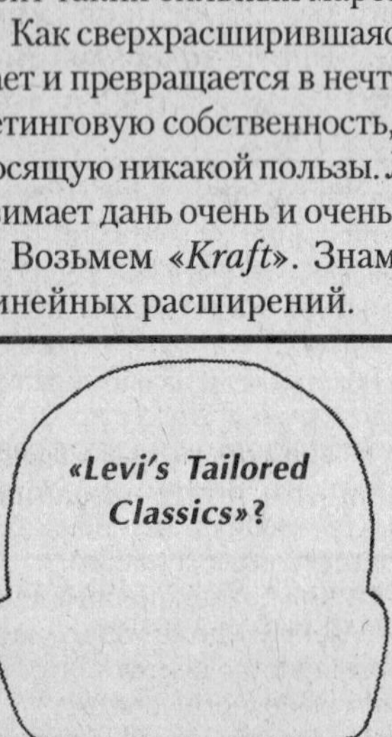

Levi Strauss начала линейное расширение с потерпевшего фиаско товара «*Levi's Tailored Classics*». Потому компания взяла тот же, по сути дела, продукт и переименовала его в «*Dockers*». Сегодня это всемирно известная марка, ежегодный доход от продаж которой составляет $1,5 млрд. Линию же обуви «*Levi's for Feet*» ждала быстрая смерть.

Что такое «*Kraft*»? Это все и вместе с тем ничто. Практически ни в одной категории марка не является номером один. Майонез «*Kraft*» уступает первое место «*Hellmann's*». Приправа для салатов «*Kraft*» уступает первое место «*Wishbone*».

В тех категориях, где компания *Kraftco* лидирует, марка называется не «*Kraft*».

Сливочный сыр — «*Philadelphia*», а не «*Kraft*».

Мороженое — «*Sealtest*», а не «*Kraft*».

Маргарин — «*Parkay*», а не «*Kraft*».

Где же сила названия «*Kraft*»? Оно слишком рассеяно. «*Kraft*» означает все и ничто. Линейное расширение есть слабость, а не сила.

Как насчет сыра? Марка «*Kraft*» непременно должна быль сильна в сырах. И она действительно сильна.

«Америка, – говорится в рекламе, — произносит слово сыр как *K-R-A-F-T*». Стратегия столь же ужасная, как и произношение.

Маркетинг подобен ска́чкам. Далеко не всегда лучшая лошадь приходит первой. Все зависит от способностей других лошадей. В соревновании рекламных обещаний побеждает лучший из худших. В соревновании с реальными ставками побеждает лучший из лучших. (Здесь игра слов: *claming race* — скачки, после которых любая из лошадей может быть куплена, участвуют в основном середнячки; *claim* — рекламные заявления, гонка обещаний; *stakes race* —обычные скачки, побеждает сильнейший. — *Прим. перев.*)

«*Kraft*» была знаменитой маркой сыра. А теперь назовите другие известные вам марки.

Марка «*Kraft*» победила в соревновании обещаний.

Если в категории нет других марок или все марки слабы, вы можете прибегнуть к линейному расширению. Но как только в ней появится сильный конкурент, у вас начнутся проблемы.

Тест в баре

Кроме теста по списку покупок можно провести еще один, на этот раз в баре. Что вам приносят, когда вы заказываете напиток по его названию?

Возможно, мы немного перестарались в обвинениях «*Kraft*». Кажется, что эта марка, как и «*General Electric*», существовала всегда. Это хорошо для сыра, но может не подойти для других категорий продуктов. Если бы марка «*Kraft*» принадлежала нам, мы бы создавали новые имена в новых категориях.

«*J&B*» — виски со льдом. «*Beefeater* мартини» — получите коктейль с джином. А «бутылка "*Dom Perignon*"» однозначно обернется шампанским.

А если сказать «*Cutty* со льдом»? Вам дадут виски, конечно, но будет ли это «*Cutty Sark*» или более дорогое виски двенадцатилетней выдержки «*Cutty 12*»?

«*Cutty 12*» — это «*Diet Pepsi*» в категории виски. Известное имя («*Cutty*») плюс выразительное слово (12). Совершенно логично с точки зрения того, кто разливает виски по бутылкам. Но как же точка зрения того, кто его пьет?

Когда вы заказываете «"*Chivas*" со льдом», вы говорите всем, что хотите получить лучшее. «*Chivas Regal*».

Чтобы выпить «*Cutty 12*», вы не можете просто заказать «*Cutty*». А когда вы добавляете «12», вы никогда до конца не уверены, что бармен вас понял или, что не менее важно, что вас слышали окружающие.

По той же причине реклама «*Cutty 12*» не помогает продвижению оригинальной марки «*Cutty Sark*». Она постоянно напоминает тем, кто выбирает этот сорт, о том, что они потребляют продукт более низкого качества. Виски «*Cutty 12*» вышло на «арену» после «*Chivas Regal*», поэтому многого ждать и не приходится. Но и «*Chivas*» отнюдь не был первой маркой на американском рынке виски 12-летней выдержки.

Задолго до него появился «*Johnnie Walker Black Label*».

Но сегодня «*Chivas Regal*» опережает «*Johnnie Walker Black Label*» по объему продаж почти вдвое.

«*Tranqueray*» произвела сенсацию, когда наряду с известной маркой джина была выпущена водка. Сможет ли она привлечь на свою сторону приверженцев «*Absolut*» и «*Stolichnaya*»? Конечно нет.
Ни одна марка не живет вечно. Для многих товаров (одежда, алкогольные напитки) характерен элемент моды. Наиболее крепкие напитки раньше были «коричневыми», как виски. Сегодня это «белые» продукты, водка и текила. Мы не удивимся, если однажды текила по такому показателю, как объем продаж, превзойдет водку. Можно ли ожидать появления текилы «*Absolut*»? Конечно.

— Бармен, плесните «*Johnnie Walker*».

— «*Black Label*» или «*Red Label*», сэр?»

– «Э-э-э-э-э-э-э-э-э-э-э... да к черту, налейте "*Chivas*"».

«*Cutty 12*» и «*Johnnie Walker Black Label*» — примеры восходящего линейного расширения. Как правило, они заканчиваются вялотекущими продажами в высшей ценовой категории. (Как бы вы отнеслись к необходимости заплатить высокую цену за «дешевое» имя?)

Что такое *Packard*?

Нисходящие линейные расширения отличаются противоположной динамикой. Такие продукты поначалу очень популярны. Похмелье же наступает «утром».

До начала Второй мировой войны «*Packard*» был известнейшей американской маркой роскошных автомобилей, почитаемой во всем мире символом статуса (более чем «*Cadillac*»).

Власти штатов покупали себе бронированные «Паккарды». Один был сделан специально для Франклина Рузвельта. Как и производители «*Rolls-Royce*», компания *Packard* относилась к распространявшейся в нижних сегментах рынка политике ежегодного обновления модельного ряда с нескрываемым высокомерием.

Лишь в середине 1930-х гг. была представлена первая модель более низкого класса, относительно недорогой «*Packard Clipper*».

И именно он оказался наиболее успешной из всех когда-либо созданных компанией моделью. Он продавался потрясающе хорошо, одновременно уничтожая и марку, и фирму. (Точнее говоря, он разрушил занимаемую *Packard* позицию производителя лимузинов, что, в свою очередь, и погубило компанию.)

Компания *Packard* просуществовала до 1954 г., когда ее поглотила корпорация *Studebaker*. Последний автомобиль под маркой «Паккард» сошел с конвейера четыре года спустя.

Что такое «*Cadillac*»?

Что вы знаете об автомобилях под маркой «*Cadillac*»? Какая у них длина? Какая бывает расцветка? Сколько лошадиных сил скрываются под капотом? Какая комплектация возможна?

Но предоставляемая корпорацией *General Motors* информация о «*Cadillac*» лишена какой-либо конкретики. Известно лишь, что это роскошный, сделанный в Америке автомобиль высшего класса.

Но даже *General Motors* иногда забывает, что на каждый товар существуют как минимум две точки зрения. И большинство ошибок линейного расширения допускаются в связи с тем, что фирмы игнорируют этот факт.

Что такое «*Cadillac*»? Вы будете удивлены, но с точки зрения *General Motors* это вообще не автомобиль. Это подразделение. По существу, одно из наиболее прибыльных подразделений *GM*.

Однако с точки зрения покупателя «*Cadillac*» — большая роскошная автомашина. Улавливаете проблему?

Бензиновый кризис заставил отделение *Cadillac* поволноваться. Поэтому, для того чтобы добиться прибыльности, *General Motors* представила компактный «*Cadillac*», модель «*Seville*».

Первое время компания успеет реализовать множество автомобилей под этой маркой. Однако в долгосрочной перспективе «*Cadillac*»-компакт противоречит позиции большого автомобиля, занимаемой маркой в сознании потребителей.

Покупатель смотрит на «*Seville*» и задается вопросом: «Это “*Cadillac*” или не “*Cadillac*”?»

В долгосрочной перспективе он будет лишь путаться под ногами у того, что могло бы стать лучшим ответом на вызов «*Mercedes*». Но для этого необходимы дорогая марка и особая дилерская сеть.

Что такое «*Chevrolet*»?

Будь то автомобиль или любой другой продукт, задайте себе этот старый вопрос и вы узнаете, есть ли у вас проблемы с позиционированием.

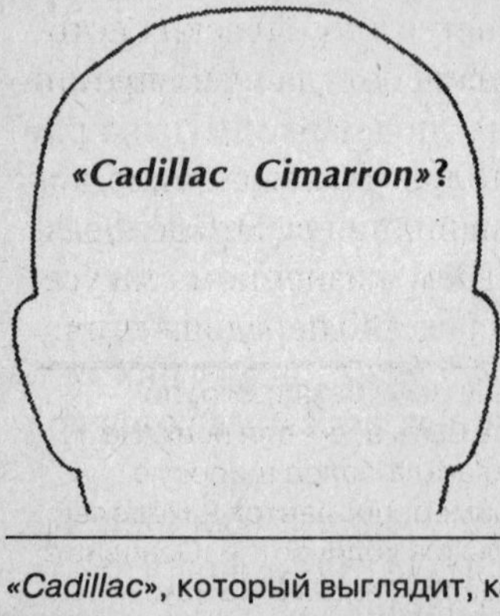

В отношении «*Cadillac Seville*» мы ошибались. Марка до сих пор существует. Возможно, автомашина была не так уж и мала, как нам казалось. Но уже следующее детище *Cadillac* в среднем классе автомобилей, «*Cadillac Cimarron*», потерпело фиаско. Но компания не сдалась и выпустила модель «*Catera*». Но ни один компактный «*Cadillac*» никогда не добьется успеха, потому что он противоречит занимаемой маркой позиции в сознании покупателей. «*Cadillac*» считается автомобилем с большой буквы. Большим автомобилем.

«*Cadillac*», который выглядит, как «*Chevrolet*», никогда не будет пользоваться успехом.

Что это?

Например, что такое «*Chevrolet*»?

Автомобиль, попавший в ловушку всеобщности. Пытаясь понравиться всем и каждому, товар в конечном итоге не нравится никому.

Что такое «*Chevrolet*»? Мы скажем, что это такое. Это большой, маленький, дорогой, недорогой автомобиль.

Ладно, а как же «Шеви» удается быть № 1? Почему он не уступил лидерство марке «*Ford*»?

У «*Ford*» иная проблема. «*Ford*» — не только автомобиль. Это еще и компания, и известные личности.

Дела у «Форда» и семейства Фордов могут идти наилучшим образом (в отличие от текущих продаж «*Ford Mercury*» и «*Ford Lincoln*»). (Одна из причин того, почему у *Ford Motor Company* всегда были сложности со сбытом дорогих автомобилей.)

Что такое «*Volkswagen*»?

До наступления заключительной сцены трагедии «линейное расширение» обычно происходят три акта.

Акт первый: ошеломительный успех, большой прорыв вперед. Обычно бывает следствием нахождения лакуны в сознании потребителей и блестящего ее использования.

Volkswagen открыла на американском рынке позицию компактных автомобилей и сразу использовала эту возможность. «Помни о малом» — возможно, самый знаменитый рекламный слоган однозначно определял позицию компании.

Автомобиль «*Volkswagen Beetle*» быстро завоевал исключительно сильные рыночные позиции. Как и в большинстве классических историй успеха, имя «*Volkswagen*» стало обозначать больше, чем просто торговую марку.

Слова «Я вожу *"Volkswagen"*» говорят не столько об автомобиле, которым владеет человек, сколько о стиле жизни индивида. Это деловая, практичная личность, уверенная в себе и в своем жизненном статусе. Предпочитающая простое, функциональное средство передвижения.

Chevrolet все-таки уступила лидерство *Ford*. И, по нашему убеждению, по причине, которую мы указали. Компания стремилась быть всем для всех. На протяжении последних двадцати лет *Chevrolet* предлагала более широкую гамму моделей, чем *Ford*. В настоящее время, например, продается 9 моделей «*Chevrolet*» против 7 моделей «*Ford*». Но дело не только в количестве. Основные усилия *Ford* сконцентрированы на продвижении модели «*Taurus*». На чем сконцентрированы усилия *Chevrolet*? Кто знает?

Владелец автомобиля «*Volkswagen*» должен быть снобом наоборот. Ему нравится подначивать потребителей, которые стремятся поразить своей автомашиной соседей. «“*Volkswagen*” 1970 года будет выглядеть безобразно дольше», — в этом все его отношение.

Акт второй: подкрепляется жадностью и уверенностью в бесконечности успеха. *Volkswagen* переносит такие основные качества своей марки, как надежность и качество на бо́льшие по размерам дорогие автомобили. Микроавтобусы и «джипы».

Последней точкой стала модель «*Dasher*». «*Volkswagen* с гордостью сообщает о выпуске первого автомобиля повышенной комфортности», — говорилось в сопровождавшей появление новой модели рекламе.

«“*Dasher*”. Элегантный “*Volkswagen*”».

Элегантный «*Volkswagen*»? «Поразительный интерьер. Богатое оснащение», — утверждает реклама. И это «*Volkswagen*»? Где деловой, практичный, функциональный подход? «*Dasher*» действительно перечеркивает прежний стиль жизни «по-фольксвагеновски».

«Я верил в “*Volkswagen*”, а теперь “*Volkswagen*” не верит в “*Volkswagen*”», — горькая песнь приверженцев марки.

Однако *VW* так просто не сдастся. Лучше всего корпоративный подход резюмирует заголовок: «Разные “Фольсквагены” для разных людей». С конвейеров компании сходят пять различных моделей автомобилей, и все — под одним флагом.

Акт третий: развязка. Возможно ли, чтобы пять моделей продавались хуже одной-единственной? Не только возможно; так и случилось.

С первого места на американском рынке импортных автомобилей «*Volkswagen*» откатился на четвертое. Уступив «*Toyota*», «*Datsun*» и

«Volkswagen Beetle»

Взлет, падение и новый взлет «*Volkswagen*» — один из выдающихся примеров силы восприятия. «*Volkswagen Beetle*» была первой моделью, занявшей в сознании американских потребителей позицию компактных автомобилей. Затем компания задумалась о «высоком» (в смысле о больших автомобилях), и продажи покатились под откос. Впоследствии она вновь вернулась к «малому» и продажи пошли вверх. Вывод: не пытайтесь изменить человеческое сознание.

«Honda». (Чтобы добить побежденного, *«Honda»* выступила с девизом «Будьте проще», заимствованным непосредственно из первого акта.)

В 1971 г. компании *Volkswagen* принадлежало 35% рынка импортируемых США автомобилей. В 1979 г. ее доля сократилась до 12%.

Такая схема — ранний успех, линейное расширение и последующее разочарование — является типичной. В конце концов, не могут же такие компании, как *Scott* и *Volkswagen* вечно почивать на лаврах. Они должны искать новые объекты завоевания. И как же они их ищут? Один из способов очевиден. Они разрабатывают новую концепцию или новый товар с новой позицией и новым именем.

Что такое *«Volvo»*?

Многие компании практикуют более приемлемые формы линейного расширения. Они не расширяют ассортимент. Расширению подвергается стоящая за продуктом концепция.

Что такое, например, *«Volvo»*?

Как и у многих других автомобильных марок, шведский автопроизводитель в последнее время тоже столкнулся с проблемами. Раньше компания занимала позицию надежных и больших импортных автомобилей. (Большой надежный «Жук», если хотите.)

Цены на предлагаемые ею модели постепенно повышались, *Volvo* начала предлагать роскошные седаны, автомобили с улучшенными характеристиками управляемости, модели с повышенным уровнем без-

«Разные "Фольсквагены" для разных людей»

Занятный заголовок для автомобильной рекламы и ужасная стратегия для автомобильной компании. Цифры просто поражают.

В 1965 г. *Volkswagen* предлагала единственную модель («Жука»), которой принадлежало 67% импортных автомобилей США. Потом началось линейное расширение, и к 1993 г. доля рынка компании составляла менее 3%. Не так давно компания вновь вернулась к «Жуку» (новому), и показатели продаж вновь начали повышаться. Остался без ответа вопрос: что бы произошло, если бы *Volkswagen* изначально сконцентрировал все усилия на «Жуке», продолжая ее совершенствовать?

опасности и даже универсалы. «*Volvo*» превратилась в «рабочую лошадку для свободного класса».

Что сегодня представляет собой «*Volvo*»? Это надежный, роскошный, безопасный автомобиль, которым к тому же приятно управлять. Однако по отношению к позициям поговорка «в тесноте, да не в обиде» не применима. Лучше иметь одну позицию, чем четыре.

Продажи «*Volvo*», очередной жертвы концептуального линейного расширения, идут вниз.

Название как резиновая лента

Оно может растягиваться, но только до определенного момента. Более того, чем сильнее вы растягиваете название, тем слабее оно становится. (Хотя ожидается прямо противоположный эффект.)

Насколько возможно растянуть название? Ответ зависит и от субъективных, и от экономических моментов.

Предположим, вы производите консервированные овощи: горох, кукурузу и фасоль. Вы выпускаете каждый из этих продуктов под особой маркой? Скорее всего, нет. С экономической точки зрения это очень невыгодно.

Так что компания *Del Monte*, вероятно, права, когда она использует единую торговую марку для консервированных овощей и консервированных фруктов. Но посмотрим, что произойдет, если конкурент начнет вести прицельный огонь единственным продуктом. Мы имеем в виду консервированные ананасы «*Dole*».

В этой категории *Dole* одерживает полную победу.

Что *Dole* делает дальше? Ставит свою марку на бананах. Свежие бананы «*Dole*».

Volvo

Volvo все-таки оставила идеи роскоши, управляемости и надежности и сконцентрировалась на безопасности. Компания ежегодно продает 400 тыс. автомашин (во всем мире) и занимает в сознании покупателей позицию наиболее безопасного автомобиля. (К сожалению, начавшийся выпуск кабриолетов и купе в эту картину не вписывается.) Компания *BMW* использовала аналогичную стратегию и заняла позицию управляемости. (*The ultimate driving machine*, «Совершенное управление автомобилем».)

Представим, что компании удастся ассоциировать свое название с бананами. Что произойдет с ананасами? В силу вступает принцип качелей: на одном «сиденье» — бананы, на другом — ананасы.

А разве *Dole* не может последовать примеру *Del Monte*? Стать поставщиком полного ассортимента консервированных и свежих продуктов?

Может, но только ценой своей позиции в категории ананасов. Плюс проблема позднего входа на рынок.

Правила «дорожного движения»

Мы назвали линейное расширение «ловушкой», но не ошибкой. Линейное расширение может сработать, если...

Это очень большое «если». Если ваши конкуренты глупы. Если ваш объем продаж невелик. Если у вас нет конкурентов. Если вы не рассчитываете на создание позиции в сознании покупателей. Если вы не даете никакой рекламы.

По правде говоря, многие товары продаются, но мало какие позиционируются.

То есть покупать берет с прилавка банку зеленого горошка, не вспоминая о каких-то предпочтениях или позиции. В таком случае любое известное имя «работает» лучше, чем любое неизвестное.

Кроме того, если ваша компания выпускает тысячи мелких товаров (как *3M*, например), вы по объективным причинам не сможете дать каждому из них уникальное название.

Поэтому мы предлагаем вам несколько правил «дорожного движения», которые подскажут, когда лучше использовать общее, корпоративное название, а когда создавать отдельную марку.

1. **Предполагаемый объем продаж**. Товары, которые в перспективе могут стать «звездами», должны иметь собственное имя. Это удел товаров с небольшими объемами продаж.
2. **Конкуренция**. В «вакууме» марка продукта должна отличаться от корпоративного названия. На «переполненных улицах» — отнюдь не обязательно.
3. **Рекламная поддержка**. Продукты с большим рекламным бюджетом должны иметь самостоятельные марки. Малобюджетные товары — не должны.
4. **Новизна**. Революционно новые продукты должны иметь самостоятельные марки. Однородные товары, такие как химикаты, — не должны.

5. **Дистрибуция**. Готовые, продающиеся в магазинах продукты должны иметь самостоятельные марки. Товары, продаваемые через торговых представителей, не должны.

Вот какую картину мы неоднократно наблюдали. Мы выступаем с лекцией о ловушках линейного расширения — аудитория внимает довольно равнодушно. Затем мы переходим к возможностям использования линейного расширения. Слушатели записывают каждое слово. Линейное расширение — любимое занятие всех компаний и их руководителей. И мы их понимаем, поскольку на этом и основано позиционирование: трудно изменить сознание после того, как покупатель принял для себя решение. В равной степени это относится и к решению о том, что линейное расширение есть единственно верный путь.

ГЛАВА 14 Позиционирование компании: *Monsanto*

Позиционировать можно что угодно. Человека, продукт, политика. Даже компанию.

Зачем позиционировать компанию? Кто, кроме немногочисленных корпораций, занимающихся покупкой и продажей фирм, может ее приобрести? Да и зачем компании продавать себя? Кому?

Как покупаются и продаются компании

На самом деле компании продаются и покупаются сплошь и рядом. Только называется это по-другому.

Когда новый сотрудник соглашается на работу, он «покупает» компанию. (Программы найма персонала представляют собой не что иное, как продажу организации.)

На кого вы предпочтете работать: на *General Electric* или *Schenectady Electrical Works*?

Каждый год компании конкурируют за лучших выпускников ведущих университетов США. Как вы думаете, кому достаются лучше «всходы»?

Правильно. Компаниям, занимающим наиболее выгодные позиции в сознании потенциальных сотрудников. *General Electric*, *Procter & Gamble* и им подобным.

А когда кто-то покупает акции, он платит за текущую и будущую позиции компании.

Готовность покупателя заплатить за акцию запрашиваемую цену (в шесть или шестьдесят раз превышающую годовые дивиденды) зависит от позиций компании в его сознании.

Эффективное позиционирование компании дает массу преимуществ, особенно если вам посчастливится быть ее директором. Впрочем, не так-то оно просто.

Еще раз о проблеме названия

Прежде всего, название. Особенно название. Верите ли, что имя *Pullman* больше не играет особой роли в сфере выпуска спальных вагонов?

И что доходы от автобусных перевозок составляют лишь малую часть общей выручки компании *Greyhound*?

Что *Pullman*, что *Greyhound* изменились до неузнаваемости. Однако их позиции в сознании публики не претерпели почти никаких изменений. Название заперло их репутации на замок.

Хотя они старались. Особенно *Greyhound*, которая потратила миллионы долларов на то, чтобы доказать финансовому сообществу, что она «больше чем автобусная компания».

Но до тех пор, пока серые автобусы с длинными поджарыми гончими (символ компании) будут курсировать по хайвэям США, вся эта реклама будет оставаться пустой тратой денег. Если *Greyhound* хочет быть больше чем автобусной компанией, ей необходимо найти новое название. «Больше чем автобусное».

Но на подборе правильного названия корпоративное позиционирование не заканчивается. Название компании должно что-то символизировать.

Символы?

Рассмотрим *Ford*. Любой человек знает, что *Ford* — это автомобильная компания. Но что это за автомобиль — «*Ford*»?

Компания не в силах создать себе корпоративную позицию в какой-то конкретной категории автомобилей, поскольку она выпускает все типы и все размеры, включая грузовики. (Другое дело, должна ли она их выпускать?)

Greyhound

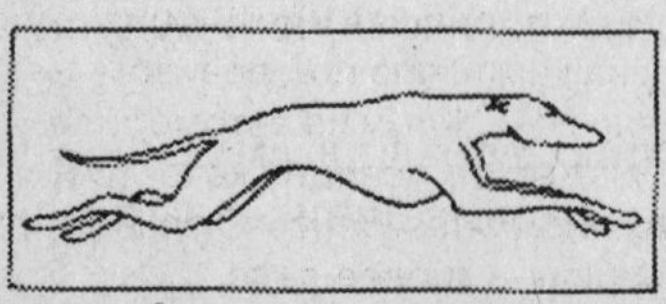

Greyhound потратила миллионы долларов, доказывая инвесторам, что она «больше чем автобусная компания». И чем является *Greyhound* сегодня? Автобусной компанией. Точка. Попытки изменить сознание никогда добром не оканчиваются.

Таким образом, позиционирование сводится к качеству, коим отличаются все производимые транспортные средства.

В качестве основного атрибута всех своих автомобилей компания *Ford* выбрала «инновации». Результат: рекламная кампания «У *Ford* есть наилучшая идея».

Неплохо, однако большинство компаний используют еще более «затасканные» подходы. Из которых самым неоригинальным является, пожалуй, «лучшие люди».

«Наши люди — наш самый главный ресурс».

«Работники компании *Gulf*: вызов трудностям».

«*Grumman*: мы гордимся нашими товарами. Но наша главная ценность — сотрудники, которые их выпускают».

Разве работники одной компании не имеют качественных отличий от тружеников другой?

Конечно, имеют. Но построение позиции «лучшие люди» — совсем другое дело.

Так или иначе, в крупных, успешных компаниях работают «сливки». А в малых и менее успешных — «молоко».

Так что, если ваша компания занимает высшую ступень товарной лестницы в сознании покупателей, можете быть уверены: клиенты будут считать, что у вас самые лучшие в мире работники.

Если же вы не №1 и вместе с тем говорите, что у вас наиболее квалифицированные сотрудники... Что ж, получается одно из противоречий, которое обычно разрешается не в вашу пользу.

«Если вы такой умный, отчего же вы не богаты?» — риторический вопрос, не так ли?

Если бы у компании *Ford* действительно были лучшие идеи, почему же она не использует их на рынке, чтобы обойти *General Motors*, вместо того чтобы говорить о них в рекламе и производить впечатление на публику?

У *Ford* возникла-таки хорошая идея, и она переключилась на кампанию под девизом «Качество — дело №1». Кому из автомобилестроителей принадлежит позиция качества? Мы думаем, что «*Mercedes-Benz*». Отнимать у кого-то его позицию — гиблое дело.

Если у *Chrysler* лучшие инженеры, почему же они не создают лучшие автомобили? Способные обогнать *Ford* и *General Motors*?

Это не вопрос фактов. (*Ford* может иметь лучшие идеи и тем не менее оставаться на втором месте.) Это вопросы, которыми невольно задается покупатель.

И реклама, если вы хотите сделать ее эффективной, должна отвечать на эти вопросы.

Кроме того, так ли уж искусственно мнение, что в лучших компаниях работают лучшие люди?

Мы симпатизируем проигравшим, однако свои резюме отправляем победителям.

Диверсификация — не выход

Второй по популярности после «людей» идет корпоративное позиционирование по «диверсификации». Компании хотят, чтобы их воспринимали как диверсифицированных производителей высококачественных товаров.

Как подход к продвижению компаний диверсификация неэффективна. По существу, концепции позиционирования и диверсификации прямо противоположны.

Факт остается фактом: сильные позиции в сознании покупателей создаются благодаря крупным достижениям. А не за счет более широкого товарного ассортимента.

General Electric известна как крупнейший в мире производитель электротехники. А не как диверсифицированный изготовитель промышленных, транспортных, химических и бытовых товаров.

Пускай она производит тысячи потребительских и производственных товаров. Большинство ее наиболее успешных продуктов относятся к категории электротехники. Большинство неудач-

GM
MARK OF EXCELLENCE

Корпоративные рекламные кампании *General Motors*, среди которых особенно выделяется «Знак превосходства», тоже не принесли компании особых результатов. Если марки компании («*Saturn*», «*Chevrolet*», «*Pontiac*», «*Oldsmobile*», «*Buick*» и «*Cadillac*») не включают в себя единое корпоративное название, такая реклама обычно становится пустой тратой денег.

ных — имеют лишь косвенное к ней отношение. Компьютеры, например.

General Motors известна как крупнейший в мире производитель автомобилей. А не как диверсифицированная компания, выпускающая промышленные, транспортные и бытовые продукты.

IBM имеет репутацию крупнейшего в мире производителя компьютеров. А не всемирного изготовителя офисной техники различных типов.

Возможно, диверсификация позволяет компании получить бóльшую прибыль. Стоит, однако, хорошо продумать целесообразность позиционирования на основе этой концепции.

Даже фондовый рынок, и тот ценит акции конгломератов наподобие *International Telephone & Telegraph* и *Gulf + Western* ниже обычных. Характерный пример — *Kaizer Industries*, холдинговая компания, контролировавшая ряд производственных фирм. Рыночная стоимость *Kaizer Industries* была стабильно ниже чистой стоимости ее частей. После того как компания была раздроблена, акционеры получили $21 за акции, продававшиеся по $12.

Иногда компании полагают, что концентрируют свои коммуникативные усилия, хотя на самом деле этого не происходит. Концепция позиционирования становится настолько широкой, что, по сути, теряет смысл.

Какая компания называет себя «разработчиком и поставщиком информационных систем для работы, образования и отдыха»?

Верите, это *Bell & Howell*.

«Фокус. От него зависит будущее вашей компании»

Мы говорили о «диверсификации» как о неподходящей для рекламы идее. Оказалось, что диверсификация не имеет особого смысла и для бизнеса вообще. *ITT* была одной из многих постепенно шедших ко дну компаний, до тех пор пока ее не разделили на несколько независимых фирм, компаний. Данная концепция подробнее рассматривается в книге под названием «Фокус. От него зависит будущее вашей компании».

Подход для *Monsanto*

Позиционирование компании следует начинать с предельно четкого, лаконичного ее определения. Но лучшие программы корпоративного позиционирования не ограничиваются одним определением. Лучшие программы работают благодаря не словам, а реальным действиям. Или иногда слова сами служат отражением деятельности.

В качестве примера давайте обсудим программу позиционирования, недавно проведенную компанией *Monsanto*.

Цель программы: сделать *Monsanto* лидером и «лицом» отрасли. (Какой отрасли, до поры умолчим.)

Итак, как стать лидером?

Мы считаем, и наше мнение подтверждается анализом развития различных отраслей, что компании становятся лидерами благодаря тому, что делают что-то первыми. А не просто заявляют о своем лидерстве.

IBM первой начала продавать компьютеры, *Xerox* первой предложила электрофотографические аппараты косвенного копирования, *Du Pont* первой выпустила промышленные партии нейлона. Что могла сделать первой *Monsanto*?

У такой компании, как *Monsanto*, имеется три возможных области, в которых она может занять позицию лидера. Рассмотрим их все по порядку.

1. Лидерство в производстве товаров. Какое место занимает *Monsanto* в данной области?

Очень неплохое, если верить недавнему опросу выпускников колледжей с годовым доходом в $15 000 и выше. *Monsanto* не *General Motors*. Но и не *American Motors*. Компания находится где-то между ними.

Du Pont	81%
Dow	66%
Monsanto	63%
Union Carbide	57%
Allied Chemical	34%
American Cyanamid	29%
Olin	25%
FMC	13%

(Обратите внимание, что компания с сокращенным названием, *FMC*, находится в самом конце списка. Отнюдь не единичный случай.)

Фактически, *Monsanto*, *Dow* и *Union Carbide* делят второе место: со статистической точки зрения отличия между ними незначительны.

Второе место после кого? Да *Du Pont*, конечно.

Du Pont — это еще одна *IBM*, *Xerox* или *Chivas Regal*.

С такими инновационными товарами, как тефлон, нейлон и дакрон (лавсан), броня *Du Pont* очень и очень крепка.

Добиться лидерства в продукции путем лобовой атаки на *Du Pont* не под силу ни одной компании. Более того, уже немало компаний осуществляют программы корпоративного позиционирования, основываясь на лидерстве в продукте, — *Union Carbide*, *Olin*, *FMC* и др.

2. Лидерство в деловых кругах. Теперь рассмотрим второй возможный подход, лидерство в деловых кругах, что сегодня по существу дела означает защиту системы свободного предпринимательства.

Может ли *Monsanto* первой выступить в защиту свободного предпринимательства?

Очевидно, нет. В 1976 г. Совет по рекламе США совместно с Министерством торговли и Министерством труда начали проводить массированную программу по разъяснению «Американской экономической системы и вашей роли в ней».

Массированной ее можно назвать потому, что к созданию рекламных мультфильмов был привлечен Чарльз Шульц.

Начиная с компании *Warner & Swasey* (которой уже более 40 лет) в поддержку системы успели высказаться многие фирмы.

Textron провела телевизионную кампанию, объяснявшую, «как у нас действует частное предпринимательство».

«В наши дни, когда отмечается упадок доверия ко многим нашим институтам, представители бизнеса обязаны объяснить, какой вклад они вносят в развитие общества», — говорил Уильям Миллер, председатель совета директоров *Textron*, еще до того, как он стал министром финансов США.

Корпорация *Allied Chemical* провела кампанию под девизом «Прибыли предназначаются для людей»

«Вавилонское столпотворение в рекламе экономики» — отрицательный комментарий «*The New York Times*» суматохи вокруг программ свободного предпринимательства.

Основной принцип позиционирования гласит, что следует избегать сфер, о которых говорят все вокруг. Избегать модных увлечений, если хотите. Чтобы добиться реального прогресса, компания должна найти и начать разрабатывать новую, неизведанную территорию.

3. Лидерство в отрасли. Остается третий подход, лидерство в отрасли. Может ли *Monsanto* улучшить свое положение в химической промышленности?

Одно было совершенно очевидно. Химия находилась под угрозой. Обществу ежедневно скармливается двойная порция плохих новостей о химии. В газетах и журналах. По радио и телевидению.

За всеми ними стояла одна и та же мысль: «Химия вызывает рак».

США охватили антихимические настроения. В вечерних новостях *NBC* (4 сентября 1976 г.) прозвучал типичный комментарий: «В одном существует полное согласие. Вероятность серьезных катастроф в связи с химическими производствами сейчас намного выше вероятности ядерной аварии».

Проблема действительно была весьма серьезной. Согласно уважаемой исследовательской фирме *Yankelovich, Skelly and White*, «химическая отрасль выступает как главный злодей, как источник всех бед со здоровьем людей».

Химические факты жизни

Компания *Monsanto* решила начать серьезный разговор о проблемах химии. Рассказать обществу как о пользе химических веществ, так и о возможных рисках.

«Без химических веществ невозможна была бы сама жизнь», — так звучала основная идея программы *Monsanto*. Первое рекламное объявление содержало следующий текст:

> «Некоторые люди думают, что все "химическое" плохо, а все "натуральное" хорошо. Однако же *сама природа* основана на химии.
>
> В растениях происходит химический процесс (фотосинтез), в ходе которого вырабатывается необходимый человеку кислород. Когда вы дышите, ваше тело поглощает кислород посредством химической реакции воздуха и крови.
>
> На химии основана жизнь. Работая над химическими веществами, компании наподобие *Monsanto* работают над повышением качества жизни.
>
> Химические вещества помогают вам жить дольше. Рахит был распространенным детским заболеванием, пока в молоко и другие продукты не начали добавлять химическое вещество под названием витамин *D*.
>
> Ни один химикат не может быть полностью безопасен. Никогда и нигде. Будь то в природе или в лаборатории. Главная задача — правильно пользоваться химией. Делать жизнь более пригодной для жизни».

Зачем это *Monsanto*? Зачем компании говорить о том, что является проблемой для отрасли в целом?

Ответ заключен в стратегии позиционирования. Чтобы *Monsanto* признали в качестве лидера химической промышленности, компания должна делать то, что положено делать лидеру.

То есть говорить от имени отрасли. Если ждать, пока это начнут делать другие, *Monsanto* лишится возможности надеть на себя желтую майку лидера.

Monsanto получает кредит доверия

Самое главное в нашей жизни — своевременность. Анализ ситуации в химической отрасли тогда, в 1976 г., показывал, что маятник готов качнуться в другую сторону. В будущем общественное мнение должно было стать более благоприятным по отношению к химии, чем оно было на тот момент. С действиями *Monsanto* или без.

Естественно, программа «химические факты жизни» могла ускорить ход событий. И *Monsanto* заработала бы неплохую репутацию.

Именно так и случилось. Маятник качнулся. Позитивное отношение широкой публики к химии, согласно одному опросу, менее чем за два года повысилось с 36 до 42%, что немало. (За тот же период позитивное отношение к нефтяной промышленности снизилось с 37 до 22%. Вот что может произойти, когда рост цен не находит достаточного объяснения со стороны отрасли.)

Даже «*The New York Times*» начала приходить в себя. В статье о сахарине под названием «Дело о полезном канцерогене» газета писала: «Полный запрет плох тем, что он не допускает баланса между выгодой и риском».

Главной похвалой роли *Monsanto* стала статья в «*Business Week*» под заголовком «Очищение имиджа химии».

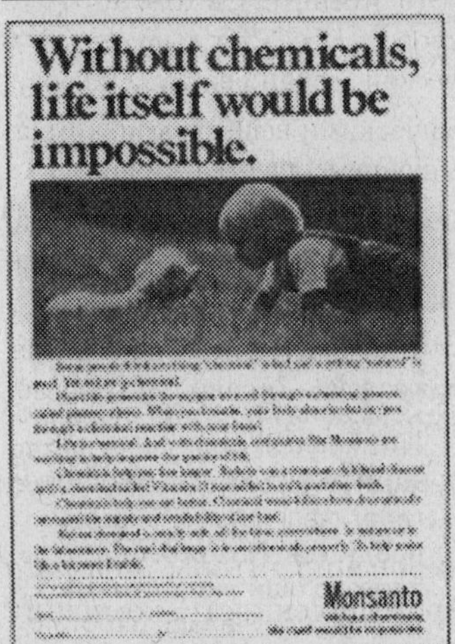

«Без химических веществ невозможна была бы сама жизнь»

Так выглядело первое рекламное объявление программы *Monsanto* «Химические факты жизни».

«Начало выходу химической промышленности на имиджевую арену, — говорилось в статье, — было положено в 1977 г. компанией *Monsanto*. Глава компании Джон Хенли понял, что общество относится к химическим препаратам как к главному виновнику всех бед, и решил, что настало время покончить с этой ситуацией. В первый же год компания потратила на создание положительного имиджа $4,5 млн, и с тех пор эта сумма не уменьшалась».

«*Business Week*» также отметил роль компании как лидера. «Вслед за лидером, компанией *Monsanto*, — писал журнал, — корпорация *Du Pont* выделила на собственную имиджевую рекламу $4 млн».

В корпоративном позиционировании восприятие компании как лидера равноценно наличным деньгам. Если химической компании, банку или производителю автомобилей удалось произвести впечатление на потребителей, их дела обязательно будут идти лучше, чем у конкурентов.

«Матери-природе повезло, что ее продуктам не нужны этикетки»

Во втором рекламном объявлении из этой серии перечислялись сотни химических веществ, который содержит в себе обыкновенный апельсин.

Компания *Monsanto* переориентировалась с производства химических веществ на выпуск генетически измененных продуктов. Похоже, она сделала ошибку. У нее так хорошо получалась работа с химикатами.

ГЛАВА 15

Позиционирование страны: Бельгия

Сокращение относительной стоимости авиаперелетов привело к тому, что наш мир стремительно превращается в мир туризма.

Раньше круг международных путешественников был ограничен людьми зрелого возраста, имеющими к тому же достаточно высокие доходы. Сегодня все изменилось. Прошли то времена, когда молодые люди провожали в полет пожилых пассажиров. Роли переменились.

Ситуация с авиакомпанией *Sabena*

Одной из 16 борющихся за внимание туристов авиаперевозчиков является бельгийская авиакомпания *Sabena Belgium World Airlines.* Как известно, не все конкуренты соперничают на равных. Например, длительное время перелеты из Европы в США и обратно из целого ряда городов предлагали только авиакомпании *TWA* и *Pan Am.*

Несколько лет назад весь поток международных авиапассажиров компании *Sabena* концентрировался в одном-единственном американском городе. В Нью-Йорке. Поэтому вам пришлось бы либо делать пересадку в Брюсселе, либо выбирать другую авиакомпанию. Если только на борту не оказывались террористы, все самолеты *Sabena* приземлялись в Бельгии.

Хотя компании и принадлежала львиная доля прилетающих в Бельгию туристов, она вынуждена была довольствоваться весьма скудной диетой. Нельзя сказать, чтобы в эту маленькую европейскую страну прилетало большое число путешественников.

В 1980 г. распределение отправляющихся в Европу американских пассажиров выглядело следующим образом:

Великобритания	29%
Германия	15%
Франция	10%
Италия	9%
Нидерланды	6%
Испания	5%
Ирландия	5%
Португалия	4%
Швейцария	3%
Исландия	3%
Израиль	3%
Дания	3%
Греция	2%
Бельгия	2%
Норвегия	1%
Швеция	1%

На лестнице стран в сознании потенциальных американских путешественников Бельгия занимала одну из низших ступенек. Если вообще находилась на ней.

Достаточно одного взгляда на приведенные выше показатели — и можно сразу сказать, в чем была ошибка рекламистов компании *Sabena.* Они избрали классическую рекламную стратегию авиакомпании. Продавали питание в полете и сервис.

«Только ли люди с высоким достатком выбирают *Sabena*?» — задавало вопрос типичное рекламное объявление. Но даже самый лучший в мире обед не заставит человека выбрать авиакомпанию, которая не имеет возможности доставить его к месту назначения.

За 20 лет эта статистика не претерпела практически никаких изменений. Пятью ведущими странами назначения в Европе по-прежнему являются Великобритания, Германия, Франция, Нидерланды и Италия. Единственное отличие — Нидерланды поднялись на четвертое место, а Италия опустилась на пятое.

Необходимо позиционировать страну, не авиакомпанию

Очевидно, что для *Sabena* наиболее продуктивной стратегий было позиционирование не авиакомпании, а страны. Другими словами, то же, что *KLM* проделала с Амстердамом.

Sabena должна была сделать Бельгию страной, в которой обязательно захочет побывать американский путешественник. А не просто пересадочным узлом.

Кроме того, в позиционировании есть ясная, как божий день, мораль: что бы вы ни продавали: колу, компанию или страну, прочь из сознания — прочь из бизнеса.

Большинство американцев не знают о Бельгии почти ничего. Они думают, что Ватерлоо — это пригород Парижа, а основной продукт Бельгии — вафли. Многие не знают даже, где находится эта страна.

Но как найти позицию для страны? Ну, если подумать, то у любой популярной страны имеется устойчивый ментальный образ.

Скажите «Англия», и люди представят себе пышные церемонии, Биг Бен и Тауэр.

При слове «Италия» в воображении возникают Колизей, собор св. Петра, скульптуры Микеланджело и картины Рафаэля.

При упоминании «Амстердама» мы вспоминаем о тюльпанах, Рембрандте и удивительных каналах.

«Франция» же ассоциируется с изысканными ресторанами, Эйфелевой башней и ослепительной Ривьерой.

Человеческое сознание воспринимает города и страны как изображения на почтовых открытках. Вы наверняка представляете себе Нью-Йорк как панораму высотных зданий. Сан-Франциско — фуникулеры,

Разгром армии Наполеона при Ватерлоо произошел в Бельгии, хотя мало кто знает об этом. Но когда мы путешествовали по этой стране, менеджер *Sabena* по рекламе отказался отвезти нас на место великого сражения. «Война никого не интересует», — заявил он. В Бельгии, может быть, и никого, но в США интересующиеся найдутся. Ежегодно знаменитый Геттисберг посещают шесть миллионов американских туристов.

мост «Золотые ворота». Кливленд — множество заводов и дымящих труб.

Несомненно, высшие ступени лестницы пунктов назначения принадлежат Лондону, Парижу и Риму. Именно эти города наиболее популярны у впервые отправляющихся в Европу американцев. Но как *Sabena* привлечь к себе этих туристов?

В то же время в США существует большой сегмент видавших виды путешественников, готовых посетить места, в которых они еще не бывали. Такие страны, как Греция с ее памятниками древнейшей цивилизации или Швейцария с ее горнолыжными курортами.

После того как цель была определена, поиск позиции не составил особого труда.

Прекрасная Бельгия

Бельгия — очень красивая страна с множеством привлекательных мест, даже для тех, кто повидал немало европейских стран. Интересные города, исторические дворцы, музеи, художественные галереи.

Что странно, сами бельгийцы придерживаются не очень высокого мнения о своей стране как объекте туризма. В качестве краткого резюме их отношения можно привести плакат в брюссельском аэропорту. Помимо всего прочего на нем написано: «Добро пожаловать в Бельгию. Климат умеренный, всего 220 дождливых дней в году».

В рекламных буклетах туристам предлагалось посетить столицу Бельгии и указывалось на простоту переезда в другие интересные города. А именно в Лондон, Париж, Рим. (Если вам необходимо попасть в Нью-Йорк, отправляйтесь в Филадельфию — это рядом.)

Замок графов Фландрских в Генте, один из живописнейших памятников бельгийской архитектуры.

Гранд-плас, самая красивая в Европе городская площадь.

На самом деле никто и не думал превращать страну в объект паломничества туристов. Чтобы это понять, достаточно было пройтись по центру Брюсселя. Зайдите на Гранд-плас, возможно, самую красивую площадь Европы, и вы увидите, что вся ее центральная часть используется как парковка для автомобилей. (Позже стоянку все же убрали.)

Отсюда следует важный урок. Восприятие какого-либо места живущими в нем людьми отличается от восприятия приезжающих туда туристов.

Многие ньюйоркцы не понимают, чем их город может привлечь туристов. Они помнят об угрозах забастовки мусорщиков, но забывают о Статуе Свободы. В то же время Нью-Йорк ежегодно посещают 16 млн человек, которыми движет желание увидеть «город небоскребов».

«Трехзвездочные» города

Хотя «Прекрасная Бельгия» звучит неплохо, но для привлечения туристов одной этой темы явно недостаточно. Чтобы позиционировать страну как пункт назначения, необходимы приманки, ради которых путешественник провел в ней хотя бы несколько дней.

Никто не рассматривает Монако как пункт назначения, и все потому, что его основную достопримечательность, город Монте-Карло, можно изучить за один вечер. (Достопримечательность Монако номер два, принцессу Грейс, увидеть нельзя.)

Очевидно, что немалую роль здесь играет размер. В крупных по размерам странах интересных мест значительно больше. Малым странам в этом смысле не повезло. (Если бы в Бельгии был Большой Каньон, в стране не осталось бы сельскохозяйственных земель.)

Решение проблемы размера было найдено в одном из знаменитых путеводителей «*Michelin Guide*». Знаете ли вы, что в них города оцениваются так же, как рестораны?

В путеводителе по странам Бенилюкса указано шесть «трехзвездочных», заслуживающих специального посещения городов. Из них пять находятся в Бельгии: Брюгге, Гент, Антверпен, Брюссель и Турне.

Но наиболее удивительным оказалось то, что в самой интересной для туристов из этих трех стран, Голландии, трех звездочек удостоился единственный город, Амстердам.

В итоге появилась реклама с таким заголовком: «В прекрасной Бельгии пять Амстердамов», основным содержанием которой стали отличные полноцветные фотографии достопримечательностей бельгийских «жемчужин».

Реклама инициировала бесчисленное множество запросов о стране, которую большинство путешественников видели только из окна поезда на пути из Амстердама в Париж.

Одним из них стал телефонный звонок голландского министра по туризму своему бельгийскому коллеге.

Стоит ли говорить, что этот разгневанный господин интересовался, нельзя ли покончить с этой рекламой, а заодно и с теми, кто ее создал.

Эффективность воздействия стратегии «трехзвездочных городов» базировалась на трех факторах.

Во-первых, Бельгия сопоставлялась с местом, которое уже имело позицию в сознании туристов, а именно с Амстердамом. Какую бы программу позиционирования вы не реализовывали, использование в ней некоего устойчивого восприятия существенно подкрепляет ваши усилия по созданию собственной позиции. Во-вторых, ссылка на путево-

«Michelin»

За 20 лет мало что изменилось. Турне потерял одну звезду, а единый путеводитель *«Michelin»* по странам Бенилюкса был разделен на два. Теперь в одном из них описываются Бельгия и Люксембург, а другой посвящен Нидерландам. В Голландии по-прежнему один трехзвездочный город, так что теперь Бельгия ведет «со счетом» 4 : 1. Маркетинговая программа становится намного более эффективной, если она основана на «рекомендациях» третьей объективной стороны.

Одними визуальными изображениями невозможно создать прочную позицию в сознании аудитории. Для этого необходимы слова. В эффективной программе позиционирование «визуальное» должно быть выражено «вербально». Для скорейшего запоминания полезно применять аллитерацию.

дитель «*Michelin*» (еще одна устойчивая позиция в сознании людей) выступала дополнительным свидетельством обоснованности рекламных сообщений.

И наконец, пять «заслуживающих посещения» городов делали Бельгию действительно стоящей специального внимания туристов.

В конце концов концепция «трехзвездочные города прекрасной Бельгии» была реализована и в вызвавшей значительный отклик телевизионной рекламе.

Телевизионная реклама с ее возможностями передачи изображения и звука способна донести образы страны до сознания намного быстрее, чем реклама в других медиа.

Но в использовании телевидения существует определенная опасность. Целевая аудитория может воспринять продвигаемые вами визуальные образы как напоминающие те, которые используются странами-конкурентами.

Вспомните рекламу островов Карибского бассейна. Можете ли вы сказать, чем отличаются пальмы и пляжи Нассау, Виргинских островов или Барбадоса? Если при их упоминании у вас в голове возникает одна и та же картинка, то все эти образы отправляются в общий слот под названием «Острова Карибского моря» и сознание отключается.

То же может произойти и с этими необычными и привлекательными европейскими городками. Или с улыбающимися жителями, приветственно поднимающими кружки пива. Одна ветряная мельница стоит тысячи обычных уличных сцен, как бы хорошо они ни были поставлены.

Что произошло?

После всего сказанного у вас мог возникнуть вопрос, почему вы до сих пор так мало слышали о Бельгии и ее трехзвездочных городах.

По ряду причин программа так и не была доведена до конца. Все это должно послужить уроком для тех, кто намеревается заняться позиционированием.

Прежде всего, во время создания телевизионной рекламы в авиакомпании *Sabena* произошли организационные изменения. Новым руководителям компании было не до программы позиционирования, и когда в Брюсселе решили возродить стратегию «окна в Европу», они быстро согласились.

Вывод из этого таков. Для успеха программы позиционирования требуется полная и долгосрочная приверженность ей со стороны высших должностных лиц. Будь то глава компании, церкви или авиакомпании. Вся корпоративная «армия», начиная с самых высоких чинов и заканчивая рядовыми работниками, должна преследовать одну и ту же цель.

Другой проблемой стал Бельгийский совет по туризму, который по политическим причинам никак не хотел понять, почему другие (не имеющие ни одной звезды) города не могут принять участие в программе.

Отсюда следует важный урок — позиционирование требует сверхпростых коммуникаций. И быть посему. Другого пути нет. Путаница и непонимание — враги. Простота — священный Грааль.

Сегодня билеты на самолеты авиакомпании *Sabena* приобретают преимущественно чиновники Европейского Союза. Очень плохо. «Прекрасная Бельгия» могла стать отличной программой позиционирования и привлечения туристов, однако для полного ее осуществления понадобилось бы несколько десятилетий паблисити и рекламы. Если за прошедшие 20 лет мы чему-то научились, так это силе постоянства.

ГЛАВА 16

Позиционирование товара: «*Milk Duds*»

«*Milk Duds*» — марка выпускаемых компанией *Beatrice Foods* леденцов, упакованных в маленькую желтую с коричневым коробочку. За ним числится репутация «киношного» продукта, однако *Beatrice Foods* захотела расширить сферу потребления леденцов, привлечь к ним молодых любителей сладостей.

Первый шаг

Первый шаг любой программы позиционирования — анализ сознания покупателей.

Кто покупает «*Milk Duds*»? Это отнюдь не маленькие дети, которые еще не научились считать. Исследование показывает, что потребители «*Milk Duds*» — настоящие «специалисты» по сладостям. Те, кто уже успел побывать в кондитерском отделе не одну и не две сотни раз.

Среднему покупателю «*Milk Duds*» 10 лет от роду. Это осторожный, подозрительный и прозорливый потребитель, всегда отдающий себе отчет в том, что он получает за свои деньги.

«*Milk Duds*», карамель в шоколадной глазури, продается в коробочке.

Программы позиционирования мало чем отличаются от поиска очевидного. Хотя, если вы сконцентрируетесь на самом товаре, очевидное как раз проще всего упустить. (Как в случае с «похищенным письмом» Эдгара По, сложнее всего найти искомое, если оно лежит на самом видном месте. Слишком очевидно.)

Какие образы «всплывают» в сознании покупателя, когда он вспоминает о «сладостях»? Не «*Milk Duds*», хотя 10-летний ребенок может иметь расплывчатое представление об этой марке.

Для большинства 10-летних желание съесть какую-нибудь сладость немедленно вызывает в воображении образ шоколадки.

Шоколадки типа «*Hershey*», «*Nestlé*», «*Mound*», «*Almond Joy*», «*Reese*», «*Snickers*», «*Milky Way*». Все благодаря миллионам долларов, израсходованных производителями этих и других марок шоколадных плиток и батончиков.

Конкурентное репозиционирование

Поскольку на рекламу «*Milk Duds*» могла быть выделена лишь малая толика этих денег, попытка создания индивидуальности марки была изначально обречена на неудачу. Единственным вариантом внедрения марки в сознание детей был поиск способа репозиционирования категории шоколадных батончиков.

Иначе говоря, необходимо было сделать так, чтобы потраченные конкурентами миллионы долларов заработали на «*Milk Duds*», представляя эту марку как наилучшую альтернативу шоколаду. (Простое закрепление еще одной марки в перегруженном сознании потребителей было бы бесполезным.)

По счастью, в конкурентной борьбе шоколадных батончиков отчетливо прослеживалась одна слабость, которой грех было бы не воспользоваться

Целью рекламы «*Milk Duds*» стали дети в возрасте от 10 лет. Определение целевой аудитории есть первый шаг к нахождению эффективной позиции. Хотя такой продукт, как «*Milk Duds*», может нравиться всем (и нравится), попытки сделать рекламу приятной для максимально широкой аудитории обычно заканчиваются фиаско. Пусть взрослые получат сообщение косвенным путем.

зоваться. Она становится очевидна после одного взгляда на размер, форму и цену современной плитки шоколада «*Hershey*».

Ребенок без труда расправится с этой плиткой (цена — 30 центов) за 2–3 секунды.

У американских потребителей сладостей присутствует одно не выраженное явно, но сильное настроение. Которое растет по мере уменьшения шоколадных плиток в размере.

«Я с таким трудом зарабатываю деньги, а их хватает только на такую маленькую шоколадку».

«Либо я ем быстрее, либо шоколадки становятся меньше».

«Одна шоколадка в одну секунду!»

Вот оно, слабое место шоколадной конкуренции.

Конфеты «*Milk Duds*» другие. Они продаются в коробочке, а не в обертке. 15 отдельных, покрытых шоколадом карамелек. Для того чтобы съесть их все, необходимо время.

По сравнению с шоколадными плитками и батончиками одной упаковки «*Milk Duds*» хватает на долгое время. (Если попытаться высыпать в рот все содержимое одной коробочки, челюсти будет не свести.) Именно поэтому они и пользуются такой популярностью в кинотеатрах.

Ну так какой же будет новая позиция *Milk Duds*?

Альтернатива, которой можно наслаждаться дольше

Понятно, какой: это будет альтернатива шоколаду, которой можно наслаждаться значительно дольше.

Для вас это, может быть, и очевидно, а для людей, делавших рекламу «*Milk Duds*», нет. За 15 лет телевизионной рекламы «*Milk Duds*» не было и намека на длительность потребления.

Давайте пройдемся по 30-секундному ролику и посмотрим, как идея длительного наслаждения была преподнесена детям.

1. Жил-был мальчик, и был у него большой рот... (Ребенок стоит возле огромного рта.)
2. ...который очень любил шоколадки. (Ребенок одну за другой кидает в рот плитки шоколада.)
3. ...но надолго их не хватало. (У ребенка заканчивается шоколад; огромные губы выражают горькое недоумение.)
4. Но он открыл шоколадную карамель «*Milk Duds*». (Ребенок держит в руках коробку карамели; рот начинает облизываться.)

5. Ему понравились «*Milk Duds*», потому что их хватает надолго. (Ребенок по одной кладет карамель рту на язык.)
6. (Ребенок и искусственный рот вместе поют песенку, которая становится лейтмотивом всей рекламной кампании). Когда плитка шоколада превратится в воспоминание, ты все еще будешь наслаждаться «*Milk Duds*».
7. Попробуйте несколько «*Milk Duds*» сразу. (Рот и ребенок улыбаются большущими улыбками.)

Принесла ли эта реклама результаты?

Она не просто остановила тенденцию сокращения продаж «*Milk Duds*». За несколько месяцев *Beatrice Foods* реализовала больше конфет, чем за всю свою историю.

Какой урок можно извлечь из истории с «*Milk Duds*»? Решение проблемы позиционирования находится в сознании покупателя, а не в продукте.

Несколько сцен из рекламного ролика «*Milk Duds*». К сожалению, председателю совета директоров компании не понравился большой рот, и он свернул программу. «*Milk Duds*» вернулись в кинотеатры.

ГЛАВА 17

Позиционирование сервиса: «*Mailgram*»

В чем разница между позиционированием товара (такого как «*Milk Duds*») и позиционированием услуги (такой как почтовая служба «*Mailgram*» («Почтограмма») компании *Western Union*)?

Визуальное против вербального

В рекламе товара доминирующим элементом обычно является изображение, визуальные образы, в то время как в рекламе услуг — слова, вербальные образы. (Поэтому, когда вы видите объявление, в котором доминирует изображение автомобиля, вы думаете, что рекламируется новая модель автомашины, а не служба проката.)

Для товара (такого как «*Milk Duds*») основным средством рекламы служит телевидение — медиа, ориентированное на визуальное восприятие.

Для такой, как «*Mailgram*», услуги основным средством рекламы служит радио (как медиа, ориентированное на слуховое восприятие).

Естественно, из этих принципов существует множество исключений. Если внешний вид продукта всем известен, в использовании печатных, телевизионных или каких-либо других визуальных средств рекламы не будет никаких преимуществ.

И наоборот, если для продвижения услуги может быть эффективно использован визуальный символ (как О. Дж. Симпсон (знаменитый профессиональный спортсмен и киноактер, впоследствии подозревался в убийстве жены) в рекламе *Hertz*, например), целесообразно использование телевидения.

Несмотря на исключения, визуальные/вербальные обобщения подтверждаются сплошь и рядом. В последовательном тестировании газет, журналов, радио и телевидения наиболее эффективным для рекламы «*Mailgram*» было признано радио. Однако в этой истории главное —

«*Mailgram*» — предоставляемая совместно компанией *Western Union* и Почтовой службой США услуга.

стратегия, а не средство рекламы. А перед тем как рассказать вам о стратегии, необходимо разобраться в функционировании системы в целом.

Первая электронная почта

Разработанная совместно с Почтовой службой США и введенная в эксплуатацию в 1970 г. служба «*Mailgram*» стала первой в стране электронной почтой.

Чтобы послать «почтограмму», необходимо позвонить в *Western Union*, и ваше сообщение будет передано по электронному каналу в ближайшее к получателю почтовое отделение. Доставляется «почтограмма» на следующий рабочий день.

Чтобы продемонстрировать техническое совершенство системы, давайте проследим за типичной «почтограммой» на всем ее пути из Нью-Йорка на западное побережье.

1. Отправитель из Нью-Йорка подходит к телефону и набирает номер *Western Union*.
2. Оператор одного из работающих круглосуточно центральных телефонных узлов *Western Union* принимает сообщение и вводит его в компьютерный терминал.
3. Сверив с отправителем текст письма и пункт назначения, оператор нажимает кнопку. Принятое сообщение отправляется на центральный компьютер в Мидлтауне (штат Виргиния).
4. Компьютер обрабатывает сообщение и транслирует его на наземную станцию спутниковой связи в Гленвуде (штат Нью-Джерси).
5. Оттуда сообщение отправляется на спутник «*Westar*», находящийся на геостационарной орбите над экватором.
6. Со спутника сообщение передается на наземную станцию в Стил-Валли (штат Калифорния).

Визуальные образы могут отлично запоминаться, но при отсутствии связи с вербальной идеей они теряют всю свою эффективность. Все помнят О. Дж. Симпсона, бегущего через терминалы аэропорта. Но какое сообщение *Hertz* пыталась донести той рекламой? Этого не помнит никто.

7. С наземной станции сообщение по проводной или радиорелейной связи передается в ближайшее к адресату почтовое отделение и распечатывается на высокоскоростном телеграфном аппарате.
8. Затем послание помещается в специальный сине-белый конверт и как обычное письмо доставляется калифорнийскому получателю.

Клиенты имеют возможность воспользоваться услугой «*Mailgram*» не только по телефону, но также по телетайпу, через службу телетайпной связи, магнитную ленту, компьютер, факсимильный аппарат или через пишущую машинку с возможностью связи.

Зачем мы все это рассказываем? Зачем обсуждать детали системы «*Mailgram*»?

Чтобы доказать одно важное положение. В большинстве рекламных программ ничего не говорится о деталях предлагаемого товара или услуги. И чем интереснее и сложнее услуга, тем вероятнее отсутствие этой информации. Ответственные за представление продукта маркетинговые работники оказываются настолько поглощены услугой, что начисто забывают о покупателе. Если следовать традиционному подходу, «*Mailgram*» должна была быть представлена как «новая, автоматизированная, компьютеризированная служба электронных коммуникаций». (*Western Union* потратила миллионы на одно только программирование компьютеров, не говоря уже о гигантских расходах на наземные станции, спутники и т. д.)

Дешевая телеграмма

Сколько бы денег вы ни потратили, какой бы технологически интересной ни была ваша услуга, чтобы проникнуть в сознание клиента, необходимо создать связь с чем-то, уже закрепившимся в его памяти. И от этого никуда не деться.

Что там существует в сознании клиентов? Телеграмма, разумеется.

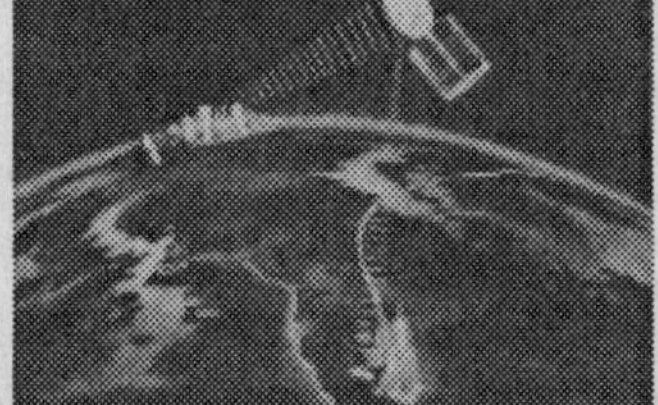

Ключевая роль в системе «*Mailgram*» принадлежала спутнику «*Westar*». Впоследствии мы усиленно убеждали *Western Union* изменить свое название на *Westar Corporation*. Они отказались, и через некоторое время компания обанкротилась. Помогло бы изменение названия? Мы думаем, что да. (Сегодня под маркой *Western Union* функционирует служба денежных переводов, но это всего лишь тень былой славы.)

Каждый раз, когда упоминаются слова «*Western Union*», в среднестатистическом сознании возникает самый знаменитый в мире желтый образ. И окончание «*gram*» в названии «*Mailgram*» только подкрепляет это впечатление.

В чем же состоят различия между старой и новой «граммами»?

Разница в первую очередь в цене. У той и у другой одинаковый телеграфный формат. Обе требуют незамедлительного внимания. Но желтая телеграмма стоит в три раза дороже, чем сине-белая «почтограмма».

Поэтому первая идея позиционирования звучала так: «"*Mailgram*": эффект телеграммы за малую долю ее стоимости».

Здесь кто-то наверняка скажет: «Подождите. Зачем противопоставлять "*Mailgram*" обычным телеграммам, ведь это тоже услуга *Western Union*? Зачем отнимать бизнес у самих себя?

Более того, телеграммы уже отживают свой век. Зачем сравнивать такую новую, современную услугу, как "*Mailgram*", с явно устаревшей? Телеграммы, конечно, еще играют важную роль, но это бизнес "вчерашнего дня"».

Железная логика. Но, как это часто происходит, в обращении к человеческому сознанию логика оказывается далеко не лучшей стратегией. И все же в данном случае она была настолько безупречна, что концепцию стоило переосмыслить. Тем более что существовала другая заслуживающая внимания концепция позиционирования.

Быстрое письмо

Фактически второй способ позиционирования вытекает из самого названия. «*Mailgram*» можно было связать с американской почтой.

Опять же, если бы *Western Union* хотела отнять часть бизнеса у другой службы, ей, как показывают цифры, следовало противопоставить новую услугу обычной почте.

За истекший год в 69 млн почтовых ящиков было опущено 58 млрд заказных писем. Или 840 писем в расчете на одно домашнее хозяйство в год.

Телеграммы составляют лишь крошечную долю этого объема.

Поэтому вторая идея звучала так: «"*Mailgram*": новая высокоскоростная служба для важных сообщений».

Какой подход лучше? Несмотря на все недостатки «дешевой телеграммы», теория позиционирования говорит, что именно этому способо-

«"*Mailgram*": эффект телеграммы за долю ее стоимости»

От «содержания» сознания клиента никуда не деться. Когда вы говорите «*Western Union*», большинство людей думают: «Телеграмма».

бу нужно отдать предпочтение. Впрочем, служба «*Mailgram*» была слишком важна для будущего *Western Union*, чтобы принимать решение на основе исключительно субъективных суждений. Поэтому был проведен тест-маркетинг обеих кампаний.

Дешевизна или скорость?

Сам по себе пробный маркетинг осуществлялся в крупных масштабах. Такие крошечные рынки, как Пеория, даже не рассматривались. «*Mailgram*» тестировалась в шести городах: Бостоне, Чикаго, Хьюстоне, Лос-Анджелесе, Филадельфии и Сан-Франциско, крупных центрах с развитыми потребностями в услугах связи.

Какая кампания победила? В принципе, эффективны были обе. Вот данные о том, насколько увеличился объем сообщений «*Mailgram*» в городах-участниках за 13 недель действия программы:

города с кампанией «быстрое письмо»	— плюс 73%;
города с кампанией «дешевая телеграмма»	— плюс 100%.

Уже одни эти цифры доказывали превосходство позиции «дешевая телеграмма». Однако окончательное решение было принято на основе данных об осведомленности потребителей об услуге (показатель измерялся до и после реализации программы).

Приведенные ниже данные демонстрируют долю участвовавших в опросе потенциальных клиентов, которые правильно описали суть «*Mailgram*» до начала рекламной кампании:

Города с кампанией «быстрое письмо»	— 27%;
Города с кампанией «дешевая телеграмма»	— 23%.

С точки зрения статистики разница невелика. Видно, что уровень осведомленности в городах примерно одинаков. Другими словами, около четверти жителей уже знали, что представляет собой «*Mailgram*».

Однако после проведения рекламной кампании различия между двумя группами городов оказались значительно большими. Ниже приведены данные об осведомленности о «*Mailgram*», полученные 13 недель спустя:

Города с кампанией «быстрое письмо»	— 25%;
Города с кампанией «дешевая телеграмма»	— 47%.

Публично мы говорим о том, что «телеграммы еще играют важную роль», однако в частной беседе мы убеждали председателя *Western Union*, что эта услуга — дохлый номер. Рекламным агентствам, конечно, следует быть более дипломатичными. Это одна из причин того, почему теперь мы являемся самостоятельными консультантами по маркетингу.

Каким бы невероятным это ни показалось, но осведомленность в городах с кампанией «быстрое письмо» даже снизилась — с 27 до 25%. (Опять же со статистической точки зрения разница несущественна.)

За счет чего тогда вырос объем пользования службой в этих городах? Очевидно, за счет тех потребителей, кто уже был осведомлен о достоинствах «*Mailgram*». Для них реклама служила не более чем напоминанием об услуге.

В тех городах, где проводилась кампания «дешевая телеграмма», ситуация развивалась иначе. Осведомленность о «*Mailgram*» выросла более чем в два раза — 23 до 47%.

Эти цифры не только свидетельствовали об огромном скачке, но и позволяли сделать вывод о том, что рост объема передаваемых сообщений будет продолжаться значительно дольше.

Пару слов о самих телеграммах. Одновременно с пробным маркетингом «*Mailgram*» компания *Western Union* измеряла объем передаваемых телеграмм до, во время и после рекламы. Оказалось, что он практически не изменялся. Сегодня компания чувствует, что продвижение службы «*Mailgram*» как дешевой альтернативы телеграммам скорее помогло, нежели нанесло ущерб последним.

Как развивались события после выбора стратегии? «*Mailgram*» ждал ошеломительный успех. Она стала одной из самых прибыльных услуг *Western Union*.

Доходы росли из года в год. За восемь лет доход от услуги увеличился с $3 млн до $80 млн в год.

Не изменилось только одно. Концепция позиционирования услуги. Каждое печатное объявление, каждый рекламный ролик для телевидения и радио строился вокруг одной и той же идеи: «Эффект телеграммы за долю ее стоимости».

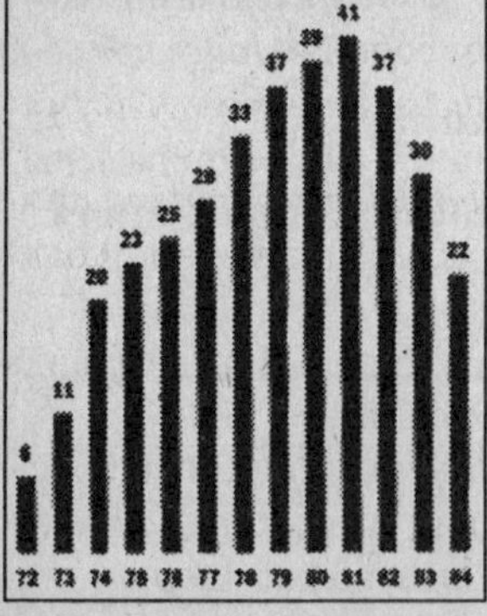

Количество сообщений «*Mailgram*», млн шт.

В 1981 г. *Western Union* отказалась от наших услуг, а новое рекламное агентство отказалось от стратегии «Эффект телеграммы». В каждый из трех последующих лет объем сообщений «*Mailgram*» значительно снижался. Конечно, ни один товар и ни одна услуга не могут существовать вечно. В долгосрочной перспективе на смену «*Mailgram*» неизбежно должны были прийти телефаксы и «обычная» электронная почта.

ГЛАВА 18

Позиционирование банка *Long Island*

Как и компания *Western Union*, банки продают услуги, а не товары. Но в отличие от службы общенационального масштаба «*Mailgram*» банковские услуги носят региональный характер. В соответствии с законодательством США деятельность банка в большинстве случаев ограничивается пределами одного штата, округа или даже города.

Таким образом, позиционирование банка мало чем отличается от позиционирования универмага, магазина бытовой техники или любого другого предприятия розничной торговли. А условием правильного позиционирования такого предприятия является доскональное знание особенностей обслуживаемой территории.

Данное положение утратило актуальность. Сегодня за право называться национальными банковскими учреждениями в США борются *Citibank*, *Chase*, *Bank of America*, *Wells Fargo*, *Bank One* и др. В конечном итоге (в соответствии с законом двойственности) в категории будут доминировать два крупнейших банка.

Ситуация с банками в Лонг-Айленде

Для того чтобы разобраться в том, как *Long Island Trust Company* пришла к своей позиции, необходимо рассказать об обслуживаемой банком территории.

Долгие годы *Long Island Trust* был ведущим банком Лонг-Айленда (наибольшее число отделений, наивысшие доходы).

Но в 1970-х гг. банковское поле боя Лонг-Айленда кардинально изменилось. Был принят новый закон, снимавший ограничения на открытие отделений банков на всей территории штата Нью-Йорк.

С тех пор многие банки Нью-Йорка основательно укрепили свои позиции в Лонг-Айленде. В район вторглись такие конкуренты, как *Citibank*, *Chase Manhattan* и *Chemical Bank*.

Кроме того, многие жители Лонг-Айленда ежедневно ездят в Нью-Йорк и совершают часть своих банковских операций в этих самых организациях.

Однако проникновение крупных банков на территорию Лонг-Айленда было лишь частью проблемы. Настоящая территория, за которую идет сражение, — это сознание клиентов. Хватило одного маленького исследования, чтобы обнаружить значительные и, увы, негативные для *Long Island Trust* перемены.

Отображение сознания покупателя

К этому моменту вы, должно быть, уже понимаете, насколько важно иметь представление о процессах, которые происходят в сознании покупателей. Не только относительно вашего товара или услуги, но и в отношении предложений конкурентов.

Знание это часто добывается интуитивным путем. Для того чтобы узнать, что *Western Union* прочно ассоциируется с телеграммами, вряд ли стоит обрабатывать ответы 10 000 респондентов. Равно как и определить позиции карамели «*Milk Duds*», Бельгии и компании *Monsanto*.

И все же очень часто — почти всегда — чрезвычайно полезно составить образ сознания покупателя посредством формального позиционного исследования. Полезно не только для разработки стратегии, но и для того, чтобы убедить высшее руководство компании в ее обоснованности. (Очевидно, что директор, проработавший в компании 30 лет, воспринимает ее иначе, чем покупатель, который за тот же период контактировал с ней не более нескольких минут, если не секунд.)

«Отображение сознания покупателя» обычно производится посредством исследовательского метода под названием «семантический дифференциал». Данная процедура использовалась и в ходе разработки программы позиционирования *Long Island Trust*.

В соответствии с методом семантического дифференциала респонденту предоставляется список атрибутов-свойств, по каждому из которых он должен оценить деятельность оперирующих на рынке конкурентов (обычно по шкале оценок от 1 до 10). Одним из таких атрибутов может быть, например, цена товара или услуги. В категории автомобилей «*Cadillac*» получит по этому показателю высокую оценку, а «*Chevrolet*» — низкую.

Для банковской сферы восприятие цены как таковой не характерно, поэтому для исследования были выбраны другие атрибуты: (1) большое число отделений, (2) полный спектр услуг, (3) качество сервиса, (4) размер уставного капитала, (5) помощь жителям Лонг-Айленда и (6) участие в экономическом развитии Лонг-Айленда. Первые четыре атрибута можно назвать традиционными факторами предпочтения одного из банков. Последние два относятся непосредственно к ситуации в Лонг-Айленде.

Что касается традиционных мотивов, положение *Long Island Trust* было безрадостным. По всем четырем атрибутам респонденты дали ему самую низкую оценку.

Большое число отделений

Chemical	7,3
National Bank of North America	6,7
European American	6,6
Chase Manhattan	6,4
Citibank	6,1
Long Island Trust	5,4

Полный спектр услуг

Chemical	7,7
Citibank	7,7
Chase Manhattan	7,6
National Bank of North America	7,4
European American	7,3
Long Island Trust	7,0

Качество обслуживания

Chemical	7,2
Citibank	7,0
National Bank of North America	7,0
Chase Manhattan	6,9
European American	6,8
Long Island Trust	6,7

Большой уставный капитал

Chemical	8,2
Chase Manhattan	8,2

Citibank	8,1
National Bank of North America	7,8
European American	7,7
Long Island Trust	7,1

В отношении самого Лонг-Айленда, однако, позиции банков изменились.

Помощь жителям Лонг-Айленда

Long Island Trust	7,5
National Bank of North America	6,6
European American	5,2
Chemical	5,1
Chase Manhattan	4,7
Citibank	4,5

Помощь экономике Лонг-Айленда

Long Island Trust	7,3
National Bank of North America	6,7
European American	5,4
Chemical	5,4
Citibank	5,3
Chase Manhattan	4,9

По атрибутам, касающимся Лонг-Айленда, банк *Long Island Trust* занимал первые места. Неудивительный результат, если учесть его название.

Разработка стратегии

Каким подходом должен воспользоваться *Long Island Trust*? В соответствии с традиционным мышлением необходимо принять свои сильные стороны и сконцентрироваться на устранении недостатков. Иначе говоря, рассказывать в рекламе о великолепном обслуживании, дружелюбных служащих и т. п.

Большинство маркетинговых исследований всецело посвящены отношениям покупателей и потребителей к самой компании. На самом деле мнение покупателей о компании, ее товарах или услугах не имеет особого значения. Значение имеет то, как выглядит компания в сравнении с конкурентами. Вот почему мы уже многие годы успешно используем метод семантического дифференциала.

Но мышление традиционное и позиционное — разные вещи. Теория позиционирования требует начать с того, в чем клиент вам уже доверяет.

Единственное, в чем потребители доверяли *Long Island Trust*, — его «лонг-айлендская позиция». Принятие этой позиции позволило банку одержать победу над конкурентами «из города». Суть идеи понятна уже из первого рекламного объявления.

> «Зачем отправлять деньги в город, если вы живете на Острове?
>
> Деньги имеет смысл держать ближе к дому. Не в городском банке. А в *Long Island Trust*. Они будут работать на пользу Лонг-Айленда.
>
> Как-никак, именно в его развитие мы вкладываем свой капитал.
>
> Не в Манхэттен. И не в какой-нибудь Кувейт.
>
> Спросите себя: кого больше всех интересует будущее Лонг-Айленда?
>
> Банк, который здесь недавно появился, который имеет сотни других отделений в Нью-Йорке и филиалы в пяти других странах?
>
> Или такой банк, как наш, работающий в Лонг-Айленде уже 50 лет и имеющий здесь 33 отделения?»

На фотографии во втором объявлении были изображены пальмы перед входом в здание *Citibank*.

> «У крупного нью-йоркского банка отделение в Нассау не обязательно находится в нашем Нассау.
>
> Не исключено, что на самом деле оно окажется на Багамах. Это одно из любимых мест крупных нью-йоркских банков. Знаете ли вы, что их отделения на Багамских и Каймановых островах предоставили транснациональным компаниям кредиты на сумму около $75 млрд?

«Зачем отправлять деньги в Нью-Йорк, если вы живете на Острове?»

Первое рекламное объявление из программы *Long Island Trust*. Если прошедшие 20 лет нас чему-то научили, так это тому, что такие программы нуждаются в широкой поддержке, мероприятиях по связям с общественностью. Нам следовало убедить главу банка дать интервью не только для прессы, но и на радио и телевидении. «Давид против Голиафа» — неизменно интересная для широкой публики история.

В этом нет ничего плохого. За исключением того, что вам, жителям Лонг-Айленда, это не приносит никакой пользы.

Лонг-Айленд не просто наше любимое место, это единственное место, в котором мы осуществляем банковские операции. У нас 18 отделений в Нассау (в округе Нассау) и 16 отделений в Куинсе и Суффолке.

Мы работаем здесь более пятидесяти лет. 95% кредитов и услуг нашего банка предоставляются жителям, школам и учреждениям Лонг-Айленда».

В других рекламных объявлениях развивалась та же тема:

«Нью-Йорк — отличное место для поездок, но стоит ли хранить там свои деньги?»

«Для нью-йоркского банка единственный остров — это Манхэттен». (Крошечный остров Лонг-Айленд изображен по сравнению с Манхэттеном карликом.)

«Если наступят тяжелые времена, куда направятся городские банки?» (Обратно в Нью-Йорк.)

Пятнадцать месяцев спустя было проведено аналогичное первому исследование. Обратите внимание, как изменились позиции *Long Island Trust* по каждому атрибуту.

Большое число отделений

Long Island Trust	7,0
National Bank of North America	6,8
Chemical	6,6
Citibank	6,5

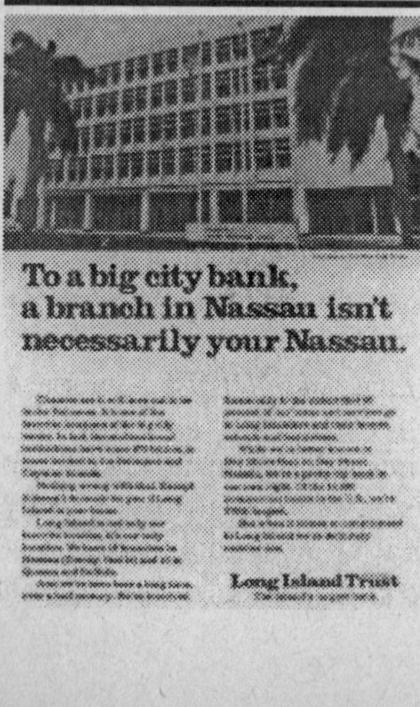

«У крупного нью-йоркского банка отделение в Нассау не обязательно находится в нашем Нассау»

Первое рекламное объявление из той же серии. Для домовладельца из Грейт-Нек Нассау — это округ, в котором собираются налоги на недвижимость. Для банкира из Манхэттена Нассау — остров на Багамах.

Chase Manhattan	6,1
European American	6,1

По «большому числу отделений» — с последнего места на первое. Притом что по этому показателю *Chemical Bank*, к примеру, опережает *Long Island Trust* более чем вдвое.

Полный спектр услуг

Citibank	7,8
Chemical	7,8
Chase Manhattan	7,6
Long Island Trust	7,3
National Bank of North America	7,3
European American	7,2

По «полному спектру услуг» *Long Island Trust* поднялся вверх на две позиции. С шестого места на четвертое.

Качество обслуживания

Citibank	7,8
Chemical	7,6
Chase Manhattan	7,5
Long Island Trust	7,1
National Bank of North America	7,1
European American	7,0

По «качеству обслуживания» *Long Island Trust* также перешел с шестого места на четвертое.

Большой уставный капитал

Long Island Trust	7,0
Chemical	6,7
Citibank	6,7
National Bank of North America	6,6
Chase Manhattan	6,6
European American	6,4

По «большому уставному капиталу» *Long Island Trust* поднялся с последнего места на первое.

Результаты были заметны не только в исследовании, но и в банковских отделениях. «При помощи нашего рекламного агентства, пионера широко распространенной сегодня концепции позиционирования, — говорилось в годовом отчете банка, — наш *Long Island Trust* имеет полное право называться “банком Лонг-Айленда для жителей Лонг-Айленда”. Кампания была принята немедленно и с благодарностью».

Вы скажете, что продвижение области, в которой банк проводит свои операции, — очевидная идея. Так и есть.

Лучшие идеи позиционирования столь просты, что большинство людей просто не замечают их.

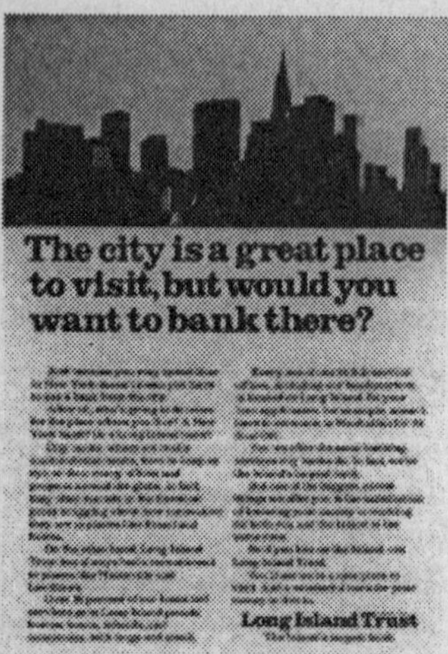

«Нью-Йорк — отличное место для поездок, но стоит ли хранить там свои деньги?»

Третье рекламное объявление *Long Island Trust*. Во время проведения рекламной кампании Нью-Йорк переживал серьезный финансовый кризис. Суть заголовка в том, что город может воспользоваться деньгами клиентов банка для пополнения своего бюджета.

Long Island Trust больше не существует, его поглотил другой, более крупный банк. К счастью, благодаря рекламе это обошлось ему в копеечку.

ГЛАВА 19

Позиционирование католической церкви

Возможно ли и насколько необходимо позиционирование религий и религиозных организаций?

Вы скажете, что наша идея «притянута за уши»?

Отнюдь нет. Сущность любой религии — осуществление коммуникаций. От богословия до отношений духовенства и паствы.

Проблема не в совершенстве божественного и не в греховности прихожан. Проблема в духовенстве.

От того, как духовенство применяет теорию коммуникаций на практике религии, во многом зависит воздействие последней на нас, смертных.

Кризис личности

Не так давно принципы позиционирования нашли применение в католической церкви. Иными словами, коммуникативные проблемы этого огромного общественного института были рассмотрены как трудности крупной корпорации.

Просьба об этом поступила не от Папы Римского и не от Комитета епископов. Она поступила от группы мирян, глубоко обеспокоенных тем, что один знаменитый богослов окрестил «определенным кризисом церковный личности», вызванным проводимыми Ватиканом реформами.

Стало очевидным, что коммуникации католической церкви носят в лучшем случае бессистемный характер.

Вся масса усилий была направлена на улучшение методов, однако программам недоставало общей идеи, целостности. (Эта проблема особенно важна в век переизбытка электронных коммуникаций.)

Как если бы *General Motors* отказалась от корпоративных рекламных кампаний. Если бы все коммуникации исходили от дилеров. Некоторые были бы приемлемыми, большинство — плохими.

Эти проблемы во многом прослеживаются и в Ватикане времен Иоанна Павла II.

До «открытия окон» церковь как институт занимала четкую позицию в сознании верующих. Большинство из них воспринимали церковь как учителя. Основное внимание уделялось правилам, поощрениям и наказаниям. Церковь была последовательна в своем отношении как к молодежи, так и к пожилым людям.

Папа Иоанн Павел II «подвинул» католическую церковь с занимаемых ею позиций закона и порядка. Многие нормы и положения были отменены за ненадобностью. Изменения в церковной службе и обрядах стали обычным делом. На смену непоколебимости пришла гибкость.

К сожалению, в эпоху перемен в Ватикане не нашлось хорошего рекламного менеджера. Того, кто смог бы сформулировать суть происходящего и простым доступным языком объяснить, в каком собственно направлении движется католическая церковь.

Последствия отсутствия «корпоративной» коммуникативной программы демонстрируют нам, что руководство церкви просто не осознавало масштабов проблемы, с которой она столкнулась.

Утрата влияния

Проблема заключалась в отсутствии четкой презентации нового облика церкви.

Человек верующий тихо спрашивал: «Если вы не учителя закона, то кто же вы?».

Но Иоанн Павел II молчал. Не предпринималось никаких попыток репозиционировать церковь в сознании обывателей. И коли на то пошло, и в сознании духовенства.

А раз не было ответов, у людей нарастало непонимание происходящих процессов, а сами они начинали покидать ряды церкви.

Впервые в США посещаемость храмов во время месс упала ниже 50% от численности верующих католиков.

Число священников, монахов и монахинь сегодня на 20% ниже, чем десять лет назад.

И еще несколько самых важных статистических показателей. По идее, католическая церковь является «крупнейшим носителем моральной ответственности в американском обществе». (Таким титулом ее наградил недавно протестантский священник Питер Бергер.)

Но когда журнал «*U. S. News & World Report*» провел опрос 24 000 влиятельных руководителей на предмет оценки основных общественных институтов, католическая церковь и другие государственные религии оказались в самом конце.

Моральная ответственность церкви преподносится американскому обществу явно не в лучшем виде.

Профсоюзы	66%
Телевидение	65%
Верховный суд	65%
Белый дом	54%
Газеты	47%
Администрация	46%
Сенат США	43%
Палата представителей	36%
Промышленность	33%
Финансовые учреждения	25%
Демократическая партия	22%
Журналы	20%
Образовательные учреждения	18%
Кабинет министров	18%
Радио	15%
Рекламные агентства	15%
Республиканская партия	8%
Государственная религия	5%

В чем заключается роль церкви?

«В чем состоит роль католической церкви в современном мире?»

Этим вопросом задаются священники, епископы, миряне. И каждая группа трактует проблему по-своему.

Одни говорят, что простых ответов не существует. Другие утверждают, что ответ может быть и не один. (Узнаете ловушку всеобщности?)

А вот корпоративные руководители вряд ли затруднились бы с ответом. Если вы зададите аналогичный вопрос членам совета директоров *General Motors*, они, вот увидите, заявят, что роль компании — сохранение завоеванных позиций как крупнейшего в мире производителя автомобилей. Корпорации расходуют миллионы долларов на то, чтобы найти и сообщить нам о преимуществах своих товаров, используя такие слоганы, как «белее белого» или «"*Crest*" — это борьба с кариесом».

Вот и церкви необходимо дать на поставленный перед ней вопрос простой и вместе с тем исчерпывающий ответ. И затем включить его в по-настоящему интегрированную коммуникативную программу. После чего представить ее пастве новым, эффектным способом.

В поисках индивидуальности корпорация обычно возвращается через этапы своего развития к истокам до тех пор, пока она не определит основные виды деятельности, суть своего бизнеса. Необходимо пристально изучить все исполнявшиеся в прошлом планы и программы. Проанализировать достижения и ошибки.

В случае с католической церковью необходимо вернуться на 2000 лет назад и мысленно пройти все этапы ее становления. Только изучать следует не старые годовые отчеты, а Священное писание.

В поиске простого, прямого выражения роли церкви следует помнить, что ответ может содержаться в двух высказываниях из Евангелия.

Во-первых, во время пребывания Иисуса на земле Бог повелел: «Сей есть Сын Мой Возлюбленный, в Котором Мое благоволение; Его слушайте» (Евангелие от Матфея, 17 : 5).

Воскреснув, Иисус говорил ученикам: «Итак идите, научите все народы... уча их соблюдать все, что Я повелел вам» (Евангелие от Матфея, 28 : 19).

Учитель слова

Из Библии, бесспорно, следует, что Иисус видел роль церкви как «учителя слова».

Поскольку он был Сыном Бога, следует считать, что слово Иисуса есть слово вечное. Притчи Иисуса были адресованы не только его современникам, но и нам с вами.

Следовательно, в их построении заложена всеобщность, никогда не устаревающая универсальность. Они просты и глубоки. В них Иисус дает людям всех возрастов пищу для размышлений и действий.

Поэтому можно предположить, что те, кто сегодня несут слово Иисуса, могут и должны передавать его в новой форме в своей местности, в свое время, своим способом.

Так прохождение через этапы прошлого привело нас к выводу о том, что роль церкви состоит в поддержании веры в Иисуса в каждом новом поколении и в соотнесении его слова с проблемами дня сегодняшнего.

Во многих отношениях Иоанн Павел II направил церковь назад, нежели вперед. От «учителя закона» к «учителю слова».

Все это может показаться очень простым, очевидным решением сложной проблемы.

Так оно и есть. Опыт показывает, что позиционирование есть поиск очевидного. К несчастью, очевидные концепции одновременно являются и наиболее трудными для формулирования и «продажи».

Человеческое сознание склонно восхищаться сложным и «отгонять» от себя очевидное как слишком простое. (Например, многие служители католической церкви восторгаются ролью церкви, определенной богословом Авери Даллесом. Его ответ: у церкви не одна роль. У нее шестнадцать разных ролей.)

Реализация позиции

Итак, очевидная концепция найдена. Остается рассмотреть способы ее реализации.

В первую очередь необходимо подготовить проповедников. Для исполнения роли «учителя слова» представители духовенства должны быть намного более искусными ораторами. (Лучших религиозных ораторов сегодня можно увидеть не в церкви, а на телевидении.)

В дополнение к подготовке проповедников было предложено снять вводный фильм под названием «Возврат к истокам».

Для установления любых коммуникаций необходима драма, которая привлечет внимание людей. Поэтому нам идеально подходит эмоциональность киноформата. (По этой же причине телевидение должно использоваться для представления новых продуктов.)

Был предложен широкий спектр других элементов ориентированной на роль церкви как «учителя слова» программы.

Главное здесь в том, что, будучи однажды разработанной и утвержденной, стратегия позиционирования определяет направление деятельности всех членов организации. Даже такой крупной, как католическая церковь.

Что было дальше?

Ничего.

Нам не удалось убедить руководство католической церкви в необходимости детальной разработки предлагаемой программы.

Епископы не только не терпят, когда непрофессионалы указывают им способы управления церковью. Наше решение показалось им слишком очевидным. Простота не так привлекательна, как сложность.

Но об этом — в другой раз, в другой книге.

Папа Иоанн Павел II повел церковь назад. Скоро мы увидим направление, которое выберет следующий глава Римской Католической Церкви.

20 Самопозиционирование

ГЛАВА

Если позиционирование используется для продвижения товаров, почему бы не применить его принципы для продвижения самого себя?

Какие-либо препятствия этому отсутствуют.

Итак, давайте обсудим теорию позиционирования с точки зрения применения ее к собственной карьере.

Самоопределение

Кто вы? Продвижению людей присущи те же недостатки, что и рекламе товаров. Человек как личность очень часто стремится быть всем и для всех.

Ошибочность данного подхода определяется процессами, которые происходят в сознании потенциальных покупателей. Потребителям сложно соотнести с каждым товаром уже одну-единственную концепцию. А «переработать» две и более идей практически невозможно.

Самая сложная часть процесса позиционирования состоит в выборе той единственной концепции, которой вы будете придерживаться, которая будет определять все ваши действия. Сделать это придется обязательно, а иначе пробить стену безразличия «покупателя» невозможно.

Кто вы? В чем состоит ваша жизненная позиция? Можете ли вы резюмировать ее в одной концепции? И способны ли вы управлять своей карьерой, развивая эту позицию и используя ее?

Большинство людей недостаточно решительны, чтобы разработать собственную концепцию позиционирования. Они колеблются. Они ждут, пока за них это сделает кто-то другой.

«Я лучший адвокат в Далласе».

Так ли? И часто будет упоминаться ваше имя, если мы проведем опрос среди правозащитников этого города?

«Я лучший адвокат в Далласе» — это позиция, занять которую способен человек недюжинных талантов, при условии огромной стратегической работы с его стороны и изрядной доли везения. И первый шаг состоит в вычленении концепции, которой вы будете придерживаться при создании долгосрочных позиций. Это нелегко. Но оно того стоит.

Совершайте ошибки

Все, что стоит делать, необходимо делать. Пусть плохо, но делать. Если что-то не стоит ваших усилий, не делайте этого вообще.

С другой стороны, представим, что вы осознаете необходимость сделать нечто. Но вы ждете, пока получите возможность выполнить это идеальным образом. В таком случае помните, что малейшее промедление означает отдаление поставленной цели. Возможно, в бесконечность.

Вот потому все, что стоит делать, необходимо делать. Пусть плохо, с ошибками, но делать.

Какой сотрудник компании пользуется бóльшим уважением коллег? Тот, кто много раз пытается сделать нечто и иногда добивается успеха, или тот, кто более всего опасается собственного фиаско и «шевелится» только в тех случаях, когда успех очевиден?

Американцы помнят бейсболиста Ти Кобба, который взял 96 баз в 134 попытках (70%). Но они забыли Макса Кэри, который взял 51 базу из 53 (96%).

Эдди Аркао, возможно, величайший жокей всех времен, проиграл подряд 250 скачек. Но в 251-й он все-таки пришел к финишу первым.

Убедитесь в правильности своего имени

Помните Леонарда Стайла? Он был практически неизвестен публике. Псевдоним Рой Роджерс стал важнейшим первым шагом актера на пути к славе звезды кинематографа.

А как насчет Мариона Моррисона? Звучит несколько женственно для крутого ковбоя, поэтому он стал Джоном Уэйном.

А Иссур Даниелович? Сначала он взял имя Изадор Демски, потом превратился в Кирка Дугласа.

«Судьба старалась спрятать его, — говорил Оливер Уэнделл Холмс-младший, — и дала ему имя Смит».

В соответствии с американскими законами вы имеете право выбрать себе любые, какие хотите, имя и фамилию, лишь бы они не использовались в целях обмана и не вводили в заблуждение. Так что если вы собираетесь торговать гамбургерами, не стоит брать фамилию Макдональд.

Кроме того, если вы политик, то не пытайтесь изменить имя на «Никто из вышеперечисленных». Лютер Нокс, кандидат в губернаторы штата Луизиана, буквально так и поступил. Однако федеральный суд вынес решение вычеркнуть господина Никого-из-вышеперечисленных из избирательного бюллетеня. Чтобы не вводить публику в заблуждение.

Избегайте ловушки безымянности

Многие деловые люди становятся жертвой инициалов (причем как в личном, так и в корпоративном плане).

Будучи молодыми менеджерами, они замечают, что высшие руководители компаний обычно сокращают свои имена: Дж. С. Смит, Р. Джонс. И делают то же самое. Во всех письмах и записках.

Это ошибка. Такое может позволить себе лишь тот, кто известен всем вокруг. Если вы хотите сделать карьеру, если вы стремитесь к тому, чтобы ваше имя «светилось» в сознании высшего руководства, вам необходимо пользоваться своим полным именем, а не его аббревиатурой. Причины те же, что и в случае с компаниями.

Напишите на бумаге свое имя и хорошенько его рассмотрите. Роджер П. Динкелакер.

Психологически такое имя говорит руководителю компании: у нас такая крупная организация, а у него такая незначительная должность, что приходится использовать «П», чтобы отличаться от других Роджеров Динкелакеров.

Маловероятно.

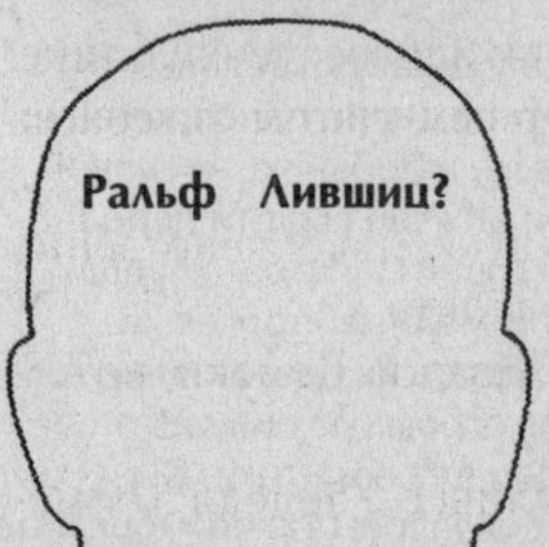

Что вы будете делать, если вас зовут Ральф Лившиц? Смените ли вы свое имя на Ральфа Лорана, как сделал Ральф Лившиц-настоящий? Не торопитесь отвечать «конечно!». За годы работы мы предлагали многим бизнесменам сменить имя. Пока что нашим советом не воспользовался ни один из них.

Такое возможно, если вас зовут Джон Смит или Мэри Джонс. Тогда вам действительно необходим второй инициал, чтобы вас не путали с другими Джонами Смитами и Мэри Джонс.

В таком случае вам абсолютно необходимо подобрать себе новое имя. Путаница — враг успешного позиционирования. Вы не сможете «засветить» имя, если оно встречается сплошь и рядом. Ну как постороннему человеку отличить Джона Т. Смита от Джона С. Смита?

Да он и не будет их отличать. Просто забудет наравне со всеми. И вы пополните список жертв ловушки безымянности.

Избегайте ловушки линейного расширения

Если у вас родятся три дочери, назовете ли вы их Мэри 1, Мэри 2 и Мэри 3? Раз уж на то пошло, назовете ли вы их Мэри, Мэрианна и Мэрилин? В обоих случаях их будут путать всю оставшуюся жизнь.

Повесив на имя своего сына слово «младший», вы отнюдь не оказываете ему честь. Он заслуживает собственного имени.

В шоу-бизнесе особенно необходимо донести до аудитории свою индивидуальность. Поэтому те, кто стремится к успеху, не должны пользоваться даже знаменитыми фамилиями.

Звезда Лайзы Миннелли светит более ярко, чем звезда ее матушки Джуди Гарланд. Имя Лайза Гарланд стало бы ей помехой.

Фрэнк Синатра-младший являет собой самый сложный случай линейного расширения имени. Когда он начинал свою карьеру, против него в буквальном смысле работали сразу два фактора.

Услышав его имя, аудитория думала: «Он никогда не сможет петь так же хорошо, как его отец».

А поскольку мы слышим то, что хотим услышать, так оно и было.

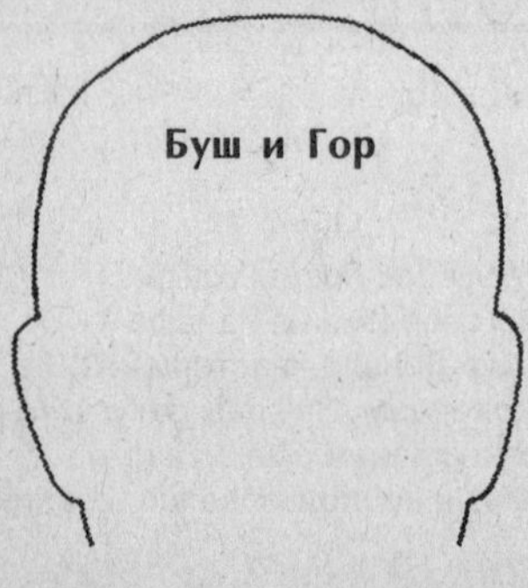

Данный вопрос заслуживает отдельных комментариев. Если на сцене одновременно находятся и родитель, и ребенок, то слово «младший» в имени обычно смерти подобно. (Фрэнк Синатра и Фрэнк Синатра-младший.) С другой стороны, семейные «торговые марки» могут переходить из поколения в поколение, набирая огромную силу. Что особенно характерно для политики. Вы и сами знаете, насколько популярны такие «торговые марки», как Рузвельты, Кеннеди, Буши и Горы.

По той же причине немного пользы извлек из своего имени и Уилл Роджерс-младший.

Найдите себе рабочую лошадку

Даже амбициозные, интеллигентные люди оказываются в ситуациях, когда их будущее выглядит безрадостным. Что в таком случае делает большинство из них?

Они стараются больше других. Они стремятся компенсировать свои недостатки или ошибки долгими часами кропотливой работы. Секрет успеха в том, чтобы заставлять себя работать без отдыха, делать свою работу лучше, чем любой другой человек, и слава и богатство придут и на вашу улицу. Правильно?

Неправильно. Старание больше других редко когда приводит к успеху. Стараться умнее других — вот правильный путь.

Все та же старая история про детей сапожника (которые без сапог). Очень часто менеджеры просто не знают, как управлять своими карьерами.

Их стратегия самопродвижения обычно основана на наивном предположении о том, что способности и тяжелый труд — единственное, что имеет значение. И поэтому зарываются в бумагах и работают допоздна в ожидании того дня, когда руководитель компании прикоснется к их плечу своей волшебной рукой.

Но наступление такого дня — редчайшее исключение.

Правда в том, что путь к славе и богатству редко удается преодолеть исключительно своими силами. Единственный способ добиться успеха — найти рабочую лошадку. Это трудно принять с точки зрения собственного эго, но успех в жизни в большей степени зависит от того, что другие могут сделать для тебя, чем от того, что ты можешь сделать для себя сам.

Кеннеди ошибался. Не спрашивайте себя, что вы можете сделать для компании. Спрашивайте, что компания может сделать для вас. Поэтому, если вы хотите извлечь максимум пользы из возможностей вашей карьеры, смотрите в оба и ищите лошадь, которая будет делать работу за вас.

1. **Первая рабочая лошадка — ваша компания**. Куда направляется ваша компания? В сторону вежливость, она вообще куда-нибудь направляется?

Очень многие хорошие люди со всеми своими перспективами оказываются «запертыми» в ситуациях, в которых провал неизбежен. Но фиаско хотя бы дает вам второй шанс. Хуже, когда возможности роста в компании минимальны.

Какими бы выдающимися способностями вы ни обладали, нет никакого смысла связывать свою судьбу с компаниями-неудачницами. Лучший офицер «Титаника» в конечном итоге оказался в одной шлюпке с наихудшими. И то если ему хватило места.

Одному это не под силу. Если ваша компания направляется в никуда, ищите себе новую работу. Конечно, не каждому удается попасть в *IBM* или *Xerox*, но найти что-то существенно превышающее средний уровень вполне возможно.

Ставьте на растущие отрасли. Товары будущего, такие как компьютеры, электроника, оптика, коммуникации.

И не забывайте, что сфера услуг растет намного более быстрыми темпами, чем сфера производства товаров. Поэтому стремитесь попасть в банки, лизинговые, страховые, медицинские, финансовые и консалтинговые компании.

Не забывайте о том, что опыт работы с товарами прошлого нередко не позволяет увидеть возможности в совершенно иных областях. И в первую очередь в сфере услуг.

Когда вы будете менять работу и устраиваться в компанию, которая выпускает продукты будущего, не спрашивайте, сколько они готовы платить вам прямо сейчас.

Спрашивайте, сколько они смогут платить вам завтра.

2. **Вторая рабочая лошадка — ваш босс**. Задайте себе те же вопросы о своем начальнике, что и о компании.

Стремится ли он или она к чему-нибудь? Если нет, то кто стремится? Всегда старайтесь работать на самых умных, выдающихся, самых компетентных, каких вы только сможете найти, людей.

Если перечитать биографии добившихся успеха людей, замечаешь, что многие из них взбирались по служебной лестнице вслед за кем-то другим. С самого первого назначения на какую-то рабскую должность до последней должности президента или исполнительного директора крупной компании.

И все же есть люди, которым нравится работать на несведущих менеджеров. Предположительно, они считают, что свежий цветок смотрится лучше в окружении увядших. При этом они забывают о склонности руководства выбрасывать разонравившийся букет целиком.

Всех, кто ищет работу, можно разделить на две категории.

Одни чрезмерно гордятся своей специальностью. Они обычно говорят: «Вам не обойтись без такого человека, как я. Вам не хватает моей специальности».

Другие утверждают прямо противоположное: «Вы сильны в моей специальности. Вы делаете потрясающую работу, и я бы хотел работать с лучшими».

У кого больше шансов получить место? Правильно. У второго.

С другой стороны, высшие руководители компаний обычно подыскивают другой тип людей. Людей, которых хотят быть экспертами. Желательно с высокой должностью и соответствующей зарплатой.

«Подбросьте меня до звезд», — говорил Ралф Уолдо Эмерсон. Хороший он дал тогда совет. А сейчас он звучит еще лучше.

Если ваш босс растет в должности, ваши шансы, что вы последуете вслед за ним, резко повышаются.

3. **Третья рабочая лошадка — ваш друг**. У многих бизнесменов имеется огромное число личных друзей, но совсем нет друзей среди клиентов и заказчиков. С близкими друзьями безумно приятно общаться, иногда они могут помочь дешево купить телевизор или установить пластинки на зубы вашим детям, однако что касается поиска лучшей работы, проку от них мало.

Наиболее удачные продвижения в карьере связаны с тем, что человека рекомендует клиент фирмы.

Чем большей поддержкой вы заручитесь вне пределов своей организации, тем больше у вас шансов получить в итоге хорошую, высокооплачиваемую работу.

Но недостаточно просто завести друзей. Время от времени лошадь необходимо выводить из конюшни на тренировку. В противном случае она откажется работать именно тогда, когда это больше всего необходимо.

Когда вам звонит старый знакомый по бизнесу, которого вы не слышали уже лет десять, и предлагает вместе провести ланч, вы можете быть уверены в двух вещах: (1) за ланч заплатите вы, (2) ваш друг ищет работу.

Когда вам нужна работа, использовать такого типа тактику уже поздно. В обращении с этой лошадью необходим постоянный контакт.

Посылайте друзьям вырезки из газет, которые вы сочтете интересными для них, дарите бизнес-сувениры и прочие вещички, которые заказывает ваша фирма, не забывайте о поздравительных письмах в случае их повышения по службе.

И не думайте, что люди знают обо всем, что о них говорят. Не знают. И всегда оценят, если кто-то пришлет им хвалебную статью, которую они могли не заметить.

4. **Четвертая рабочая лошадка — идея**. В ночь перед смертью Виктор Гюго записал в дневнике: «Никто, ни одна армия не в силах остановить идею, для которой пришло время».

Все знают, что за счет хорошей идеи можно добраться до вершины быстрее, чем с помощью чего-либо еще. Но люди иногда ожидают от идеи слишком многого. Им нужна не просто великая идея. Идея должна быть такой, чтобы ее посчитали великой все остальные.

Таких идей не существует. Если вы будете ждать, пока идея будет принята всеми, окажется слишком поздно. Ее перехватит кто-нибудь другой.

Или, говоря популярным нынче языком ввода-вывода, все, что определенно пришло, уже ушло.

Чтобы оседлать «идейную» лошадку, вам придется быть готовым стать предметом насмешек и дискуссий. Обязательно приготовьтесь плыть против течения.

Невозможно быть первым с какой-то идеей, если вы боитесь высунуть шею. И услышать в свой адрес массу оскорблений.

И выжидать, пока придет ваше время.

Так было и с концепцией позиционирования. Дебаты, которые она вызвала, были доказательством того, что ее нужно продолжать и развивать.

Вскоре после публикации статей в «*Advertising Age*» Лео Гринланд написал критическую из самых критических статей. «Гуру и служители культа» — самые мягкие из его выражений.

Даже руководитель самого уважаемого в мире рекламного агентства резюмировал наше позиционирование одним словом.

«Чушь!» — сказал Билл Бернбах на заседании Ассоциации национальных рекламодателей США в Хомстеде.

«Одним из доказательств истинности принципа, — согласно психологу Чарльзу Осгуду, — является энергия и стойкость сопротивления ему». «В любой сфере, — продолжает Ч. Осгуд, — в тех случаях, когда люди видят очевидную абсурдность и простоту опровержения принципа, они склонны игнорировать его. Напротив, если доказать несостоятельность принципа сложно и если он заставляет людей усомниться в чем-то, с чем могут быть связаны их имена, они должны приложить все силы, чтобы найти в нем хоть какой-нибудь изъян».

Никогда не уклоняйтесь от конфликтов.

Кем был бы Уинстон Черчилль без Адольфа Гитлера? Сам-то он знал ответ. После того как с Гитлером было покончено, при первой же удачной возможности британская публика сместила У. Черчилля с поста премьер-министра.

Идея или концепция без элемента конфликта — это вовсе не идея. Это материнство, яблочный пирог и национальный флаг в новой переработке.

5. **Пятая рабочая лошадка — вера**. Вера в других и их идеи. В подтверждение того, как важно не замыкаться в себе, искать свое счастье вне себя, мы расскажем историю о человеке, которого бóльшую часть жизни преследовали неудачи.

Звали его Рэй Крок. Он был человеком в возрасте и считался ни на что не способным. Но случайная встреча с двумя братьями резко изменила его жизнь.

У братьев была идея, но не было веры. Поэтому за относительно небольшие деньги они продали Рэю Кроку идею, а заодно и свое имя.

Сегодня Рэй Крок, возможно, является самым богатым человеком в Америке. С его-то сотнями миллионов долларов.

Фамилия братьев? Макдональды. Каждый раз, когда вы едите один из этих гамбургеров, помните, что своим успехом компания *McDonald's* обязана видению, мужеству и упорству постороннего, в общем-то, человека.

А не двум парням по фамилии Макдональд.

6. **Шестая рабочая лошадка — вы сами**. Есть еще одна лошадь. Недалекое, трудное и непредсказуемое животное. Однако люди все-таки пытаются объездить его. Но без особого успеха.

Эта лошадь — вы сами. В бизнесе, как и в жизни, можно преуспеть своими силами. Что очень непросто.

Как и сама жизнь, бизнес — вид общественной деятельности. В нем столько же кооперации, сколько и конкуренции.

Microsoft
Intel
Cisco
Yahoo!
Oracle
Dell
Starbucks
Wal-Mart
Home Depot

Если в свое время вы связали свою судьбу с любой из этих компаний, сегодня вы просто обязаны быть богачом.

Поэтому помните, что лучшие из лучших жокеев не обязательно самые легкие, самые ловкие или самые сильные. В гонке побеждает вообще не лучший жокей.

В гонке обычно побеждает тот жокей, у которого лучшая лошадь.

Так что найдите себе лошадку, а потом гоните ее изо всех сил.

«Чувство лошади»

В 1989 г. мы развили эту главу в книге под названием «Чувство лошади» (*Horse Sense*), которая не пользовалась успехом на рынке (название можно перевести и как «Здравый смысл» (игра слов). — *Прим. перев.*). Отсюда урок: в сфере самомотивации наши имена никому ничего не говорят. Оставим это дело Тони Роббинсу и Тому Питерсу.

ГЛАВА 21

Шесть шагов к успеху

С чего начать работу над программой позиционирования?

Ответ не так прост, как кажется. Очень хочется начать работать над решением без предварительного осмысления проблемы. Прежде чем делать выводы, лучше сначала хладнокровно, организованно обдумать ситуацию.

Чтобы помочь в этом процессе, мы предлагаем вам задать себе шесть вопросов в качестве, так сказать, умственной разминки.

Не обманитесь. Задать эти вопросы просто, найти на них ответы — весьма трудная задача. Зачастую они требуют самокритичного анализа, переоценки ценностей, а для этого необходима изрядная доля мужества.

1. Какую позицию вы занимаете?

Позиционирование — это обратное мышление. Вместо того чтобы начинать с себя, начните с сознания вашего покупателя.

Вместо того чтобы спрашивать, кто вы, задайтесь вопросом, какую позицию вы занимаете в сознании людей.

Изменение сознания других людей в нашем сверхкоммуникативном обществе — дело чрезвычайно сложное. Намного проще работать с тем, что в нем уже имеется.

При определении состояния покупателей важно не дать волю корпоративному самолюбию. Ответ на вопрос «какую позицию мы занимаем» следует искать на рынке, а не у менеджера по маркетингу.

Если для этого придется потратить пару долларов, так тому и быть. Израсходуйте эти деньги. Лучше сразу точно выяснить, с чем имеешь дело, чем узнать это потом, когда менять что-либо уже поздно.

Не ограничивайтесь. Постарайтесь постигнуть картину целиком, а не отдельные детали.

Проблема авиакомпании *Sabena* не в том, что она плохая авиакомпания, а в ее стране, в Бельгии.

Проблема напитка «*Seven-Up*» не в отношении покупателей к лимонадам, а в том, что подавляющая часть их сознания занята колой. «Дайте мне лимонад» — большинство людей имеют в виду «*Coke*» или «*Pepsi*».

Постижение картины целиком позволило компании *Seven-Up* создать успешную программу «не-кола».

Большинство современных продуктов напоминают «*7-Up*» до проведения такой кампании. В сознании большинства покупателей они обладают слабой или вообще не занимают никаких позиций.

Необходимо найти способ проникнуть в сознание потребителей, «прицепив» свой товар, услугу или концепцию к чему-то, что уже находится в нем.

2. Какую позицию вы хотите занимать?

Вот тут вы достаете свой «стеклянный шар» и пытаетесь разглядеть в нем наилучшую, с долгосрочной точки зрения, позицию. Ключевое слово здесь «занять». Очень многие корпоративные программы сообщают о позиции, которой невозможно воспользоваться, потому что ее занимает кто-то другой.

Компания *Ford* не смогла позиционировать модель «*Edsel*». Одной из причин было отсутствие в сознании покупателей автомобилей свободного места для модели с обилием хромированных деталей и средней ценой.

С другой стороны, когда компания *Richardson Merrill* позиционировала свое средство от простуды, она благоразумно отказалась от прямого противопоставления с «*Contac*» и «*Dristan*». Оставив им право воевать друг с другом в дневные часы, компания представила свой «*Nyquil*» как «лекарство на ночь».

Препарат «*Nyquil*» оказался одним из самых удачных новых лекарственных средств.

Иногда хочется слишком многого. Хочется занимать слишком обширную позицию. Позицию, сформировать которую в сознании потребителей просто невозможно. А даже если и возможно, она оказалась бы беззащитной перед такими целевыми товарами, как «*Nyquil*».

Речь идет, разумеется, о ловушке всеобщности, одним из ярчайших примеров которой является знаменитая рекламная кампания пива «*Rheingold*». Компания-поставщик которого попыталась привлечь на свою сторону весь нью-йоркский рабочий класс. (Неплохая цель, если учесть число любителей попить пивка в этой группе.)

Было создано несколько изумительных роликов, в которых «*Rheingold*» пили итальянцы, «*Rheingold*» пили черные, «*Rheingold*» пили ирландцы, «*Rheingold*» пили евреи и т. д.

В итоге, вместо того чтобы влюбить в свое пиво всех, они остались ни с кем. Причина была очевидна. Предубеждение — одна из основных черт любого человека, и тот факт, что некая этническая группа предпочитает пиво «*Rheingold*», никоим образом не прельщал представителей других национальностей.

По существу, все, чего добилась компания, так это отчуждения всех этнических групп Нью-Йорка.

Если пиво «*Rheingold*» провалилось, то «*Schaefer*», продукт компании *F&M Schaefer Brewing*, было с успехом позиционировано для любителей пива из того же Нью-Йорка с помощью прославленного слогана: «Единственное пиво для тех, кто не ограничивает себя одной бутылочкой». Компания поняла, что позиция «активного потребителя пива» свободна, и заняла ее.

Делая собственную карьеру, легко допустить ту же ошибку. Если вы стараетесь быть всем для всех, вы в конечном итоге останетесь ни с чем. Смотрите лучше в более узкий прицел. Создавайте себе уникальную позицию специалиста, а не «на все руки мастера».

На рынке рабочей силы сегодня побеждают те, кто может определить и позиционировать себя как специалиста в той или иной области.

3. Кого вы должны победить?

Если ваша желаемая позиция требует лобовой атаки на лидера рынка, можете о ней забыть. Препятствие лучше обойти, чем перепрыгнуть. Давайте задний ход. Попытайтесь выбрать такую позицию, которую еще никто толком не захватил.

6. Соответствуете ли вы своей позиции?

Люди творческие нередко сопротивляются позиционированию, поскольку считают, что оно ограничивает их возможности.

И знаете что? Это правда. Позиционирование действительно ограничивает креативность.

Одна из величайших коммуникативных трагедий состоит в том, что организация скрупулезно, шаг за шагом, планирует, строит графики и диаграммы, а затем передает стратегию на исполнение «креативщикам». Те, в свою очередь, применяют свои навыки, и стратегия растворяется в облаке творческих находок, да так, что ее и не узнать.

Лучше бы эта организация воплотила свою стратегию на обыкновенном лекционном плакате, чем вкладывала тысячи долларов в сие творчество.

«*Avis* — компания № 2 по прокату автомобилей. Почему выбирают нас? Мы стараемся больше других». Не похоже на рекламу. Похоже на презентацию маркетинговой стратегии. На самом деле это и то и другое.

Соответствует ли ваша реклама самого себя вашей позиции? К примеру, говорит ли ваша одежда, что вы банкир, юрист или артист?

Или вы носите творческие одежды, которые вашу позицию подрывают?

Такая сама по себе креативность бесполезна. Только будучи подчинена цели позиционирования, она вносит свой вклад в достижение поставленных целей.

Роль постороннего

Иногда возникает вопрос: заняться ли определением позиции самостоятельно или обратиться к услугам кого-нибудь, кто будет нас позиционировать?

Этим кем-нибудь, кого впоследствии обычно выгоняют, становится рекламное агентство. Агентство? Кому нужна помощь этих спекулянтов с Мэдисон-авеню?

Всем. Но позволить себе нанять рекламное агентство могут только богатые. Все остальные должны учиться работать сами. Учиться применять бесценный ингредиент, имеющийся только у постороннего лица.

Чем же обладает посторонний? Он обладает ингредиентом под названием неведение. Другим словами, он объективен.

Поскольку посторонний не знает, что происходит внутри компании, он лучше видит то, что происходит вне ее. В сознании покупателей.

Посторонний естественным образом приспособлен к изнаночному мышлению, в то время как «своему» человеку гораздо удобнее мышление обычное. (Неудивительно, что клиенты порой не уживаются со своими рекламными агентствами.)

Объективность — вот ключевой ингредиент, поставляемый агентством по рекламе маркетинговым коммуникациям или связям с общественностью.

Чего не в силах дать посторонний

Если одним словом, то посторонний не дает магии. Некоторые руководители уверены, что роль рекламного агентства в том и состоит, чтобы взмахнуть волшебной палочкой и заставить покупателей броситься за продуктом.

Волшебная палочка, разумеется, называется «креативностью» — товаром, которого так жаждет новообращенный рекламодатель.

Принято считать, что рекламное агентство «творит». И что лучшие агентства наполнены субстанцией под названием «креативность», которую они великодушно применяют в своих рекламных решениях.

В рекламных кругах ходит история об одном чрезвычайно творческом агентстве. Настолько креативном, что оно могло взять какие-нибудь черепки и превратить их в золото.

Не исключено, что и вы слышали о нем, поскольку название у этого агентства ну очень творческое. *Rumplestiltskin, Inc.* *

Легенда продолжает жить. Даже сегодня некоторые считают рекламные агентства настолько креативными, что они способны превратить в золото все что угодно.

Это не так. Агентства не в силах сделать золото даже из свинца. В противном случае они занимались бы золотодобычей, а не рекламным бизнесом.

---

* «Белибердянск Инкорпорэйтед»; дословно название составлено из слов «беспорядок», «высокопарность» и «скряга». (*Прим. перев.*)

Творчество сегодня мертво. Игра, в которую играет Мэдисон-авеню, называется «позиционирование».

Мы ошибались. Креативность по-прежнему неистовствует в рекламных кругах. Пусть слово «позиционирование» и в ходу, мы не уверены, что многие рекламисты знают, что оно на самом деле обозначает.

22 Игры в «позиционирование»

ГЛАВА

У некоторых возникают проблемы с игрой под названием «позиционирование», потому что они полностью находятся во власти.

Они ошибочно предполагают, что слова имеют смысл. Позволяя управлять своей жизнью Вебстеру.

Понимание слов

Уже не одно десятилетие общая семантика утверждает, что слова не имеют смысла. Смысл заключен не в словах. Он заключен в людях, эти слова использующих.

Как сахарница пуста до тех пор, пока кто-то не насыплет в нее сахар, так и слово не имеет смысла, пока кто-то не воспользуется им и не придаст ему ту или иную окраску.

Если вы будете насыпать сахар в дырявую сахарницу, проку не будет. То же самое и с «дырявым», нецепким словом. Лучше вообще отказаться от него и подобрать другое.

Слово «*Volkswagen*» не соответствует концепции дорогого автомобиля средних размеров, поэтому «сахарница» была заменена другой, «*Audi*», которая удерживает концепцию не в пример лучше. Не нужно настаивать на том, что раз автомобиль выпускается на заводе *Volkswagen*, значит он должен называться «*Volkswagen*». Ментальная жесткость — враг позиционирования.

Для того чтобы преуспеть в этом деле, необходимо обладать незаурядной гибкостью ума. Вы должны научиться выбирать и использовать слова с таким же пренебрежением к скрижалям истории, как и к словарю.

Не то чтобы традиционный, общепринятый смысл не был важен. Как раз наоборот. Подбирайте слова, которые вызывают в сознании потребителей тот смысл, который вы стремитесь донести.

Как вы будете позиционировать такую страну, как Польша?

«Сахарница» загрязнена польскими шуточками. Поэтому сначала придется изменить название этой прекрасной страны рек Вислы и Одера. Городов Варшавы и Щецина.

Но этично ли это? В конце концов, страна *называется* Польша.

Называется ли? Помните, слова не содержат смысла. Они — пустые контейнеры, а смыслом вы их наполняете сами. Если вы хотите репозиционировать товар, человека или страну, начинайте со смены контейнера.

В этом смысле любой товар или услугу можно отнести к категории «расфасованных», товаров в упаковке. Даже если они продаются без упаковки, ее заменяет название.

Понимание людей

Слова — это спусковые крючки. Они приводят в действие скрытые в человеческом сознании смыслы.

Конечно, если бы все люди понимали это, смысла в переименовании продуктов или выборе таких названий, как автомобиль «Мустанг», не было бы никакого.

Но они не понимают. Большинство людей неразумны. Они не совсем разумны, но в то же время и не безумны. Они где-то посередине.

В чем разница между людьми разумными и безумными? Что конкретно делают безумные? Альфред Корзубски, разработавший концепцию общей семантики, объясняет, что ненормальные люди пытаются сделать реальный мир таким, каким он является в их головах.

Сумасшедший, считающий себя Наполеоном, подгоняет внешний мир под это мнение.

Нормальный человек постоянно анализирует реальный мир и изменяет свое мнение в зависимости от фактов.

Для большинства людей это страшная головная боль. Более того, многие ли захотят постоянно изменять свое мнение в соответствии с фактами?

Куда проще подстраивать факты под мнения.

Безумные люди сначала что-то решают, а потом ищут факты для «проверки» своего мнения. Или, что еще чаще, они соглашаются с мнением ближайшего «эксперта», а по поводу фактов не беспокоятся вовсе. (Так распространяются слухи.)

Отсюда становится понятна сила психологически правильного названия. Сознание подгоняет реальный мир под имя. «Мустанг» выглядит спортивнее, «гоночнее» и быстрее, чем тот же автомобиль с названием «Черепаха».

Язык — валюта сознания. Чтобы мыслить концептуально, вы манипулируете словами. Правильный подбор слов позволяет повлиять на сам процесс мышления. (В качестве доказательства того, что сознание «думает словами», а не абстрактными категориями, посмотрите, как изучается язык. Чтобы по-настоящему овладеть иностранным языком, скажем, французским, необходимо научиться думать на нем.)

Но есть и пределы. Если слово сильно расходится с реальностью, сознание просто отказывается от него. Сознание говорит «большой» о тюбике зубной пасты, который все, кроме производителя, называют большим. Производитель же говорит «экономичный» о тюбике пасты, который все называют «большим».

Китайскую Народную Республику часто называют «Красным Китаем», поскольку никто не верит, что это «народная республика». (Внутри страны Китайская Народная Республика, вне всяких сомнений, является эффективным названием.)

Остерегайтесь перемен

Чем сильнее меняются вещи, тем более неизменными они остаются. Хотя сегодня людьми находятся во власти иллюзии перемен. Кажется, что с каждым днем Земля крутится все быстрее.

Раньше время «жизни» удачного продукта составляло не менее 50 лет. Жизненный цикл современных товаров намного короче. Иногда он измеряется не годами, а месяцами.

Постоянно появляются новые товары, новые услуги, новые рынки, даже новые средства информации. Они быстро созревают, а потом так же быстро предаются забвению. И начинается новый цикл.

Вчера следящий за собой человек подстригал волосы раз в неделю. Сегодня — раз в месяц или два.

Вчера для охвата широких масс использовались массовые журналы. Сегодня — телесети. Завтра это может быть кабельное телевидение. Создается впечатление, что единственной постоянной вещью сегодня являются сами перемены. Калейдоскоп жизни вращается все быстрее и быстрее. Новые картинки появляются и исчезают.

Перемены стали образом жизни многих компаний. Но помогают ли перемены угнаться за переменами? На самом деле правильным оказывается прямо противоположное.

Жизнь кишит «прожектами», которыми исполнены, в своем стремлении не отстать от жизни, компании. *Singer* пытается влиться в растущие ряды производителей бытовой техники; *RCA* «с головой» бросается в компьютерную отрасль; *General Foods* срочно открывает рестораны быстрого обслуживания. Не говоря уже о сотнях компаний, забывших о собственной индивидуальности ради преходящего увлечения инициалами.

Одновременно невероятным успехом пользуются программы тех, кто стоит на своем и продолжает делать дело. Компания *Maytag* продает надежную технику; *Walt Disney* — мир фантазий и радости; *Avon* звонит по телефону.

Вспомним маргарин. Тридцать лет назад первые успешные марки маргарина позиционировались против масла. «Вкус, как у дорогого масла», — говорилось в типичной рекламе. И что работает сегодня? Да та же самая стратегия. «Нехорошо обманывать матушку природу», — говорится в рекламе *Chiffon*.

Что необходимо для успешной игры в позиционирование сегодня?

Ви́дение

Перемены подобны волнам в океане времени. Сначала они вызывают тревогу и смятение. В длительной перспективе важнее течения. Чтобы справиться с переменами, необходимо придерживаться долгосрочной точки зрения. Определить свой базовый бизнес и держаться его.

Смену курса крупной компанией можно сравнить с поворотом авиалайнера. Прежде чем что-нибудь произойдет, он успеет пролететь километра три. И если поворот делается не в ту сторону, возврат на прежний курс отнимает еще больше времени.

Для успешной игры вы должны принимать решения не о том, что будет делать ваша компания в следующем месяце или в следующем году, а в течение следующих пяти, десяти лет. Иными словами, вместо того чтобы ловить каждую свежую волну, компания должна следовать правильным курсом.

Вы должны иметь ви́дение. Нет никакого смысла строить позицию на технологии, имеющей слишком узкое применение. Или на устаревающем продукте. Или на неправильном названии.

Но главное, вы должны видеть разницу между тем, что работает, и тем, что не работает.

Звучит просто, но на деле все обстоит гораздо сложнее. Когда наступает прилив, кажется, что все в порядке. Но стоит начаться отливу, и все разваливается.

Вы должны научиться отделять свои усилия от общих движений в экономике. Многие эксперты по маркетингу живут за счет изрядной доли удачи. Будьте осторожны. Сегодня они исполняют свои залихватские танцы, а завтра маркетинговые гении живут на пособие по безработице.

Будьте терпеливы. Завтра место под солнцем получат те, кто принимает верные решения сегодня.

Если компания позиционировала себя в правильном направлении, она преодолеет «течение» перемен и воспользуется «плывущими» ей навстречу возможностями.

Мужество

Если мы проанализируем, как завоевывали свои позиции лидирующие на рынках товары и компании (будь то шоколад «*Hershey*» или прокат автомобилей *Hertz*), то придем к выводу, что залогом успеха является не маркетинг и не инновационные товары, а опережающий перехват инициативы у конкурентов. Говоря языком старых вояк, «необходимо стать первым из первейших». Лидеры, как правило, увеличивают маркетинговые бюджеты в периоды дестабилизации рыночной ситуации.

Компания *Hershey*, например, создала себе настолько сильные позиции в категории шоколада, что посчитала возможным вообще отказаться от рекламы. Это убеждение было роскошью, которую конкуренты, такие как *Mars*, не могли себе позволить.

В конце концов *Hershey* возвратилась к рекламе. Но не вовремя. Сегодня молочный шоколад «*Hershey*» уже не является лидером продаж. И даже не входит в первую пятерку.

Таким образом, создание лидирующих позиций зависит не только от удачи и времени, но и от готовности вложить деньги тогда, когда конкуренты стоят в сторонке и наблюдают.

Объективность

Чтобы добиться успеха в эпоху позиционирования, вы должны быть откровенно прямы. Вы должны удалить из процесса принятия решений любое проявление самолюбия. Оно только затуманивает проблему.

Одним из наиболее критичных аспектов позиционирования является умение оценить товары объективно и беспристрастно, рассмотреть их с точки зрения покупателей и потребителей.

Нужно помнить и о том, что в баскетбол нельзя играть без щита. Вам нужен кто-то, от кого будут «отскакивать» ваши идеи. Как только вы решите, что нашли простую идею, решение проблемы, вы кое-что потеряете.

Вы утратите объективность. Вам понадобится другой человек со свежим взглядом на плоды вашего труда. И наоборот.

В позиционирование, как в пинг-понг, лучше всего играть вдвоем. Эта книга не случайно написана двумя авторами. Один подает, другой отбивает — только так идеи доводятся до совершенства.

Простота

Сегодня эффективными являются только очевидные идеи. Никаким другим просто не преодолеть бурный поток избыточных коммуникаций.

Но очевидное не всегда очевидно. «Босс» Кеттеринг повесил на стене исследовательского корпуса *General Motors* в Дейтоне табличку: «Когда эту проблему решат, она будет казаться простой».

«Изюминки из Калифорнии. Любимые конфеты страны».

«Сочные мясные "*Gainesburgers*". Консервированный корм для собак без банки».

«"*Bubble Yum*". Бабл-гам номер ням».

Такие вот простые идеи нужны сегодня. Простые концепции, выраженные простыми словами простым и ясным образом.

Нередко решение проблемы оказывается столь очевидным, что тысячи людей смотрят на него, но не могут заметить. Однако, когда идея выглядит умно или сложно, мы должны насторожиться. Не исключено, что из-за недостатка простоты она не будет действовать так как надо.

История науки — это история современного «общественного питания», история поиска простых решений сложных проблем.

Глава одного рекламного агентства настаивал, чтобы на оборотной стороне каждого оригинал-макета была напечатана его маркетинговая стратегия.

Когда клиент спрашивал, как будет работать его рекламное объявление, менеджер мог перевернуть макет и прочитать ему стратегию.

Но само объявление в соответствии с той же стратегией должно быть простым.

Агентство допустило ошибку. В печать отдали не ту сторону макета.

Ловкость

Начинающие игроки в позиционирование часто замечают: «Как все просто. Всего лишь найти позицию, которую можно будет назвать своей».

Просто — да. Легко? Нет.

Сложность в том, что необходимо найти не только свободную, но эффективную позицию.

К примеру, в политике очень просто занять крайнюю правую (консерватор) или крайнюю левую (социалист) позиции. Сделать это вы, без сомнения, сможете.

И проиграете.

Задача в том, чтобы найти свободное место ближе к централу. Немного консерватизма на поле либералов или немного либерализма на поле консерваторов.

Что требует самообладания и ловкости. И в бизнесе, и в жизни самые крупные победы одерживают те, кто нашел открытую позицию неподалеку от центра. А не по краям.

Иногда можно добиться успеха в позиционировании, но потерпеть фиаско в продажах. Так называемое «мышление "*Rolls-Royce*"».

«Мы — "*Rolls-Royce*" своей отрасли».

Знаете ли вы, сколько автомобилей «*Rolls-Royce*» продается за год?

Очень мало. Всего несколько тысяч штук, тогда как автомобилей «*Cadillac*» — почти полмиллиона. (Британцам донельзя обидно видеть рекламные объявления «*Rolls-Royce*» на арабском языке. Но при цене лимузина в $60 000 и более рынок невелик.)

«*Cadillac*» и «*Rolls-Royce*» относятся к одной категории роскошных автомобилей, однако дистанция между ними огромна. Для среднего покупателя «*Rolls-Royce*» недосягаем.

«*Cadillac*», как и пиво «*Michelob*» и другие продукты высшего сорта, все же доступен. Секрет успешной позиции заключается в достижении равновесия (1) уникальной позиции и (2) привлекательности для широких масс.

Терпение

Очень немногие компании могут позволить себе выпуск нового продукта сразу в национальном масштабе.

Поэтому им необходимо найти рынки, на которых марка может добиться первых успехов. А затем постепенно выходить и на другие «арены».

Географическое развертывание — один из способов. Вы продвигаете товар на одном рынке, а затем переносите «направление главного удара» на соседний. С востока на запад. Или наоборот.

Другой способ — демографическое развертывание. Компания *Philip Morris* сделала сигареты «*Marlboro*» маркой № 1 в студенческих городках задолго до того, как они стали доминирующим в США брэндом.

Третий способ — хронологическое развертывание. Вы продвигаете марку в определенной возрастной категории покупателей, а потом предлагаете ее другим группам. «Поколение *Pepsi*» — это попытка *Pepsi-Cola* сделать свой продукт популярным среди молодых людей, а затем «стричь купоны» вместе с их ростом.

Еще один вариант развертывания — дистрибьюция. Косметическая линия «*Wella*» изначально продавалась только в салонах красоты. А после того как она зарекомендовала себя у «знатоков», продажи косметики были организованы в аптеках и супермаркетах.

Глобальный взгляд

Не сбрасывайте со счетов глобальное мышление. Если компания нацеливается на Тома, Дика и Гарри, она рискует упустить Пьера, Ганса и Йошио.

Маркетинг быстро приобретает всемирный размах. Компания с развитой позицией в одной стране обнаруживает, что она может использовать «плацдарм» для выхода на другой национальный рынок. На долю *IBM* приходится около 60% рынка Германии. Вас удивляет этот факт? А не должен. Более 50% прибылей приносят *IBM* операции за пределами США.

Одновременно с выходом на глобальный рынок компании начинают осознавать проблемы с названием.

Типичный пример — *U.S. Rubber*, всемирная компания, к тому же продающая множество изделий, не имеющих ничего общего с резиной. Новое название, *Uniroyal*, дало ей новую корпоративную индивидуальность, которую она может использовать в глобальном масштабе.

Ориентация на «них»

Специалисты по маркетингу делятся на две категории: «мы» и «они».

Специалисты типа «мы» никак не могут понять суть новой концепции: продукт позиционируется не в офисе менеджера по сбыту. Продукт позиционируется в сознании потенциального покупателя.

Специалисты типа «мы» толпами посещают семинары по самопомощи. Они убеждены, что при правильной мотивации возможно все.

Специалисты типа «мы» произносят пламенные речи. «Наша воля, наша целеустремленность, наша кропотливая работа, наш лучший торговый персонал, наши лояльные дистрибьюторы, наше то и наше се. С этими вещами мы победим».

Может быть. Но специалисты по маркетингу типа «они» обычно обладают способностью к более четкому восприятию. «Они» фокусируют свое внимание на конкурентах. «Они» исследуют рынок, как боевой генерал изучает поле боя. «Они» ищут у конкурентов слабости, которыми можно воспользоваться, и учатся нейтрализовать их сильные стороны.

В особенности «они» изначально отказываются от иллюзии, что лучшие люди есть ключ к успеху.

Убеждение в том, что «у нас работают лучшие люди», вероятно, является самым большим заблуждением. Любой генерал в глубине души знает, что различия в боевых способностях отдельных солдат разных армий всегда очень незначительны. Те или другие части могут быть более подготовленными или обмундированными, но в соответствии с законом больших чисел внутренние способности противоборствующих сторон нивелируются.

В 1998 г. мы расширили концепцию «мы» и «они» в книге под названием «*Bottom-Up Marketing*». Позицию ищут не внутри компании. Позиция находится вне ее стен; это тактика воздействия на сознание потенциальных потребителей. А затем тактика возвращается в компанию, и на ее основе строится стратегия.

Так и с компаниями. Если вы уверены, что в парном сравнении ваши люди лучше, чем сотрудники конкурента, вы, наверное, верите во что угодно. В Санта Клауса. В добрую фею.

Выравнивающим фактором оказывается, конечно же, количество. Если выбрать одного лучшего работника из ограниченного числа претендентов еще возможно, то нанять десятерых лучших — уже проблема. Что уж говорить о сотнях или тысячах.

Достаточно лишь немного разбираться в математике, чтобы понять: среднее качество персонала любой компании со штатом в несколько сотен работников ничем не отличается от качества персонала фирм-конкурентов. (Если, конечно, она не платит своим людям более высокую зарплату. Но это уже жертва количеством ради качества, что не всегда оправдано.)

Когда корпорация *General Motors* вступает в очередную схватку с *Ford*, вы знаете, что результат не будет зависеть от способностей участников маркетингового сражения.

Результат определяется тем, у какой стороны лучше генералы, и как следствие, лучше стратегия. Чтобы вас не мучили сомнения, скажем, что сила на стороне *General Motors*.

От чего следует отказаться

Вам не нужна репутация маркетингового гения. Собственно говоря, это может стать вашей фатальной ошибкой.

Компании-лидеры допускают ее сплошь и рядом, приписывая успех своих товаров маркетинговым навыкам. В результате компания начи-

«Нельзя идти в лобовую атаку на хорошо укрепившегося лидера», — эти слова мы повторяем как заклинание. В 1985 г. мы развили эту идею в бестселлере «Маркетинговые войны».

нает думать, что может использовать эти навыки и в отношении других продуктов и в других ситуациях.

В качестве доказательства достаточно вспомнить печальную историю компьютеров «*Xerox*».

Да и Мекка маркетинговых знаний, *International Business Machines Corporation*, ушла ненамного дальше. Пока что копировальные аппараты «*IBM*» никак не повлияли на бизнес *Xerox*. Занавес.

Правила позиционирования применимы к товарам всех типов. В категории товаров в упаковке, к примеру, компания *Bristol-Myers* попыталась «открыть огонь» по «*Crest*» с помощью зубной пасты «*Fact*» (программа закрыта после того, как на продвижение было израсходовано $5 млн). Затем она попыталась обойти *Alka-Seltzer* с помощью своего средства «*Resolve*» (отказ от производства после того, как затраты превысили $11 млн). Потом была попытка сместить *Bayer* при помощи «*Dissolve*» (еще один финансовый провал). И наконец, атака на «*Tylenol*» с помощью «*Datril*». Про эту головную боль вы уже знаете.

Трудно понять, чем вызваны суицидальные наклонности компаний, идущих в полный рост на укрепленные позиции конкурентов. При заранее известном результате их горны продолжают трубить атаку. В маркетинговых войнах ежедневно кто-то бросается в «кавалерийскую атаку».

Все с тем же предсказуемым результатом.

Большинство компаний занимают места № 2, 3, 4 и даже хуже. И что?

Очевидно, что закон лидерства является первым и самым главным законом маркетинга. Но что делать, если вы не лидер? В 1993 г. мы ответили на этот (и многие другие) вопросы в книге «22 непреложных закона маркетинга» («*The 22 Immutable Laws of Marketing*»). Основное наблюдение: если вы не лидер, создайте новую категорию, в которой вы им будете.

Надежда умирает последней. Девять из десяти компаний-середнячков решают атаковать лидера, как *RCA* атаковала *IBM*. Катастрофа.

Повторим, первое правило позиционирования гласит: чтобы выиграть битву за сознание, нельзя идти в лобовую атаку на компанию, имеющую устойчивые сильные позиции. Необходимо зайти сзади, атаковать снизу или сверху, но в лоб — никогда.

Лидер занимает стратегические высоты. Позицию № 1 в сознании. Высшую ступень товарной лестницы. Чтобы подняться по ней, придется соблюдать правила игры.

В нашем сверхкоммуникативном обществе игра эта называется «позиционированием».

Игра, в которой побеждают лучшие игроки.

На протяжении 20 лет со дня первой публикации «Позиционирования» мы написали также бесчисленное множество статей на эту тему. Мы по крайней мере были последовательны в своих убеждениях. Хотя постоянно сталкиваемся с людьми, которые нам не верят. Одним из тех, кто поверил, был профессор Гарвардского университета Майкл Портер. В своих посвященных конкуренции трудах он во многом руководствовался «Позиционированием».

Именной указатель

Предметный указатель

Указатель фирм и торговых марок

Об авторах

Эл Райс — председатель совета директоров *Ries & Ries*, Розуэлл, штат Джорджия.

Джек Траут является президентом *Trout & Partners*, Олд-Гринвич, штат Коннектикут.

Эл Райс и Джек Траут, вне всяких сомнений, — известнейшие в мире специалисты по маркетинговым стратегиям.